Texte détérioré — reliure défectueuse

NF Z 43-120-11

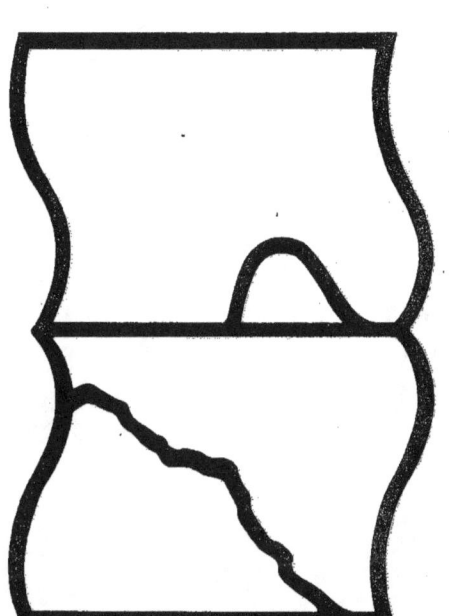

NORD CONTRE SUD

JULES VERNE

Publié en 1887

Par J. HETZEL ET Cie

Tous droits réservés.

LES VOYAGES EXTRAORDINAIRES
Couronnés par L'ACADÉMIE FRANÇAISE

NORD CONTRE SUD

PAR JULES VERNE

85 DESSINS PAR BENETT ET UNE CARTE

**BIBLIOTHÈQUE
D'ÉDUCATION ET DE RÉCRÉATION**
J. HETZEL ET Cⁱᵉ, 18, RUE JACOB
PARIS
Tous droits de traduction et de reproduction réservés.

NORD CONTRE SUD

PREMIÈRE PARTIE

I

A BORD DU STEAM-BOAT « SHANNON »

La Floride, qui avait été annexée à la grande fédération américaine en 1819, fut érigée en État quelques années plus tard. Par cette annexion, le territoire de la République s'accrut de soixante-sept mille milles carrés. Mais l'astre floridien ne brille que d'un éclat secondaire au firmament des trente-sept étoiles qui constellent le pavillon des États-Unis d'Amérique.

Ce n'est qu'une étroite et basse langue de terre, cette Floride. Son peu de largeur ne permet pas aux rivières qui l'arrosent — le Saint-John excepté — d'y acquérir quelque importance. Avec un relief si peu accusé, les cours d'eau n'ont pas la pente nécessaire pour y devenir rapides. Point de montagnes à sa surface. A peine quelques lignes de ces « bluffs » ou collines, si nombreux dans la région centrale et septentrionale de l'Union. Quant à sa forme, on peut la comparer à une queue de castor qui trempe dans l'Océan, entre l'Atlantique à l'est et le golfe du Mexique à l'ouest.

La Floride n'a donc aucun voisin, si ce n'est la Géorgie dont la frontière, vers le nord, confine à la sienne. Cette frontière forme l'isthme qui rattache la péninsule au continent.

En somme, la Floride se présente comme une contrée à part, étrange même, avec ses habitants moitié Espagnols, moitié Américains, et ses Indiens Séminoles, bien différents de leurs congénères du Far-West. Si elle est aride, sablonneuse, presque toute bordée de dunes formées par les atterrissements successifs de l'Atlantique sur le littoral du sud, sa fertilité est merveilleuse à la surface des plaines septentrionales. Son nom, elle le justifie à souhait. La flore y est superbe, puissante, d'une exubérante variété. Cela tient, sans doute, à ce que cette portion du territoire est arrosée par le Saint-John. Ce fleuve s'y déroule largement, du sud au nord, sur un parcours de deux cent cinquante milles, dont cent-sept sont aisément navigables jusqu'au lac Georges. La longueur, qui manque aux rivières transversales, ne lui fait point défaut, grâce à son orientation. De nombreux rios l'enrichissent en s'y mêlant au fond des criques multiples de ses deux rives. Le Saint-John est donc la principale artère du pays. Elle le vivifie de ses eaux — ce sang qui coule dans les veines terrestres.

Le 7 février 1862, le steam-boat *Shannon* descendait le Saint-John. A quatre heures du soir, il devait faire escale au petit bourg de Picolata, après avoir desservi les stations supérieures du fleuve et les divers forts des comtés de Saint-Jean et de Putnam. Quelques milles au delà, il allait entrer dans le comté de Duval, qui se développe jusqu'au comté de Nassau, délimité par la rivière dont il a pris le nom.

Picolata, par elle-même, n'a pas grande importance; mais ses alentours sont riches en plantations d'indigo, en rizières, en champs de cotonniers et de cannes à sucre, en immenses cyprières. Aussi, les habitants n'y manquent-ils point dans un assez large rayon. D'ailleurs, sa situation lui vaut un mouvement relatif de marchandises et de voyageurs. C'est le point d'embarquement de Saint-Augustine, une des principales villes de la Floride orientale, située à quelque douze milles, sur cette partie du littoral océanien que défend la longue île d'Anastasia. Un chemin presque droit met en communication le bourg et la ville.

Ce jour-là, aux abords de l'escale de Picolata, on eût compté un plus grand nombre de voyageurs qu'à l'ordinaire. Quelques rapides voitures, des « stages », sortes de véhicules à huit places, attelés de quatre ou six mules qui galopent comme des enragées sur cette route, à travers le marécage, les avaient amenés de Saint-Augustine. Il importait de ne point manquer le passage du steam-boat, si l'on ne voulait éprouver un retard d'au moins quarante-huit heures, avant d'avoir pu regagner les villes, bourgs, forts ou villages bâtis en aval. En effet, le *Shannon* ne dessert pas quotidiennement les deux rives du Saint-John, et, à cette époque, il était seul à faire le service de transport. Il faut donc être à Picolata, au moment où il y fait escale. Aussi, les voitures avaient-elles déposé, une heure avant, leur contingent de passagers.

En ce moment, il s'en trouvait une cinquantaine sur l'appontement de Picolata. Ils attendaient, non sans causer avec une certaine animation. On eut pu remarquer qu'ils se divisaient en deux groupes, peu enclins à se rapprocher l'un de l'autre. Était-ce donc quelque grave affaire d'intérêt, quelque compétition politique, qui les avait attirés à Saint-Augustine? En tout cas, on peut affirmer que l'entente ne s'était point faite entre eux. Venus en ennemis, ils s'en retournaient de même. Cela ne se voyait que trop aux regards irrités qui s'échangeaient, à la démarcation établie entre les deux groupes, à quelques paroles malsonnantes dont le sens provocateur semblait n'échapper à personne.

Cependant de longs sifflets venaient de percer l'air en amont du fleuve. Bientôt le *Shannon* apparut au détour d'un coude de la rive droite, un demi-mille au-dessus de Picolata. D'épaisses volutes, s'échappant de ses deux cheminées, couronnaient les grands arbres que le vent de mer agitait sur la rive opposée. Sa masse mouvante grossissait rapidement. La marée venait de renverser. Le courant de flot, qui avait retardé sa descente depuis trois ou quatre heures, la favorisait maintenant en ramenant les eaux du Saint-John vers son embouchure.

Enfin la cloche se fit entendre. Les roues, contrebattant la surface du fleuve, arrêtèrent le *Shannon*, qui vint se ranger près de l'appontement au rappel de ses amarres.

L'embarquement se fit aussitôt avec une certaine hâte. Un des groupes passa le premier à bord, sans que l'autre groupe cherchât à le devancer. Cela tenait, sans doute, à ce que celui-ci attendait un ou plusieurs passagers en retard, qui risquaient de manquer le bateau, car deux ou trois hommes s'en détachèrent pour aller jusqu'au quai de Picolata, en un point où débouche la route de Saint-Augustine. De là, ils regardaient dans la direction de l'est, en gens visiblement impatientés.

Et ce n'était pas sans raison, car le capitaine du *Shannon*, posté sur la passerelle, criait :

« Embarquez ! Embarquez !

— Encore quelques minutes, répondit l'un des individus du second groupe, qui était resté sur l'appontement.

— Je ne puis attendre, messieurs.

— Quelques minutes !

— Non ! Pas une seule !

— Rien qu'un instant !

— Impossible ! La marée descend, et je risquerais de ne plus trouver assez d'eau sur la barre de Jacksonville !

— Et, d'ailleurs, dit un des voyageurs, il n'y a aucune raison pour que nous nous soumettions au caprice des retardataires ! »

Celui qui avait fait cette observation était au nombre des personnes du premier groupe, installées déjà sur le rouffle de l'arrière du *Shannon*.

« C'est mon avis, monsieur Burbank, répondit le capitaine. Le service avant tout... Allons, messieurs, embarquez, où je vais donner l'ordre de larguer les amarres ! »

Déjà, les mariniers se préparaient à repousser le steam-boat au large de l'appontement, pendant que des jets sonores s'échappaient du sifflet à vapeur. Un cri arrêta la manœuvre.

« Voilà Texar !... Voilà Texar ! »

Une voiture, lancée à fond de train, venait d'apparaître au tournant du quai de Picolata. Les quatre mules, qui composaient l'attelage, s'arrêtèrent à la coupée de l'appontement. Un homme en descendit. Ceux de ses compagnons, qui étaient allés jusqu'à la route, le rejoignirent en courant. Puis, tous s'embarquèrent.

« Un instant de plus, Texar, et tu ne partais pas, ce qui eût été très contrariant ! dit l'un d'eux.

— Oui ! Tu n'aurais pu, avant deux jours, être de retour à... où?... Nous le saurons quand tu voudras le dire ! ajouta un autre.

— Et si le capitaine eût écouté cet insolent James Burbank, reprit un troisième, le *Shannon* serait déjà à un bon quart de mille au-dessous de Picolata ! »

Texar venait de monter sur le rouffle de l'avant, accompagné de ses amis. Il se contenta de regarder James Burbank, dont il n'était séparé que par la passerelle. S'il ne prononça pas une parole, le regard qu'il jeta eût suffi à faire comprendre qu'il existait quelque haine implacable entre ces deux hommes.

Quant à James Burbank, après avoir regardé Texar en face, il lui tourna le dos, et il alla s'asseoir à l'arrière du rouffle, où les siens avaient déjà pris place.

« Pas content, le Burbank ! dit un des compagnons de Texar. Cela se comprend. Il en a été pour ses frais de mensonges, et le recorder a fait justice de ses faux témoignages...

— Mais non de sa personne, répondit Texar, et de cette justice-là, je m'en charge ! »

Cependant le *Shannon* avait largué ses amarres. L'avant, écarté par de longues gaffes, prit alors le fil du courant. Puis, poussé par ses puissantes roues auxquelles la marée descendante venait en aide, il fila rapidement entre les rives du Saint-John.

On sait ce que sont ces bateaux à vapeur, destinés à faire le service des fleuves américains. Véritables maisons à plusieurs étages, couronnés de larges terrasses, ils sont dominés par les deux cheminées de la chaufferie, placées en abord, et par les mâts de pavillon qui supportent la filière des tentes. Sur l'Hudson comme sur le Mississipi, ces steam-boats, sortes de palais maritimes, pourraient contenir la population de toute une bourgade. Il n'en fallait pas tant pour les besoins du Saint-John et des cités floridiennes. Le *Shannon* n'était qu'un hôtel flottant, bien que, dans sa disposition intérieure et extérieure, il fût le similaire des *Kentuky* et des *Dean Richmond*.

Le temps était magnifique. Le ciel très bleu se tachetait de quelques légères ouates de vapeur, éparpillées à l'horizon. Sous cette latitude du trentième parallèle, le mois de février est presque aussi chaud dans le Nouveau-Monde qu'il l'est dans l'Ancien, sur la limite des déserts du Sahara. Toutefois, une légère brise de mer tempérait ce que ce climat aurait pu avoir d'excessif. Aussi la plupart des passagers du *Shannon* étaient-ils restés sur les rouffles, afin d'y respirer les vives senteurs que le vent apportait des forêts riveraines. Les obliques rayons du soleil ne pouvaient les atteindre derrière les baldaquins des tentes, agités comme des punkas indoues par la rapidité du steam-boat.

Texar et les cinq ou six compagnons qui s'étaient embarqués avec lui avaient jugé bon de descendre dans un des box du dining-room. Là, en buveurs, le gosier fait aux fortes liqueurs des bars américains, ils vidaient des verres entiers de gin, de bitter et de Bourbon-whiskey. C'étaient, en somme, des gens assez grossiers, peu comme il faut de tournure, rudes de propos, plus vêtus de cuir que de drap, habitués à vivre plutôt au milieu des forêts que dans les villes floridiennes. Texar paraissait avoir sur eux un droit de supériorité, dû, sans doute, à l'énergie de son caractère non moins qu'à l'importance de sa situation ou de sa fortune. Aussi, puisque Texar ne parlait pas, ses séides restaient silencieux, et employaient à boire le temps qu'ils ne passaient point à causer.

Cependant Texar, après avoir parcouru d'un œil distrait un des journaux qui traînaient sur les tables du dining-room, venait de le rejeter, disant :

« C'est déjà vieux, tout cela !

— Je le crois bien ! répondit un de ses compagnons. Un numéro qui a trois jours de date !

— Et, en trois jours, il se passe tant de choses depuis qu'on se bat à nos portes ! ajouta un autre.

— Où en est-on de la guerre ? demanda Texar.

— En ce qui nous concerne plus particulièrement, Texar, voici où on en est : le gouvernement fédéral, dit-on, s'occupe de préparer une expédition contre la Floride. Par conséquent, il faut s'attendre, sous peu, à une invasion des nordistes !

— Est-ce certain ?

— Je ne sais, mais le bruit en a couru à Savannah, et on me l'a confirmé à Saint-Augustine.

— Eh ! qu'ils viennent donc, ces fédéraux, puisqu'ils ont la prétention de nous soumettre ! s'écria Texar, en accentuant sa menace d'un coup de poing, dont la violence fit sauter verres et bouteilles sur la table. Oui ! Qu'ils viennent ! On verra si les propriétaires d'esclaves de la Floride se laisseront dépouiller par ces voleurs d'abolitionnistes ! »

Cette réponse de Texar aurait appris deux choses à quiconque n'eût pas été au courant des événements dont l'Amérique était le théâtre à cette époque : d'abord que la guerre de sécession, déclarée, en fait, par le coup de canon tiré sur le fort Sumter, le 11 avril 1861, était alors dans sa période la plus aiguë, car elle s'étendait presque aux dernières limites des Etats du Sud;

« Voilà Texar!... Voilà Texar! » (Page 5.)

ensuite que Texar, partisan de l'esclavage, faisait cause commune avec l'immense majorité de la population des territoires à esclaves. Et précisément, à bord du *Shannon*, plusieurs représentants des deux partis se trouvaient en présence : d'une part, — suivant les diverses appellations qui leur furent données pendant cette longue lutte, — des nordistes, anti-esclavagistes, abolitionnistes ou fédéraux; de l'autre, des sudistes, esclavagistes, sécessionnistes ou confédérés.

« C'est Zermah, une des esclaves de ce Burbank... » (Page 10.)

Une heure après, Texar et les siens, plus que suffisamment abreuvés, se levèrent pour remonter sur le pont supérieur du *Shannon*. On avait déjà dépassé, du côté de la rive droite, la crique Trent et la crique des Six-Milles, qui introduisent les eaux du fleuve, l'une, jusqu'à la limite d'une épaisse cyprière, l'autre, jusqu'aux vastes marais des Douze-Milles, dont le nom indique l'étendue.

Le steam-boat naviguait alors entre deux bordures d'arbres magnifiques, des tulipiers, des magnolias, des pins, des cyprès, des chênes-verts, des yuccas, et nombre d'autres d'une venue superbe, dont les troncs disparaissaient sous l'inextricable fouillis des azalées et des serpentaires. Parfois, à l'ouvert des criques par lesquelles s'alimentent les plaines marécageuses des comtés de Saint-Jean et de Duval, une forte odeur de musc imprégnait l'atmosphère. Elle ne venait point de ces arbustes, dont les émanations sont si pénétrantes sous ce climat, mais bien des alligators qui s'enfuyaient sous les hautes herbes au bruyant passage du *Shannon*. Puis, c'étaient des oiseaux de toutes sortes, des pics, des hérons, des jacamars, des butors, des pigeons à tête blanche, des orphées, des moqueurs, et cent autres, variés de forme et de plumage, tandis que l'oiseau-chat reproduisait tous les bruits du dehors avec sa voix de ventriloque — même ce cri du coq à fraise, sonore comme la note cuivrée d'une trompette, dont le chant se fait entendre jusqu'à la distance de quatre à cinq milles.

Au moment où Texar franchissait la dernière marche du capot pour prendre place sur le rouffle, une femme allait descendre dans l'intérieur du salon. Elle recula dès qu'elle se vit en face de cet homme. C'était une métisse, au service de la famille Burbank. Son premier mouvement avait été celui d'une invincible répulsion en se trouvant à l'improviste devant cet ennemi déclaré de son maître. Sans s'arrêter au mauvais regard que lui lança Texar, elle se rejeta de côté. Lui, haussant alors les épaules, se retourna vers ses compagnons.

« Oui, c'est Zermah, s'écria-t-il, une des esclaves de ce James Burbank, qui prétend n'être pas partisan de l'esclavage! »

Zermah ne répondit rien. Lorsque l'entrée du rouffle fut libre, elle descendit au grand salon du *Shannon*, sans paraître attacher la moindre importance à ce propos.

Quant à Texar, il se dirigea vers l'avant du steam-boat. Là, après avoir allumé un cigare, sans plus s'occuper de ses compagnons qui l'avaient suivi, il parut observer avec une certaine attention la rive gauche du Saint-John sur la lisière du comté de Putnam.

Pendant ce temps, à l'arrière du *Shannon*, on causait aussi des choses de la guerre. Après le départ de Zermah, James Burbank était resté seul avec les deux amis qui l'avaient accompagné à Saint-Augustine. L'un était son beau-frère, M. Edward Carrol, l'autre, un Floridien qui demeurait à Jacksonville, M. Walter Stannard. Eux aussi parlaient avec une certaine animation de la lutte sanglante, dont l'issue était une question de vie ou de mort pour les États-Unis. Mais, on le verra, James Burbank, pour en juger les résultats, l'appréciait autrement que Texar.

« J'ai hâte, dit-il, d'être de retour à Camdless-Bay. Nous sommes partis depuis deux jours. Peut-être est-il arrivé quelques nouvelles de la guerre? Peut-être Dupont et Sherman sont-ils déjà maîtres de Port-Royal et des îles de la Caroline du Sud?

— En tout cas, cela ne peut tarder, répondit Edward Carrol, et je serais bien étonné si le président Lincoln ne songeait pas à pousser la guerre jusqu'en Floride.

— Il ne sera pas trop tôt! reprit James Burbank. Oui! Il n'est que temps d'imposer les volontés de l'Union à tous ces sudistes de la Géorgie et de la Floride, qui se croient trop éloignés pour être jamais atteints! Vous voyez à quel degré d'insolence cela peut conduire des gens sans aveu comme ce Texar! Il se sent soutenu par les esclavagistes du pays, il les excite contre nous, hommes du Nord, dont la situation, de plus en plus difficile, subit les contre-coups de la guerre!

— Tu as raison, James, reprit Edward Carrol. Il importe que la Floride rentre au plus tôt sous l'autorité du gouvernement de Washington. Oui! il me tarde que l'armée fédérale y vienne faire la loi, ou nous serons forcés d'abandonner nos plantations.

— Ce ne peut plus être qu'une question de jours, mon cher Burbank, répondit Walter Stannard. Avant-hier, lorsque j'ai quitté Jacksonville, les esprits commençaient à s'inquiéter des projets que l'on prête au commodore Dupont de franchir les passes du Saint-John. Et cela a fourni un prétexte pour menacer ceux qui ne pensent point comme les partisans de l'esclavage. Je crains bien que quelque émeute ne tarde pas à renverser les autorités de la ville au profit d'individus de la pire espèce!

— Cela ne m'étonne pas, répondit James Burbank. Aussi, devons-nous attendre de bien mauvais jours aux approches de l'armée fédérale ! Mais il est impossible de les éviter.

— Que faire, d'ailleurs ? reprit Walter Stannard. S'il se trouve à Jacksonville et même en certains points de la Floride, quelques braves colons qui pensent comme nous sur cette question de l'esclavage, ils ne sont pas assez nombreux pour pouvoir s'opposer aux excès des sécessionnistes. Nous ne devons compter, pour notre sécurité, que sur l'arrivée des fédéraux, et encore serait-il à souhaiter, si leur intervention est décidée, qu'elle fût exécutée promptement.

— Oui !... Qu'ils viennent donc, s'écria James Burbank, et qu'ils nous délivrent de ces mauvais drôles ! »

On verra bientôt si les hommes du Nord, que leurs intérêts de famille ou de fortune obligeaient, pour vivre au milieu d'une population esclavagiste, à se conformer aux usages du pays, étaient en droit de tenir ce langage et n'avaient pas lieu de tout craindre.

Ce que James Burbank et ses amis pensaient de la guerre était vrai. Le gouvernement fédéral préparait une expédition dans le but de soumettre la Floride. Il ne s'agissait pas tant de s'emparer de l'État ou de l'occuper militairement, que d'en fermer toutes les passes aux contrebandiers, dont le métier consistait à forcer le blocus maritime, autant pour exporter les productions indigènes que pour introduire des armes et munitions. Aussi le *Shannon* ne se hasardait-il plus à desservir les côtes méridionales de la Géorgie, qui étaient alors au pouvoir des généraux nordistes. Par prudence, il s'arrêtait sur la frontière, un peu au delà de l'embouchure du Saint-John, vers le nord de l'île Amélia, à ce port de Fernandina, d'où part le chemin de fer de Cedar-Keys qui traverse obliquement la péninsule floridienne pour aboutir au golfe du Mexique. Plus haut que l'île Amélia et le rio de Saint-Mary, le *Shannon* eût couru le risque d'être capturé par les navires fédéraux, qui surveillaient incessamment cette portion du littoral.

Il s'en suit donc que les passagers du steam-boat étaient principalement ceux des Floridiens que leurs affaires n'obligeaient point à se rendre au delà des frontières de la Floride. Tous demeuraient dans les villes, bourgs ou hameaux, bâtis sur les rives de Saint-John ou de ses affluents, et, pour la plupart, soit à Saint-Augustine, soit à Jacksonville. En ces diverses localités, ils pouvaient débarquer par les appontements placés aux escales, ou en se servant de ces estacades de bois, ces « piers », établis à la mode anglaise, qui les dispensaient de recourir aux embarcations du fleuve.

L'un des passagers du steam-boat, cependant, allait l'abandonner en pleine rivière. Son projet était, sans attendre que le *Shannon* se fût arrêté à l'une des escales réglementaires, de débarquer sur un endroit de la rive, où il n'y avait en vue ni un village quelconque ni une maison isolée, pas même une cabane de chasse ou de pêche.

Ce passager était Texar.

Vers six heures du soir, le *Shannon* lança trois aigus coups de sifflet. Ses roues furent presque aussitôt stoppées, et il se laissa descendre au courant, qui est très modéré sur cette partie du fleuve. Il se trouvait alors par le travers de la Crique-Noire.

Cette crique est une profonde échancrure, évidée dans la rive gauche, au fond de laquelle se jette un petit rio sans nom, qui passe au pied du fort Heilman, presque à la limite des comtés de Putnam et de Duval. Son étroite ouverture disparaît tout entière sous une voûte de ramures épaisses, dont le feuillage s'entre mêle comme la trame d'un tissu très serré. Cette sombre lagune est, pour ainsi dire, inconnue des gens du pays. Personne n'a jamais tenté de s'y introduire, et personne ne savait qu'elle servît de demeure à ce Texar. Cela tient à ce que la rive du Saint-John, à l'ouverture de la Crique-Noire, ne semble être interrompue en aucun point de ses berges. Aussi, avec la nuit qui tombait rapidement, fallait-il être un marinier très pratique de cette ténébreuse crique pour s'y introduire dans une embarcation.

Aux premiers coups de sifflet du *Shannon*, un cri avait répondu immédiatement — par trois fois. La lueur d'un feu, qui brillait entre les grandes herbes de la rive, s'était mise en mouvement. Cela indiquait qu'un canot s'avançait pour accoster le steam-boat.

Ce n'était qu'un squif — petite embarcation d'écorce qu'une simple pagaie suffit à diriger et à conduire. Bientôt ce squif ne fut plus qu'à une demi-encablure du *Shannon*.

Texar s'avança alors vers la coupée du rouffle de l'avant, et, se faisant un porte-voix de sa main :

« Aoh ? héla-t-il.

— Aoh ! lui fut-il répondu.

— C'est toi, Squambô ?

— Oui, maître !

— Accoste ! »

Le squif accosta. A la clarté du fanal attaché au bout de son étrave, on put voir l'homme qui la manœuvrait. C'était un Indien, noir de tignasse, nu jusqu'à la ceinture, — un homme solide, à en juger par le torse qu'il montrait aux lueurs du fanal.

A ce moment, Texar se retourna vers ses compagnons et leur serra la main en disant un « au revoir » significatif. Après avoir jeté un regard menaçant du côté de M. Burbank, il descendit l'escalier, placé à l'arrière du tambour de la roue de bâbord, et rejoignit l'Indien Squambô. En quelques tours de roues, le steam-boat se fut éloigné du squif, et personne à bord ne put soupçonner que la légère embarcation allait se perdre sous les obscurs fouillis de la rive.

« Un coquin de moins à bord ! dit alors Edward Carrol, sans se préoccuper d'être entendu des compagnons de Texar.

— Oui, répondit James Burbank, et, c'est, en même temps, un dangereux malfaiteur. Pour moi, je n'ai aucun doute à cet égard, bien que le misérable ait toujours su se tirer d'affaire par ses alibis véritablement inexplicables !

— En tout cas, dit M. Stannard, si quelque crime est commis, cette nuit, aux environs de Jacksonville, on ne pourra pas l'en accuser, puisqu'il a quitté le *Shannon !*

— Je n'en sais rien ! répliqua James Burbank. On me dirait qu'on l'a vu voler ou assassiner, au moment où nous parlons, à cinquante milles dans le nord de la Floride, que je n'en serais pas autrement surpris! Il est vrai, s'il parvenait à prouver qu'il n'est pas l'auteur de ce crime, cela ne me surprendrait pas davantage, après ce qui s'est passé! — Mais, c'est trop nous occuper de cet homme. Vous retournez à Jacksonville, Stannard?

— Ce soir même.

— Votre fille vous y attend?

— Oui, et j'ai hâte de la rejoindre.

— Je le comprends, répondit James Burbank. Et quand comptez-vous nous rejoindre à Camdless-Bay?

— Dans quelques jours.

— Venez donc le plus tôt que vous pourrez, mon cher Stannard. Vous le savez, nous sommes à la veille d'événements très sérieux, qui s'aggraveront encore à l'approche des troupes fédérales. Aussi, je me demande si votre fille Alice et vous ne seriez pas plus en sûreté dans notre habitation de Castle-House qu'au milieu de cette ville, où les sudistes sont capables de se porter à tous les excès!

— Bon! est-ce que je ne suis pas du Sud, mon cher Burbank?

— Sans doute, Stannard, mais vous pensez et vous agissez comme si vous étiez du Nord! »

Une heure après, le *Shannon*, emporté par le jusant devenu de plus en plus rapide, dépassait le petit hameau de Mandarin, juché sur une verdoyante colline. Puis, cinq à six milles au-dessous, il s'arrêtait près de la rive droite du fleuve. Là était établi un quai d'embarquement que les navires peuvent accoster pour y prendre charge. Un peu au-dessus débordait un pier élégant, légère passerelle de bois, suspendue à la courbe de deux câbles de fer. C'était le débarcadère de Camdless-Bay.

A l'extrémité du pier attendaient deux noirs, munis de fanaux, car la nuit était déjà très sombre.

James Burbank prit congé de M. Stannard, et, suivi d'Edward Carrol, il s'élança sur la passerelle.

Derrière lui marchait la métisse Zermah, qui répondit de loin à une voix enfantine:

Le squif accosta. (Page 14.)

« Me voilà, Dy!... Me voilà!

— Et père?...

— Père aussi! »

Les fanaux s'éloignèrent, et le *Shannon* reprit sa marche, en obliquant vers la rive gauche. Trois milles au delà de Camdless-Bay, de l'autre côté du fleuve, il s'arrêtait à l'appontement de Jacksonville, afin de mettre à terre le plus grand nombre de ses passagers.

A BORD DU STEAM-BOAT « SHANNON. » 17

« Me voilà, Dy!.... » (Page 16.)

Là, Walter Stannard débarqua en même temps que trois ou quatre de ces gens, dont Texar s'était séparé, une heure et demie avant, lorsque l'Indien était venu le prendre avec le squif. Il ne restait plus qu'une demi-douzaine de voyageurs à bord du steam-boat, les uns à destination de Pablo, petit bourg, bâti près du phare qui s'élève à l'entrée des bouches du Saint-John, les autres à destination de l'île Talbot, située au large de l'ouverture des passes de ce nom, les derniers, enfin, à destination du port de Fernandina. Le *Shannon* continua donc à battre les eaux du fleuve, dont il put franchir la barre sans accidents. Une heure après, il avait disparu au tournant de la crique Trout, où le Saint-John mêle ses lames déjà houleuses à la houle de l'Océan.

II

CAMDLESS-BAY

Camdless-Bay, tel était le nom de la plantation qui appartenait à James Burbank. C'est là que le riche colon demeurait avec toute sa famille. Ce nom de Camdless venait d'une des criques du Saint-John, qui s'ouvre un peu en amont de Jacksonville et sur la rive opposée du fleuve. Par suite de cette proximité, on pouvait communiquer facilement avec la cité floridienne. Une bonne embarcation, un vent de nord ou de sud, en profitant du jusant pour aller ou du flot pour revenir, il ne fallait pas plus d'une heure pour franchir les trois milles, qui séparent Camdless-Bay de ce chef-lieu du comté de Duval.

James Burbank possédait une des plus belles propriétés du pays. Riche par lui-même et par sa famille, sa fortune se complétait encore d'immeubles importants, situés dans l'État de New-Jersey, qui confine à l'État de New-York.

Cet emplacement, sur la rive droite du Saint-John, avait été très heureusement choisi pour y fonder un établissement d'une valeur considérable. Aux heureuses dispositions déjà fournies par la nature, la main de l'homme n'avait rien eu à reprendre. Ce terrain se prêtait de lui-même à tous les besoins d'une vaste exploitation. Aussi la plantation de Camdless-Bay, dirigée par un homme intelligent, actif, dans toute la force de l'âge, bien secondé de son personnel, et auquel les capitaux ne manquaient point, était-elle en parfait état de prospérité.

Un périmètre de douze milles, une surface de quatre mille acres[1], telle était la contenance superficielle de cette plantation. S'il en existait de plus grandes dans les États du sud de l'Union, il n'en était pas de mieux aménagées. Maison d'habitation, communs, écuries, étables, logements pour les esclaves, bâtiments d'exploitation, magasins destinés à contenir les produits du sol, chantiers disposés pour leur manipulation, ateliers et usines, railways convergeant de la périphérie du domaine vers le petit port d'embarquement, routes pour les charrois, tout était merveilleusement compris au point de vue pratique. Que ce fut un Américain du Nord qui eût conçu, ordonné, exécuté ces travaux, cela se voyait dès le premier coup d'œil. Seuls, les établissements de premier ordre de la Virginie ou des Carolines eussent pu rivaliser avec le domaine de Camdless-Bay. En outre, le sol de la plantation comprenait des « highs-hummoks », hautes terres naturellement appropriées à la culture des céréales, des « low-hummoks », basses terres qui conviennent plus spécialement à la culture des caféiers et des cacaoyers, des « marshs », sortes de savanes salées, où prospèrent les rizières et les champs de cannes à sucre.

On le sait, les cotons de la Géorgie et de la Floride sont des plus appréciés sur les divers marchés de l'Europe et de l'Amérique, grâce à la longueur et la qualité de leurs soies. Aussi, les champs de cotonniers, avec leurs plants dessinés en lignes régulièrement espacées, leurs feuilles d'un vert tendre, leurs fleurs de ce jaune où l'on retrouve la pâleur des mauves, produisaient-ils un des plus importants revenus de la plantation. A l'époque de la récolte, ces champs, d'une superficie d'un acre à un acre et demi, se couvraient de cases où demeuraient alors les esclaves, femmes et enfants, chargés de cueillir les capsules et d'en tirer les flocons, — travail très délicat qui ne doit point en altérer les fibres. Ce coton, séché au soleil, nettoyé par le moulinage au moyen de roues à dents et de rouleaux, comprimé à la presse hydraulique, mis en ballots cerclés de fer, était ainsi emmagasiné pour l'exportation. Les

---

1. Environ 3000 hectares.

navires à voile ou à vapeur pouvaient venir prendre chargement de ces ballots au port même de Camdless-Bay.

Concurremment avec les cotonniers, James Burbank exploitait aussi de vastes champs de caféiers et de cannes à sucre. Ici, c'étaient des réserves de mille à douze cents arbustes, hauts de quinze à vingt pieds, semblables par leurs fleurs à des jasmins d'Espagne, et dont les fruits, gros comme une petite cerise, contiennent les deux grains qu'il n'y a plus qu'à extraire et à faire sécher. Là, c'étaient des prairies, on pourrait dire des marais, hérissés de milliers de ces longs roseaux, hauts de neuf à dix-huit pieds, dont les panaches se balancent comme les cimiers d'une troupe de cavalerie en marche. Objet de soins tout spéciaux à Camdless-Bay, cette récolte de cannes donnait le sucre sous forme d'une liqueur que la raffinerie, très en progrès dans les États du sud, transformait en sucre raffiné; puis, comme produits dérivés, les sirops qui servent à la fabrication du tafia ou du rhum, et le vin de canne, mélange de la liqueur saccharine avec du jus d'ananas et d'oranges. Bien que moins importante, si on la comparait à celle des cotonniers, cette culture ne laissait pas d'être très fructueuse. Quelques enclos de cacaoyers, des champs de maïs, d'ignames, de patates, de blé indien, de tabac, deux ou trois centaines d'acres en rizières, apportaient encore un large tribut de bénéfices à l'établissement de James Burbank.

Mais il se faisait encore une autre exploitation qui procurait des gains au moins égaux à ceux de l'industrie cotonnière. C'était le défrichement des inépuisables forêts dont la plantation était couverte. Sans parler du produit des cannelliers, des poivriers, des orangers, des citronniers, des oliviers, des figuiers, des manguiers, des jaquiers, ni du rendement de presque tous les arbres à fruits de l'Europe, dont l'acclimatement est superbe en Floride, ces forêts étaient soumises à une coupe régulière et constante. Que de richesses en campêche, en gazumas ou ormes du Mexique, maintenant employés à tant d'usages, en baobabs, en bois corail à tiges et à fleurs d'un rouge de sang, en paviers, sortes de marronniers à fleurs jaunes, en noyers noirs, en chênes-verts, en pins austrats, qui fournissent d'admirables échantillons pour la charpente et la mâture, en pachiriers, dont le soleil de midi fait éclater les graines comme autant de pétards, en pins-parasols, en tulipiers, sapins, cèdres et surtout en cyprès, cet arbre si répandu à la surface de la péninsule qu'il y forme des forêts dont la longueur va de soixante à cent milles. James Burbank avait dû créer plusieurs scieries importantes en divers points de la plantation. Des barrages, établis sur quelques uns des rios, tributaires du Saint-John, convertissaient en chute leur cours paisible, et ces chutes donnaient largement la force mécanique que nécessitait le débit des poutres, madriers ou planches, dont cent navires auraient pu prendre, chaque année, des cargaisons entières.

Il faut citer, en outre, de vastes et grasses prairies, qui nourrissaient des chevaux, des mules, et un nombreux bétail, dont les produits subvenaient à tous les besoins agricoles.

Quant aux volatiles d'espèces si variées, qui habitaient les bois ou couraient les champs et les plaines, on imaginerait difficilement à quel point ils pullulaient à Camdless-Bay — comme dans toute la Floride, d'ailleurs. Au-dessus des forêts planaient les aigles à tête blanche, de grande envergure, dont le cri aigu ressemble à la fanfare d'une trompette fêlée, des vautours, d'une férocité peu ordinaire, des butors géants, au bec pointu comme une baïonnette. Sur la rive du fleuve, entre les grands roseaux de la berge, sous l'entrecroisement des bambous gigantesques, vivaient des flamants roses ou écarlates, des ibis tout blancs qu'on eût dit envolés de quelque monolythe égyptien, des pélicans de taille colossale, des myriades de sternes, des hirondelles de mer de toutes sortes, des crabiers vêtus d'une huppe et d'une pelisse verte, des courlans, au plumage de pourpre, au duvet brun et tacheté de points blanchâtres, des jacamars, martins-pêcheurs à reflets dorés, tout un monde de plongeons, de poules d'eau, de canards « widgeons » appartenant à l'espèce des siffleurs, des sarcelles, des pluviers, sans compter les pétrels, les puffins, les becs-en-ciseaux, les corbeaux de mer, les mouettes, les paille-en-queue, qu'un coup de vent suffisait à chasser jusqu'au Saint-John, et parfois même des exocets ou poissons-volants, qui sont de bonne prise pour les gourmets. A travers les prairies pullulaient les bécassines, les bécasseaux, les courlis, les barges marbrées, les poules sultanes au plumage à la fois rouge, bleu, vert, jaune et blanc comme une palette volante, les coqs à fraise, les perdrix ou « colins-ouïs », les écureuils grisâtres, les pigeons à tête blanche et à pattes rouges; puis, comme quadrupèdes comestibles, des lapins à queue longue, intermédiaires entre le lapin et le lièvre d'Europe, des daims par hardes; enfin des raccoons ou ratons-laveurs, des tortues, des ichneumons, et aussi, par malheur, trop de serpents d'espèce venimeuse. Tels étaient les représentants du règne animal sur ce magnifique domaine de Camdless-Bay, — sans compter les nègres, mâles et femelles, asservis pour les besoins de la plantation. Et de ces êtres humains, que fait donc, cette monstrueuse coutume de l'esclavage, si ce n'est des animaux, achetés ou vendus comme bêtes de somme?

Comment James Burbank, un partisan des doctrines anti-esclavagistes, un nordiste qui n'attendait que le triomphe du Nord, n'avait-il donc pas encore affranchi les esclaves de sa plantation? Hésiterait-il à le faire, dès que les circonstances le permettraient? Non, certes! Et ce n'était plus qu'une question de semaines, de jours peut-être, puisque l'armée fédérale occupait déjà quelques points rapprochés de l'État limitrophe et se préparait à opérer en Floride.

Déjà, d'ailleurs, James Burbank avait pris à Camdless-Bay toutes les mesures qui pouvaient améliorer le sort de ses esclaves. Ils étaient environ sept cents noirs des deux sexes, proprement logés dans de larges baracons, entretenus avec soin, nourris à leur convenance, ne travaillant que dans la limite de leurs forces. Le régisseur-général et les sous-régisseurs de la plantation avaient ordre de les traiter avec justice et douceur. Aussi, les divers services n'en étaient-ils que mieux remplis, bien que depuis longtemps les châtiments corporels ne fussent plus en usage à Camdless-Bay. Contraste frappant, avec les habitudes de la plupart des autres plantations floridiennes, et système qui n'était pas vu sans défaveur par les voisins de James Burbank. De là, comme on va s'en rendre compte, une situation très difficile dans le pays, — surtout à cette époque où le sort des armes allait trancher la question de l'esclavage.

Le nombreux personnel de la plantation était logé dans des cases saines et confortables. Groupées par cinquantaines, ces cases formaient une dizaine de hameaux, autrement dit baracons, agglomérés le long des eaux courantes. Là, ces noirs vivaient avec leurs femmes et leurs enfants. Chaque famille était autant que possible affectée au même service des champs, des forêts ou des usines, de manière que ses membres ne fussent point dispersés, aux heures de travail. A la tête de ces divers hameaux, un sous-régisseur, faisant les fonctions de gérant, pour ne pas dire de maire, administrait sa petite commune, qui relevait du chef-lieu de canton. Ce chef-lieu, c'était le domaine privé de Camdless-Bay, enfermé dans un périmètre de hautes palissades, dont les palanques, sortes de pieux jointifs, plantés verticalement, se cachaient à demi sous la verdure de l'exubérante végétation floridienne. Là s'élevait l'habitation particulière de la famille Burbank.

Moitié maison, moitié château, cette habitation avait reçu et méritait le nom de Castle-House.

Depuis bien des années, Camdless-Bay appartenait aux ancêtres de James Burbank. A une époque où les déprédations des Indiens étaient à craindre, ses possesseurs avaient dû en fortifier la principale demeure. Le temps n'était pas éloigné où le général Jessup défendait encore la Floride contre les Séminoles. Pendant longtemps, les colons avaient eu terriblement à souffrir de ces nomades. Non seulement le vol les dépouillait, mais le meurtre ensanglantait leurs habitations que l'incendie détruisait ensuite. Les villes elles-mêmes furent plus d'une fois menacées de l'invasion et du pillage. En maint endroit s'élèvent des ruines que ces sanguinaires Indiens ont laissées après leur passage. A moins de quinze milles de Camdless-Bay, près du hameau de Mandarin, on montre encore la « maison de sang », dans laquelle un colon, M. Motte, sa femme et ses trois jeunes filles, avaient été scalpés, puis massacrés par ces bandits. Mais, actuellement, la guerre d'extermination entre l'homme blanc et l'homme rouge est finie. Les Séminoles, vaincus finalement, ont dû se réfugier au loin, vers l'ouest du Mississipi. On n'entend plus parler d'eux, sauf de quelques bandes qui errent encore dans la portion marécageuse de la Floride méridionale. Le pays n'a donc plus rien à craindre de ces féroces indigènes.

On comprend dès lors que les habitations des colons eussent été construites de manière à pouvoir tenir contre une attaque soudaine des Indiens, et résister en attendant l'arrivée des bataillons de volontaires, enrégimentés dans les villes ou hameaux du voisinage. Ainsi avait-il été fait du château de Castle-House.

Castle-House s'élevait sur un léger renflement du sol, au milieu d'un parc réservé, d'une superficie de trois acres, qui s'arrondissait à quelques centaines de yards en arrière de la rive du Saint-John. Un cours d'eau, assez profond, entourait ce parc, dont une haute enceinte de palanques, complétait la défense, et il ne donnait entrée que par un seul ponceau, jeté sur le rio circulaire. En arrière du mamelon, un ensemble de beaux arbres, groupés par masses, redescendaient les pentes du parc, auquel ils faisaient un large cadre de verdure. Une fraîche avenue de bambous, dont les tiges se croisaient en nervures ogivales, formait une longue nef, qui se développait depuis le débarcadère du petit port de Camdless-Bay jusqu'aux premières pelouses. Au dedans, sur tout l'espace laissé libre entre les arbres, s'étendaient de verdoyants gazons, coupés de larges allées, bordées de barrières blanches, qui se terminaient par une esplanade sablée devant la façade principale de Castle-House.

Ce château, assez irrégulièrement dessiné, offrait beaucoup d'imprévu dans l'ensemble de sa construction et non moins de fantaisie dans ses détails. Mais, pour le cas où des assaillants eussent forcé les palanques du parc, il aurait pu — chose importante surtout — se défendre rien que par lui-même et soutenir un siège de quelques heures. Ses fenêtres du rez-de-chaussée étaient grillagées de barreaux de fer. La porte principale, sur la façade antérieure, avait la solidité d'une herse. En de certains points, au faîte des murailles, bâties avec une sorte de pierre marmoréenne, se dressaient plusieurs poivrières en encorbellement, qui rendaient la défense plus facile, puisqu'elles permettaient de prendre en flanc les agresseurs. En somme, avec ses ouvertures réduites au strict nécessaire, son donjon central qui le dominait et sur lequel se déployait le pavillon étoilé des États-Unis, ses lignes de créneaux dont certaines arêtes étaient pourvues, l'inclinaison de ses murs à leur base,

CASTLE-HOUSE.

ses toits élevés, ses pinacles multiples, l'épaisseur de ses parois à travers lesquelles se creusaient çà et là un certain nombre d'embrasures, cette habitation ressemblait plus à un château-fort qu'à un cottage ou une maison de plaisance.

On l'a dit, il avait fallu le bâtir ainsi pour la sûreté de ceux qui l'habitaient à l'époque où se faisaient ces sauvages incursions des Indiens sur le territoire de la Floride. Il existait même un tunnel souterrain, qui, après avoir passé sous la palissade et le rio circulaire, mettait Castle-House en communication avec une petite crique du Saint-John, nommé Crique Marino. Ce tunnel aurait pu servir à quelque secrète évasion en cas d'extrême danger.

Certainement, au temps actuel, les Séminoles, repoussés de la péninsule, n'étaient plus à craindre, et cela depuis une vingtaine d'années. Mais savait-on ce que réservait l'avenir? Et ce danger que James Burbank n'avait plus à redouter de la part des Indiens, qui sait s'il ne viendrait pas de la part de ses compatriotes? N'était-il pas lui, nordiste isolé au fond de ces États du sud, exposé à toutes les phases d'une guerre civile, qui avait été si sanglante jusqu'alors, si féconde en représailles?

Toutefois, cette nécessité de pourvoir à la sûreté de Castle-House n'avait point nui au confort intérieur. Les salles étaient vastes, les appartements luxueux et superbement aménagés. La famille Burbank y trouvait, au milieu d'un site admirable, toutes les aises, toutes les satisfactions morales que peut donner la fortune, quand elle est unie à un véritable sens artiste chez ceux qui la possèdent.

En arrière du château, dans le parc réservé, de magnifiques jardins se développaient jusqu'à la palissade, dont les palanques disparaissaient sous les arbustes grimpants et les sarments de la grenadille, où les oiseaux-mouches voltigeaient par myriades. Des massifs d'orangers, des corbeilles d'oliviers, de figuiers, de grenadiers, de pontédéries aux bouquets d'azur, des groupes de magnolias, dont les calices à teintes de vieil ivoire parfumaient l'air, des buissons de palmiers sabal, agitant leurs éventails sous la brise, des guirlandes de cobœas aux nuances violettes, des touffes de tupéas à rosettes vertes, de yuccas avec leur cliquetis de sabres acérés, de rhododendrons roses, des buissons de myrtes et de pamplemousses, enfin tout ce que peut produire la flore d'une zone qui touche au Tropique, était réuni dans ces parterres pour la jouissance de l'odorat et le plaisir des yeux.

A la limite de l'enceinte, sous le dôme des cyprès et des boababs, étaient enfouies les écuries, les remises, les chenils, les aménagements de la laiterie et des basses-cours. Grâce à la ramure de ces beaux arbres, impénétrable même au soleil de cette latitude, les animaux domestiques n'avaient rien à craindre des chaleurs de l'été. Dérivées des rios voisins, les eaux courantes y maintenaient une agréable et saine fraîcheur.

On le voit, ce domaine privé, spécial aux hôtes de Camdless-Bay, c'était une enclave merveilleusement agencée au milieu du vaste établissement de James Burbank. Ni le tapage des moulins à coton, ni les frémissements des scieries, ni les chocs de la hache sur les troncs d'arbres, ni aucun de ces bruits que comporte une exploitation si importante, ne parvenaient à franchir les palanques de l'enceinte. Seuls, les mille oiseaux de l'ornithologie floridienne pouvaient la dépasser en voltigeant d'arbre en arbre. Mais ces chanteurs ailés, dont le plumage rivalise avec les étincelantes fleurs de cette zone, n'étaient pas moins bien accueillis que les parfums dont la brise s'imprégnait en caressant les prairies et les forêts du voisinage.

Telle était Camdless-Bay, la plantation de James Burbank, et l'une des plus riches de la Floride orientale.

III

OÙ EN EST LA GUERRE DE SÉCESSION

Quelques mots sur la guerre de sécession, à laquelle cette histoire doit être intimement mêlée.

Et, tout d'abord, que ceci soit bien établi dès le début : ainsi que l'a dit le comte de Paris, ancien aide de camp du général Mac Clellan, dans sa remarquable *Histoire de la guerre civile en Amérique*, cette guerre n'a eu pour cause ni une question de tarifs, ni une différence réelle d'origine entre le Nord et le Sud. La race anglo-saxonne régnait également sur tout le territoire des États-Unis. Aussi, la question commerciale n'a-t-elle jamais été en jeu dans cette terrible lutte entre frères. « C'est l'esclavage, qui, prospérant dans une moitié de la république et aboli dans l'autre, y avait créé deux sociétés hostiles. Il avait profondément modifié les mœurs de celle où il dominait, tout en laissant intactes les formes apparentes du gouvernement. C'est lui qui fut non pas le prétexte ou l'occasion, mais la cause unique de l'antagonisme dont la conséquence inévitable fut la guerre civile. »

Dans les États à esclaves, il y avait trois classes. En bas, quatre millions de nègres asservis, soit le tiers de la population. En haut, la caste des propriétaires, relativement peu instruite, riche, dédaigneuse, qui se réservait absolument la direction des affaires publiques. Entre les deux, la classe remuante, paresseuse, misérable, des petits blancs. Ceux-ci, contre toute attente, se montrèrent ardents pour le maintien de l'esclavage, par crainte de voir la classe des nègres affranchis s'élever à leur niveau.

Le Nord devait donc trouver contre lui non seulement les riches propriétaires, mais aussi ces petits blancs qui, surtout dans les campagnes, vivaient au milieu de la population serve. La lutte fut donc effroyable. Elle produisit même dans les familles de telles dissensions que l'on vit des frères combattre, l'un sous le drapeau confédéré, l'autre sous le drapeau fédéral. Mais un grand peuple ne devait pas hésiter à détruire l'esclavage jusque dans ses racines. Dès le siècle dernier, l'illustre Franklin en avait demandé l'abolition. En 1807, Jefferson avait recommandé au congrès « de prohiber un trafic dont la moralité, l'honneur et les plus chers intérêts du pays exigeaient depuis longtemps la disparition ». Le Nord eut donc raison de marcher contre le Sud et de le réduire. D'ailleurs, il allait s'ensuivre une union plus étroite entre tous les éléments de la république, et la destruction de cette illusion si funeste, si menaçante, que chaque citoyen devait d'abord obéissance à son propre État, et, seulement en second lieu, à l'ensemble de la fédération américaine.

Or, ce fut précisément en Floride, que se réveillèrent les premières questions relatives à l'esclavage. Au commencement de ce siècle, un chef indien métis, nommé Oscéola, avait pour femme une esclave marronne, née dans ces parties marécageuses du territoire floridien qu'on nomme Everglades. Un jour, cette femme fut ressaisie comme esclave et emmenée par force. Oscéola souleva les Indiens, commença la campagne anti-esclavagiste, fut pris et mourut dans la forteresse où on l'avait enfermé. Mais la guerre continua, et, dit l'historien Thomas Higginson, « la somme d'argent que nécessita une pareille lutte fut trois fois plus considérable que celle qui avait été jadis payée à l'Espagne pour l'acquisition de la Floride ».

Voici maintenant quels avaient été les débuts de cette guerre de sécession; puis quel était l'état des choses pendant ce mois de février 1862, époque où James Burbank et sa famille allaient éprouver des contre-coups si terribles qu'il nous a paru intéressant d'en avoir fait l'objet de cette histoire.

Le 16 octobre 1859, l'héroïque capitaine John Brown, à la tête d'une petite troupe d'esclaves fugitifs, s'empare de Harpers-Ferry en Virginie. L'affranchissement des hommes de couleur, tel est son but. Il le proclame hautement. Vaincu par les compagnies de la milice, il est fait prisonnier, condamné à mort et pendu à Charlestown, le 2 décembre 1859, avec six de ses compagnons.

Le 20 décembre 1860, une convention se réunit dans la Caroline du Sud et adopte d'enthousiasme le décret de sécession. L'année suivante, le 4 mars 1861, Abraham Lincoln est nommé président de la république. Les États du Sud regardent son élection comme une menace pour l'institution de l'esclavage. Le 11 avril 1861, le fort Sumter, un de ceux qui défendent la rade de Charlestown, tombe au pouvoir des sudistes, commandés par le général Beauregard. La Caroline du Nord, la Virginie, l'Arkansas, le Tennessee, adhèrent aussitôt à l'acte séparatiste.

Soixante-quinze mille volontaires sont levés par le gouvernement fédéral. Tout d'abord, on s'occupe de mettre Washington, la capitale des États-Unis d'Amérique, à l'abri d'un coup de main des confédérés. On ravitaille les arsenaux du Nord qui étaient vides, alors que ceux du Sud avaient été largement approvisionnés sous la présidence de Buchanan. Le matériel de guerre se complète au prix des plus extraordinaires efforts. Puis, Abraham Lincoln déclare les ports du Sud en état de blocus.

C'est en Virginie que se passent les premiers faits de guerre. Mac Clellan repousse les rebelles dans l'ouest. Mais, le 21 juillet, à Bull-Run, les troupes fédérales, réunies sous les ordres de Mac Dowel, sont mises en déroute et s'enfuient jusqu'à Washington. Si les sudistes ne tremblent plus pour Richmond, leur capitale, les nordistes ont lieu de trembler pour la capitale de la République américaine. Quelques mois après, les fédéraux sont encore défaits à Ball's-Bluff. Toutefois, cette affaire malheureuse est bientôt compensée par diverses expéditions, qui mirent aux mains des unionistes le fort Hatteras et Port-Royal-Harbour, dont les séparatistes ne parvinrent plus à s'emparer. A la fin de 1861, le commandement général des troupes de l'Union est donné au major-général Georges Mac Clellan.

Cependant, cette année-là, les corsaires esclavagistes ont couru les mers des deux mondes. Ils ont trouvé accueil dans les ports de la France, de l'Angleterre, de l'Espagne et du Portugal, — faute grave qui, en reconnaissant aux sécessionnistes les droits de belligérants, eut pour résultat d'encourager la course et de prolonger la guerre civile.

Puis, vinrent les faits maritimes qui eurent un si grand retentissement.

C'est le *Sumter* et son fameux capitaine Semmes. C'est l'apparition du bélier *Manassas*. C'est, le 12 octobre, le combat naval à la tête des passes du Mississipi. C'est, le 8 novembre, la prise du *Trent*, navire anglais à bord duquel le capitaine Wilkes capture les commissaires confédérés — ce qui faillit amener la guerre entre l'Angleterre et les États-Unis.

Entre temps, les abolitionnistes et les esclavagistes se livrent de sanglants combats avec des alternatives de succès et de revers jusque dans l'État du Missouri. Des principaux généraux du nord, l'un, Lyon, est tué, ce qui provoque la retraite des fédéraux à Rolla et la marche de Price avec les troupes confédérées vers le Nord. On se bat à Fredericktown, le 21 octobre, à Springfield, le 25, et, le 27, Frémont occupe cette ville avec les fédéraux. Au 19 décembre, le combat de Belmont, entre Grant et Polk, demeure incertain. Enfin, l'hiver, si rigoureux dans ces contrées de l'Amérique septentrionale, vient mettre un terme aux opérations.

Les premiers mois de l'année 1862 sont employés en efforts véritablement prodigieux de part et d'autre.

Au Nord, le Congrès vote un projet de loi qui lève cinq cent mille volontaires, — ils seront un million à la fin de la lutte, — et approuve un emprunt de cinq cent millions de dollars. Les grandes armées sont créées, principalement celle du Potomac. Leurs généraux sont Banks, Butler, Grant, Sherman, Mac Clellan, Meade, Thomas, Kearney, Halleck, pour ne citer que les plus célèbres. Tous les services vont entrer en fonction. Infanterie, cavalerie, artillerie, génie, sont endivisionnés d'une manière à peu près uniforme. Le matériel de guerre se fabrique à outrance, carabines Minié et Colt, canons rayés des systèmes Parrott et Rodman, canons à âme lisse et columbiads Dahlgren, canons-obusiers, canons-revolvers, obus Shrapnell, parcs de siège. On organise la télégraphie et l'aérostation militaires, le reportage des grands journaux, les transports qui seront faits par vingt mille chariots attelés de quatre-vingt-quatre mille mules. On réunit des approvisionnements de toutes sortes, sous la direction du chef de l'ordonnance. On construit de nouveaux navires du type bélier, les « rams » du colonel Ellet, les « gun-boats » ou canonnières du commodore Foote, qui vont apparaître pour la première fois dans une guerre maritime.

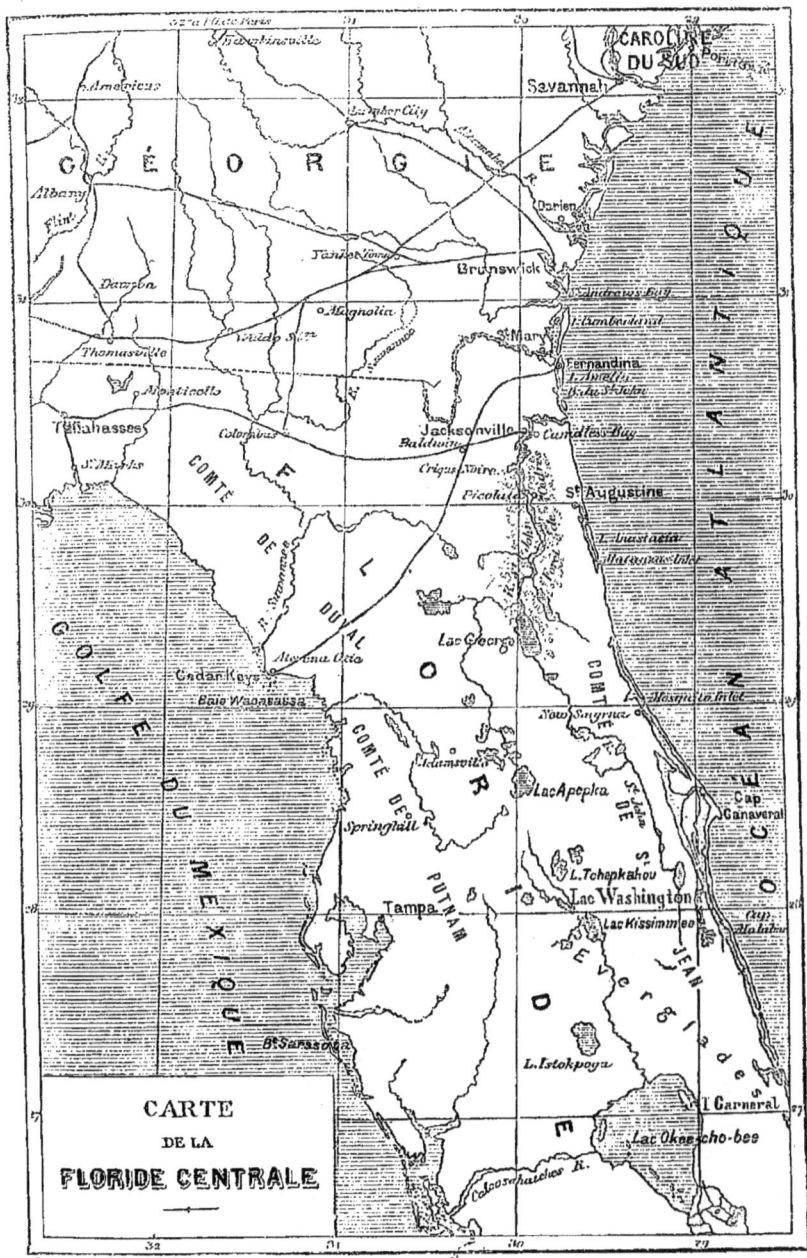

Au Sud, le zèle n'est pas moins grand. Il y a bien les fonderies de canon de la Nouvelle-Orléans, celles de Memphis, les forges de Tredogar, près de Richmond, qui fabriquent des Parrotts et des Rodmans. Mais cela ne peut suffire. Le gouvernement confédéré s'adresse à l'Europe. Liège et Birmingham lui envoient des cargaisons d'armes, des pièces des systèmes Armstrong et Whitworth. Les forceurs de blocus, qui viennent chercher à vil prix du coton dans ses ports, n'en obtiennent qu'en échange de tout ce matériel de guerre. Puis, l'armée s'organise. Ses généraux sont Johnston, Lee, Beauregard, Jackson, Critenden, Floyd, Pillow. On adjoint des corps irréguliers, tels que milices et guérillas, aux quatre cent mille volontaires, enrôlés pour trois ans au plus et un an au moins, que le Congrès séparatiste, à la date du 8 août, accorde à son président Jefferson Davis.

Cependant ces préparatifs n'empêchent pas la lutte de reprendre dès la seconde moitié du premier hiver. De tout le territoire à esclaves, le gouvernement fédéral n'occupe encore que le Maryland, la Virginie occidentale, le Kentucky en quelques portions, le Missouri pour la plus grande part, et un certain nombre de points du littoral.

Les nouvelles hostilités commencent d'abord dans l'est du Kentucky. Le 7 janvier, Garfield bat les confédérés à Middle-Creek, et le 20, ils sont de nouveau battus à Logan-Cross ou Mill-Springs. Le 2 février, Grant s'embarque avec deux divisions sur quelques grands vapeurs du Tennessee que va soutenir la flottille cuirassée de Foote. Le 6, le fort Henry tombe en son pouvoir. Ainsi est brisé un anneau de cette chaîne « sur laquelle, dit l'historien de cette guerre civile, s'appuyait tout le système de défense de son adversaire Johnston. » Le Cumberland et la capitale du Tennessee sont donc menacés directement et à court délai par les troupes fédérales. Aussi Johnston cherche-t-il à concentrer toutes ses forces au fort Donelson, afin de retrouver un point d'appui plus sûr pour la défensive.

A cette époque, une autre expédition, comprenant un corps de seize mille hommes sous les ordres de Burnside, une flottille, composée de vingt-quatre vapeurs armés en guerre et de cinquante transports, descend la Chesapeake et appareille de Hampton-Roads, le 12 janvier. Malgré de violentes tempêtes le 24 janvier, elle donne dans les eaux du Pimlico-Sound pour s'emparer de l'île Roanoke et réduire la côte de la Caroline du Nord. Mais l'île est fortifiée. A l'ouest, le canal se défend par un barrage de coques submergées. Des batteries et des ouvrages de campagne en rendent l'accès difficile. Cinq à six mille hommes, soutenus par une flottille de sept canonnières, sont prêts à empêcher tout débarquement. Néanmoins, malgré le courage de ses défenseurs, du 7 au 8 février, cette île tombe au pouvoir de Burnside avec vingt canons et plus de deux mille prisonniers. Le lendemain, les fédéraux sont maîtres d'Élizabeth-City et de toute la côte de l'Albemarle-Sound, c'est-à-dire, du nord de cette mer intérieure.

Enfin, pour achever de décrire la situation jusqu'au 6 février, il faut parler de ce général sudiste, cet ancien professeur de chimie, Jackson, ce soldat puritain qui défend la Virginie. Après le rappel de Lee à Richmond, il commande l'armée. Il quitte Vinchester, le 1ᵉʳ janvier, avec ses dix mille hommes, traverse les Alléghanies pour prendre Bath sur le railway de l'Ohio. Vaincu par le climat, écrasé par les tempêtes de neige, il est forcé de rentrer à Vinchester, sans avoir atteint son objectif.

Et maintenant, en ce qui concerne plus spécialement les côtes du Sud, depuis la Caroline jusqu'à la Floride, voici ce qui s'est passé.

Durant la seconde moitié de l'année 1861, le Nord, possédait assez de rapides bâtiments pour faire la police de ces mers, bien qu'il n'eût pu s'emparer du fameux *Sumter*, qui, en janvier 1862, vint relâcher à Gibraltar, afin d'exploiter les eaux européennes. Le *Jefferson-Davis*, voulant échapper aux fédéraux, se réfugie à Saint-Augustine en Floride et périt au moment où il donne dans les passes. Presque en même temps, un des navires employés à la croisière de la Floride, l'*Anderson*, capture le corsaire *Beauregard*. Mais, en Angleterre, de nouveaux bâtiments sont armés pour la course. C'est alors qu'une proclamation d'Abraham Lincoln étend le blocus aux côtes de la Virginie et de la Caroline du Nord, et même le blocus fictif, le blocus sur le papier, qui comprend quatre mille cinq cents kilomètres de côtes. Pour les surveiller, on n'a que deux escadres : l'une doit bloquer l'Atlantique, l'autre le golfe du Mexique.

Le 12 octobre, pour la première fois, les confédérés tentent de dégager les bouches du Mississipi avec le *Manassas*, — premier navire qui fut blindé pendant cette guerre, — soutenu d'une flottille de brûlots. Si le coup ne réussit pas, si la corvette *Richmond* peut s'en tirer saine et sauve le 29 décembre, un petit vapeur, le *Sea-Bird*, parvient à enlever une goëlette fédérale en vue du fort Monroe.

Cependant, il est nécessaire d'avoir un point qui puisse servir de base d'opération pour les croisières de l'Atlantique. Le gouvernement fédéral décide alors de s'emparer du fort Hatteras, qui commande la passe du même nom, passe très fréquentée par les forceurs de blocus. Ce fort est difficile à prendre. Il est soutenu par une redoute carrée, appelée fort Clark. Un millier d'hommes et le 7ᵉ régiment de la Caroline du Nord concourent à le défendre. N'importe. L'escadre fédérale, composée de deux frégates, trois corvettes, un aviso, deux grands vapeurs, vient mouiller le 27 août devant les passes. Le commodore Stringham et le général Butler attaquent. La redoute est prise. Le fort Hatteras, après une assez longue résistance, hisse le drapeau blanc. La base d'opération est acquise aux nordistes pour toute la durée de la guerre.

En novembre, c'est l'île de Santa-Rosa, à l'est de Pensacola, sur le golfe du Mexique, une dépendance de la côte floridienne, qui, malgré les efforts des confédérés, reste au pouvoir des fédéraux.

Toutefois, la prise du fort Hatteras ne paraît pas suffisante pour la bonne conduite des opérations ultérieures. Il faut occuper d'autres points sur le littoral de la Caroline du Sud, de la Géorgie, de la Floride. Deux frégates à vapeur, le *Wasbah* et le *Susquehannah*, trois frégates à voiles, cinq corvettes, six canonnières, plusieurs avisos, vingt-cinq bâtiments charbonniers chargés des approvisionnements, trente-deux vapeurs pouvant transporter quinze mille six cents hommes sous les ordres du général Sherman, sont donnés au commodore Dupont. La flottille appareille le 25 octobre, devant le fort Monroe. Après avoir essuyé un terrible coup de vent au large du cap Hatteras, elle vient reconnaître les passes de Hilton-Head, entre Charlestown et Savannah. Là est la baie de Port-Royal, l'une des plus importantes de la confédération américaine.

où le général Ripley commande les forces des esclavagistes. Les deux forts Walker et Beauregard battent l'entrée de la baie à quatre mille mètres l'un de l'autre. Huit vapeurs la défendent, et sa barre la rend presque inabordable à une flotte d'assaillants.

Le 5 novembre, le chenal a été balisé, et, après un échange de quelques coups de canon, Dupont pénètre dans la baie, sans pouvoir débarquer encore les troupes de Sherman. Le 7, avant midi, il attaque le fort Walker, puis le fort Beauregard. Il les écrase sous une grêle de ses plus gros obus. Les forts sont évacués. Les fédéraux en prennent possession presque sans combat, et Sherman occupe ce point si important pour la suite des opérations militaires. C'était un coup porté au cœur même des États esclavagistes. Les îles voisines tombent l'une après l'autre au pouvoir des fédéraux, même l'île Tybee et le fort Pulaski, lequel commande la rivière de Savannah. L'année finie, Dupont est maître des cinq grandes baies de North-Edisto, de Saint-Helena, de Port-Royal, de Tybee, de Warsaw, et de tout ce chapelet d'îlots semés sur la côte de la Caroline et de la Géorgie. Enfin, le 1ᵉʳ janvier 1862, un dernier succès lui permet de réduire les ouvrages confédérés, élevés sur les rives du Coosaw.

Telle était la situation des belligérants au commencement de février de l'année 1862. Tels étaient les progrès du gouvernement fédéral vers le Sud, au moment où les navires du commodore Dupont et les troupes de Sherman menaçaient la Floride.

IV

LA FAMILLE BURBANK

Il était sept heures et quelques minutes, lorsque James Burbank et Edward Carrol montèrent les marches du perron sur lequel s'ouvrait la porte principale de Castle-House, du côté du Saint-John. Zermah, tenant la fillette par la main, le gravit après eux. Tous se trouvèrent dans le hall, sorte de grand vestibule, dont le fond, arrondi en dôme, contenait la double révolution du grand escalier qui desservait les étages supérieurs.

Mme Burbank était là, en compagnie de Perry, le régisseur général de la plantation.

« Il n'y a rien de nouveau à Jacksonville?

— Rien, mon ami.

— Et pas de nouvelles de Gilbert?

— Si... une lettre!

— Dieu soit loué! »

Telles furent les premières demandes et réponses échangées entre Mme Burbank et son mari.

James Burbank, après avoir embrassé sa femme et la petite Dy, décacheta la lettre qui venait de lui être remise.

Cette lettre n'avait point été ouverte en l'absence de James Burbank. Étant donnée la situation de celui qui l'écrivait et de celle de sa famille en Floride, Mme Burbank avait voulu que son mari fût le premier à connaître ce qu'elle contenait.

« Cette lettre, sans doute, n'est pas venue par la poste? demanda James Burbank

La récolte du coton à Camdless-Bay.

— Oh! non, monsieur James! répondit Perry. C'eût été trop imprudent de la part de M. Gilbert!

— Et qui s'est chargé de l'apporter?...

— Un homme de la Géorgie sur le dévouement duquel notre jeune lieutenant a cru pouvoir compter.

— Quel jour est arrivée cette lettre?

— Hier.

« Lis donc, père, lis donc! » s'écria la petite fille. (Page 42.)

— Et l'homme?...

— Il est reparti le soir même.

— Bien payé de son service?...

— Oui, mon ami, bien payé, répondit Mme Burbank, mais par Gilbert, et il n'a rien voulu recevoir de notre part ».

Le hall était éclairé par deux lampes posées sur une table de marbre, devant un large divan. James Burbank alla s'asseoir près de cette table. Sa femme et sa fille prirent place auprès de lui. Edward Carrol, après avoir serré la main à sa sœur, s'était jeté dans un fauteuil. Zermah et Perry se tenaient debout près de l'escalier. Tous deux étaient assez de la famille pour que la lettre pût être lue en leur présence.

James Burbank l'avait ouverte.

« Elle est du 3 février, dit-il.

— Déjà quatre jours de date ! répondit Edward Carrol. C'est long dans les circonstances où nous sommes...

— Lis donc, père, lis donc ! » s'écria la petite fille avec une impatience bien naturelle à son âge.

Voici ce que disait cette lettre :

« A bord du *Wabash*, au mouillage d'Edisto.

3 février 1862.

« Cher père,

« Je commence par embrasser ma mère, ma petite sœur et toi. Je n'oublie
« pas non plus mon oncle Carrol, et, pour ne rien omettre, j'envoie à la
« bonne Zermah toutes les tendresses de son mari, mon brave et dévoué
« Mars. Nous allons tous les deux aussi bien que possible, et nous avons
« une fière envie d'être près de vous ! Cela ne tardera pas, dût nous maudire
« monsieur Perry, qui, en voyant les progrès du Nord, doit pester comme
« un entêté esclavagiste qu'il est, le digne régisseur ! »

— Voilà pour vous, Perry, dit Edward Carrol.

— Chacun a ses idées là-dessus ! » répondit M. Perry, en homme qui n'entend point sacrifier les siennes.

James Burbank continua :

« Cette lettre vous arrivera par un homme dont je suis sûr, n'ayez aucune
« crainte à cet égard. Vous avez dû apprendre que l'escadre du commodore
« Dupont s'est emparée de la baie de Port-Royal et des îles voisines. Le Nord

« gagne donc peu à peu sur le Sud. Aussi est-il très probable que le gouver-
« nement fédéral va chercher à occuper les principaux ports de la Floride.
« On parle d'une expédition que Dupont et Sherman feraient de concert
« vers la fin de ce mois. Très vraisemblablement alors, nous irions occuper
« la baie de Saint-Andrews. De là, on serait à portée de pénétrer dans l'état
« floridien.

« Que j'ai hâte d'être là, cher père, et surtout avec notre flottille victo-
« rieuse! La situation de ma famille, au milieu de cette population esclava-
« giste, m'inquiète toujours. Mais le moment approche où nous pourrons faire
« hautement triompher les idées qui ont toujours eu cours à la plantation de
« Camdless-Bay.

« Ah! si je pouvais m'échapper, ne fût-ce que vingt-quatre heures, comme
« j'irais vous voir! Non! Ce serait trop imprudent pour vous comme pour
« moi, et mieux vaut prendre patience. Encore quelques semaines, et nous
« serons tous réunis à Castle-House!

« Et maintenant je termine en me demandant si je n'ai oublié personne
« dans mes embrassades. Si, vraiment! J'ai oublié monsieur Stannard et
« ma charmante Alice qu'il me tarde tant de revoir! Toutes mes amitiés à
« son père, et à elle, plus que mes amitiés!...

« Respectueusement et de tout cœur,

« GILBERT BURBANK. »

James Burbank avait posé sur la table la lettre que Mme Burbank prit alors et porta à ses lèvres. Puis, la petite Dy mit franchement un gros baiser sur la signature de son frère.

« Brave garçon! dit Edward Carrol.

— Et brave Mars! ajouta Mme Burbank, en regardant Zermah, qui serrait la fillette dans ses bras.

— Il faudra prévenir Alice, ajouta Mme Burbank, que nous avons reçu une lettre de Gilbert.

— Oui! je lui écrirai, répondit James Burbank. D'ailleurs, dans quelques jours, je dois aller à Jacksonville, et je verrai Stannard. Depuis que Gilbert a écrit cette lettre, d'autres nouvelles ont pu venir au sujet de l'expédition projetée. Ah! qu'ils arrivent donc enfin, nos amis du Nord, et que la Floride rentre sous le drapeau de l'Union! Ici, notre situation finirait par n'être plus tenable! »

En effet, depuis que la guerre se rapprochait du Sud, une modification manifeste s'opérait en Floride sur la question qui mettait les États-Unis aux prises. Jusqu'à cette époque, l'esclavage ne s'était pas considérablement développé dans cette ancienne colonie espagnole qui n'avait pas pris part au mouvement avec la même ardeur que la Virginie ou les Carolines. Mais des meneurs s'étaient bientôt mis à la tête des partisans de l'esclavage. Maintenant, ces gens, prêts à l'émeute, ayant tout à gagner dans les troubles, dominaient les autorités à Saint-Augustine et principalement à Jacksonville où ils s'appuyaient sur la plus vile populace. C'est pourquoi cette situation de James Burbank, dont on connaissait l'origine et les idées, pouvait à un certain moment devenir très inquiétante.

Il y avait près de vingt ans que James Burbank, après avoir quitté le New-Jersey où il possédait encore quelques propriétés, était venu s'établir à Camdless-Bay avec sa femme et son fils âgé de quatre ans. On sait combien la plantation avait prospéré, grâce à son intelligente activité et au concours d'Edward Carrol, son beau-frère. Aussi avait-il pour ce grand établissement qui lui venait de ses ancêtres, un attachement inébranlable. C'était là qu'était né son second enfant, la petite Dy, quinze ans après son installation dans ce domaine.

James Burbank avait alors quarante-six ans. C'était un homme fortement constitué, habitué au travail, ne s'épargnant guère. On le savait d'un caractère énergique. Très attaché à ses opinions, il ne se gênait point de les faire hautement connaître. Grand, grisonnant à peine, il avait une figure un peu sévère, mais franche et encourageante. Avec la barbiche des Américains du Nord, sans favoris et sans moustache, c'était bien le type du yankee de la Nouvelle-Angleterre. Dans toute la plantation, on l'aimait, car il était bon, on lui obéissait, car il était juste. Ses noirs lui étaient profondément dévoués, et il attendait, non sans impatience, que les circonstances lui permissent de les affranchir. Son beau-frère, à peu près du même âge, s'occupait plus spécialement de la comptabilité de Camdless-Bay. Edward Carrol s'entendait parfaitement avec lui en toutes choses, et partageait sa manière de voir sur la question de l'esclavage.

Il n'y avait donc que le régisseur Perry qui fût d'un avis contraire au milieu de ce petit monde de Camdless-Bay. Il ne faudrait pas croire pourtant que ce digne homme maltraitât les esclaves. Bien au contraire. Il cherchait même à les rendre aussi heureux que le comportait leur condition.

« Mais, disait-il, il y a des contrées, dans les pays chauds, où les travaux de la terre ne peuvent être confiés qu'à des noirs. Or, des noirs, qui ne seraient pas esclaves, ne seraient plus des noirs ! »

Telle était sa théorie qu'il discutait toutes les fois que l'occasion s'en présentait. On la lui passait volontiers, sans en jamais tenir compte. Mais, à voir le sort des armes qui favorisait les anti-esclavagistes, Perry ne dérageait plus. Il « s'en passerait de belles » à Camdless-Bay, quand M. Burbank aurait affranchi ses nègres.

On le répète, c'était un excellent homme, très courageux aussi. Et quand James Burbank et Edward Carrol avaient fait partie de ce détachement de la milice, nommé les « minute-men » les hommes-minutes, parce qu'ils devaient être prêts à partir à tout instant, il s'était bravement joint à eux contre les dernières bandes des Séminoles.

Mme Burbank, à cette époque ne portait pas les trente-neuf ans de son âge. Elle était encore fort belle. Sa fille devait lui ressembler un jour. James Burbank avait trouvé en elle une compagne aimante, affectueuse, à laquelle il devait pour une grande part le bonheur de sa vie. La généreuse femme n'existait que pour son mari, pour ses enfants qu'elle adorait et au sujet desquels elle éprouvait les plus vives craintes, étant données les circonstances qui allaient amener la guerre civile jusqu'en Floride. Et si Diana, ou mieux Dy, comme on l'appelait familièrement, fillette de six ans, gaie, caressante, toute heureuse de vivre, demeurait à Castle-House près de sa mère, Gilbert n'y était plus. De là, d'incessantes angoisses que Mme Burbank ne pouvait pas toujours dissimuler.

Gilbert était un jeune homme, ayant alors vingt-quatre ans, dans lequel on retrouvait les qualités morales de son père avec un peu plus d'épanchement, et les qualités physiques avec un peu plus de grâce et de charme. Un hardi compagnon, d'ailleurs, très rompu à tous les exercices du corps, très habile aussi en équitation comme en navigation ou en chasse. A la grande terreur de sa mère, les immenses forêts et les marais du comté de Duval avaient été trop souvent le théâtre de ses exploits non moins que les criques et les passes du Saint-John, jusqu'à l'extrême bouche de Pablo. Aussi, Gilbert se trouvait-il naturellement entraîné et fait à toutes les fatigues du soldat, quand furent tirés les premiers coups de feu de la guerre de sécession. Il comprit que son devoir l'appelait parmi les troupes fédérales et n'hésita pas. Il demanda à partir. Quelque chagrin que cela dût causer à sa femme, quelque danger même que pût comporter cette situation, James Burbank ne songea pas un instant à contrarier le désir de son fils. Il pensa, comme lui, que c'était là un devoir, et le devoir est au-dessus de tout.

Gilbert partit donc pour le Nord, mais son départ fut tenu aussi secret que possible. Si l'on eut su à Jacksonville que le fils de James Burbank avait pris du service dans l'armée nordiste, cela eût pu attirer des représailles sur Camdless-Bay. Le jeune homme avait été recommandé à des amis que son père avait encore dans l'État de New-Jersey. Ayant toujours montré du goût pour la mer, on lui procura facilement un engagement dans la marine fédérale. On avançait rapidement en ce temps-là, et comme Gilbert n'était pas de ceux qui restent en arrière, il marcha d'un bon pas. Le gouvernement de Washington avait les yeux sur ce jeune homme qui, dans la position où se trouvait sa famille, n'avait pas craint de venir lui offrir ses services. Gilbert se distingua à l'attaque du fort Sumter. Il était sur le *Richmond*, lorsque ce navire fut abordé par le *Manassas* à l'embouchure du Mississipi, et il contribua largement pour sa part à le dégager et à le reprendre. Après cette affaire, il fut promu enseigne, bien qu'il ne sortît pas de l'école navale d'Annapolis, pas plus que tous ces officiers improvisés qui furent empruntés au commerce. Avec son nouveau garde, il entra dans l'escadre du commodore Dupont, il assista aux brillantes affaires du fort Hatteras, puis à la prise des Seas-Islands. Depuis quelques semaines, il était lieutenant à bord d'une des canonnières du commodore Dupont qui allaient bientôt forcer les passes du Saint-John.

Oui! ce jeune homme, lui aussi, avait grande hâte que cette guerre sanglante prît fin! Il aimait, il était aimé. Son service terminé, il lui tardait de revenir à Camdless-Bay, où il devait épouser la fille de l'un des meilleurs amis de son père.

M. Stannard n'appartenait point à la classe des colons de la Floride. Resté veuf avec quelque fortune, il avait voulu se consacrer entièrement à l'éducation de sa fille. Il habitait Jacksonville, d'où il n'avait que trois à quatre milles de fleuve à remonter pour se rendre à Camdless-Bay. Depuis quinze ans, il ne se passait pas de semaine qu'il ne vînt rendre visite à la famille Burbank. On peut donc dire que Gilbert et Alice Stannard furent élevés ensemble. De là, un mariage projeté de longue date, maintenant décidé, qui devait assurer le bonheur des deux jeunes gens. Bien que Walter Stannard fût originaire du Sud, il était anti-esclavagiste, ainsi que quelques-uns de ses concitoyens en Floride; mais ceux-ci n'étaient pas assez nombreux pour tenir tête à la majorité des colons et des habitants de Jacksonville, dont les opinions tendaient à s'accuser chaque jour davantage en faveur du mouvement séparatiste. Il s'ensuivait que ces honnêtes gens commençaient à être fort mal vus des meneurs du comté, des petits blancs surtout et de la populace, prête à les suivre dans tous les excès.

Walter Stannard était un Américain, de la Nouvelle-Orléans. Mme Stannard, d'origine française, morte fort jeune, avait légué à sa fille les qualités généreuses qui sont particulières au sang français. Au moment du départ de Gilbert, miss Alice avait montré une grande énergie, consolant et rassurant Mme Burbank. Bien qu'elle aimât Gilbert comme elle en était aimée, elle ne cessait de répéter à sa mère que partir était un devoir, que se battre pour cette cause, c'était se battre pour l'affranchissement d'une race humaine,

Saint-Augustine, vue prise du fort Marianne.

et, en somme, pour la liberté. Miss Alice avait alors dix-neuf ans. C'était une jeune fille blonde aux yeux presque noirs, au teint chaud, d'une taille élégante, d'une physionomie distinguée. Peut-être était-elle un peu sérieuse, mais si mobile d'expression que le moindre sourire transformait son joli visage.

Véritablement, la famille Burbank ne serait pas connue dans tous ses membres les plus fidèles, si l'on omettait de peindre en quelques traits les deux serviteurs, Mars et Zermah.

« Squambô, va où tu sais! » (Page 53.)

On l'a vu par sa lettre, Gilbert n'était pas parti seul. Mars, le mari de Zermah, l'avait accompagné. Le jeune homme n'eût pas trouvé un compagnon plus dévoué à sa personne que cet esclave de Camdless-Bay, devenu libre en mettant le pied sur les territoires anti-esclavagistes. Mais, pour Mars, Gilbert était toujours son jeune maître, et il n'avait pas voulu le quitter, bien que le gouvernement fédéral eût déjà formé des bataillons noirs où il eût trouvé sa place.

Mars et Zermah n'étaient point de race nègre par leur naissance. C'étaient

7

deux métis. Zermah avait pour frère cet héroïque esclave, Robert Small, qui, quatre mois plus tard, allait enlever aux confédérés, dans la baie même de Charlestown, un petit vapeur armé de deux canons dont il fit hommage à la flotte fédérale.

Zermah avait donc de qui tenir, Mars aussi. C'était un heureux ménage, que, pendant les premières années, l'odieux trafic de l'esclavage avait menacé plus d'une fois de briser. C'est même au moment où Mars et Zermah allaient être séparés l'un de l'autre par les hasards d'une vente, qu'ils étaient entrés à Camdless-Bay dans le personnel de la plantation.

Voici en quelles circonstances :

Zermah avait actuellement trente et un ans, Mars trente-cinq. Sept ans auparavant, ils s'étaient mariés alors qu'ils appartenaient à un certain colon nommé Tickborn, dont l'établissement se trouvait à une vingtaine de milles en amont de Camdless-Bay. Depuis quelques années, ce colon avait eu des rapports fréquents avec Texar. Celui-ci rendait souvent visite à la plantation où il trouvait bon accueil. Rien d'étonnant à cela, puisque Tickborn, en somme, ne jouissait d'aucune estime dans le comté. Son intelligence étant fort médiocre, ses affaires n'ayant point prospéré, il fut obligé de mettre en vente un lot de ses esclaves.

Précisément, à cette époque, Zermah, très maltraitée comme tout le personnel de la plantation Tickborn, venait de mettre au monde un pauvre petit être, dont elle fut presque aussitôt séparée. Pendant qu'elle expiait en prison une faute dont elle n'était même pas coupable, son enfant mourut entre ses bras. On juge ce que fut la douleur de Zermah, ce que fut la colère de Mars. Mais que pouvaient ces malheureux contre un maître auquel leur chair appartenait, morte ou vivante, puisqu'il l'avait achetée ?

Or, à ce chagrin allait s'en joindre un autre non moins terrible. En effet, le lendemain du jour où leur enfant était mort, Mars et Zermah, ayant été mis à l'encan, étaient menacés d'être séparés l'un de l'autre. Oui ! cette consolation de se retrouver ensemble sous un nouveau maître, ils ne devaient même pas l'avoir. Un homme s'était présenté, qui offrait d'acheter Zermah, mais Zermah seule, bien qu'il ne possédât pas de plantation. Un caprice, sans doute! Et cet homme, c'était Texar. Son ami Tickborn allait donc passer contrat avec lui, quand, au dernier moment, il se produisit une surenchère de la part d'un nouvel acheteur.

C'était James Burbank qui assistait à cette vente publique des esclaves de Tickborn et s'était senti très touché du sort de la malheureuse métisse, suppliant en vain qu'on ne la séparât pas de son mari.

Précisément, James Burbank avait besoin d'une nourrice pour sa petite fille. Ayant appris qu'une des esclaves de Tickborn, dont l'enfant venait de mourir, se trouvait dans les conditions voulues, il ne songeait qu'à acheter la nourrice; mais, ému des pleurs de Zermah, il n'hésita pas à proposer de son mari et d'elle un prix supérieur à tous ceux qu'on avait offerts jusqu'alors.

Texar connaissait James Burbank, qui l'avait plusieurs fois déjà chassé de son domaine, comme un homme d'une réputation suspecte. C'est même de là que datait la haine que Texar avait vouée à toute la famille de Camdless-Bay.

Texar voulut donc lutter contre son riche concurrent : ce fut en vain. Il s'entêta. Il fit monter au double le prix que Tickborn demandait de la métisse et de son mari. Cela ne servit qu'à les faire payer très cher à James Burbank. Finalement, le couple lui fut adjugé.

Ainsi, non seulement Mars et Zermah ne seraient pas séparés l'un de l'autre, mais ils allaient entrer au service du plus généreux des colons de toute la Floride. Quel adoucissement ce fut à leur malheur, et avec quelle assurance ils pouvaient maintenant envisager l'avenir!

Zermah, six ans après, était encore dans toute la maturité de sa beauté de métisse. Nature énergique, cœur dévoué à ses maîtres, elle avait eu plus d'une fois l'occasion — elle devait l'avoir dans la suite — de leur prouver son dévouement. Mars était digne de la femme à laquelle l'acte charitable de James Burbank l'avait pour jamais rattaché. C'était un type remarquable de ces Africains, auxquels s'est largement mêlé le sang créole. Grand, robuste, d'un courage à toute épreuve, il devait rendre de véritables services à son nouveau maître.

D'ailleurs, ces deux nouveaux serviteurs, adjoints au personnel de la plantation, ne furent pas traités en esclaves. Ils avaient été vite appréciés pour leur bonté et leur intelligence. Mars fut spécialement affecté au service du jeune Gilbert. Zermah devint la nourrice de Diana. Cette situation ne pouvait que les introduire plus profondément dans l'intimité de la famille.

Zermah ressentit d'ailleurs pour la petite fille un amour de mère, cet amour qu'elle ne pouvait plus reporter sur l'enfant qu'elle avait perdu. Dy le lui rendit bien, et l'affection de l'une avait toujours répondu aux soins maternels de l'autre. Aussi, Mme Burbank éprouvait-elle pour Zermah autant d'amitié que de reconnaissance.

Mêmes sentiments entre Gilbert et Mars. Adroit et vigoureux, le métis avait heureusement contribué à rendre son jeune maître habile à tous les exercices du corps. James Burbank ne pouvait que s'applaudir de l'avoir attaché à son fils.

Ainsi, en aucun temps, la situation de Zermah et de Mars n'avait été si heureuse, et cela, au sortir des mains d'un Tickborn, après avoir risqué de tomber dans celles d'un Texar. — Ils ne devaient jamais l'oublier.

V

LA CRIQUE-NOIRE

Le lendemain, aux premières lueurs de l'aube, un homme se promenait sur la berge de l'un des îlots perdus au fond de cette lagune de la Crique-Noire. C'était Texar. A quelques pas de lui, un Indien, assis dans le squif qui avait accosté la veille le *Shannon*, venait d'aborder. C'était Squambô.

Après quelques allées et venues, Texar s'arrêta devant un magnolier, amena à lui l'une des basses branches de l'arbre et en détacha une feuille avec sa tige. Puis, il tira de son carnet un petit billet qui ne contenait que trois ou quatre mots, écrits à l'encre. Ce billet, après l'avoir roulé menu, il l'introduisit dans la nervure inférieure de la feuille. Cela fut fait assez adroitement pour que cette feuille de magnolier n'eût rien perdu de son aspect habituel.

« Squambô ! dit alors Texar.

— Maître ? répondit l'Indien.

— Va où tu sais. »

Squambô prit la feuille, il la posa à l'avant du squif, s'assit à l'arrière, manœuvra sa pagaie, contourna la pointe extrême de l'îlot et s'enfonça à travers une passe tortueuse, confusément engagée sous l'épaisse voûte des arbres.

Cette lagune était sillonnée par un labyrinthe de canaux, un enchevêtrement d'étroits lacets, remplis d'une eau noire, comparables à ceux qui s'entrecroisent dans certains « hortillonages » de l'Europe. Personne, à moins de bien connaître les passes de ce profond déversoir où se perdaient les dérivations du Saint-John, n'aurait pu s'y diriger.

Cependant Squambô n'hésitait pas. Où l'on n'eût pas cru apercevoir une issue, il poussait hardiment son squif. Les basses branches qu'il écartait, retombaient après lui, et nul n'eût pu dire qu'une embarcation venait de passer en cet endroit.

L'Indien s'enfonça de la sorte à travers de longs boyaux sinueux, moins larges, parfois, que ces saignées creusées pour assurer le drainage des prairies. Tout un monde d'oiseaux aquatiques s'envolait à son approche. De gluantes anguilles, à tête suspecte, se faufilaient sous les racines qui émergeaient des eaux. Squambô ne s'inquiétait guère de ces reptiles, non plus que des caïmans endormis qu'il pouvait réveiller en les heurtant dans leurs couches de vase. Il allait toujours, et, lorsque l'espace lui manquait pour se mouvoir, il se poussait par l'extrémité de sa pagaie, comme s'il se fut servi d'une gaffe.

S'il faisait grand jour déjà, si la lourde buée de la nuit commençait à s'évaporer aux premiers rayons du soleil, on ne pouvait le voir sous l'abri de cet impénétrable plafond de verdure. Même au plus fort du soleil, aucune lumière n'aurait pu le percer. D'ailleurs, ce fond marécageux n'avait besoin que d'une demi-obscurité, aussi bien pour les êtres grouillants, qui fourmillaient dans son liquide noirâtre, que pour les mille plantes aquatiques surnageant à sa surface.

Pendant une demi-heure, Squambô alla ainsi d'un îlot à l'autre. Lorsqu'il s'arrêta, c'est que son squif venait d'atteindre un des réduits extrêmes de la crique.

En cet endroit, où finissait la partie marécageuse de cette lagune, les arbres, moins serrés, moins touffus, laissaient enfin passer la lumière du jour. Au delà s'étendait une vaste prairie, bordée de forêts, peu élevée au-dessus du niveau du Saint-John. A peine cinq ou six arbres y poussaient-ils isolément. Le pied, en s'appuyant sur ce sol bourbeux, éprouvait la sensation que lui eut donnée un matelas élastique. Quelques buissons de sassafras, à maigres feuilles, mélangées de petites baies violettes, traçaient à sa surface leurs capricieux zig-zags.

Après avoir amarré son squif à l'une des souches de la berge, Squambô prit terre. Les vapeurs de la nuit commençaient à se résoudre. La prairie, absolument déserte, sortait peu à peu du brouillard. Parmi les cinq ou six arbres, dont la silhouette se détachait confusément au-dessus, poussait un magnolier de moyenne taille.

L'Indien se dirigea vers cet arbre. Il l'atteignit en quelques minutes. Il en abaissa une des branches à l'extrémité de laquelle il fixa cette feuille que Texar lui avait remise. Puis, la branche, abandonnée à elle-même, remonta, et la feuille alla se perdre dans la ramure du magnolier.

Squambô revint alors vers le squif et reprit direction vers l'îlot où l'attendait son maître.

Cette Crique-Noire, ainsi nommée de la sombre couleur de ses eaux, pouvait couvrir une étendue d'environ cinq à six cents acres. Alimentée par le Saint-John, c'était une sorte d'archipel absolument impénétrable à qui n'en connaissait pas les infinis détours. Une centaine d'îlots occupaient sa surface. Ni ponts, ni levées ne les reliaient entre eux. De longs cordons de lianes se tendaient de l'un à l'autre. Quelques hautes branches s'entrelaçaient au-dessus des milliers de bras qui les séparaient. Rien de plus. Cela n'était pas pour établir une communication facile entre les divers points de cette lagune.

Un de ces îlots, situé à peu près au centre du système, était le plus important par son étendue — une vingtaine d'acres — et par son élévation — cinq à six pieds au-dessus de l'étiage moyen du Saint-John entre les plus basses et les plus hautes mers.

A une époque déjà reculée, cet îlot avait servi d'emplacement à un fortin, sorte de blockhaus, maintenant abandonné, du moins au point de vue militaire. Ses palissades, à demi rongées par la pourriture, se dressaient encore sous les grands arbres, magnoliers, cyprès, chênes-verts, noyers noirs, pins australs, enlacés de longues guirlandes de cobœas et autres interminables lianes.

Au dedans de l'enceinte, l'œil découvrait enfin, sous un massif de verdure, les lignes géométriques de ce petit fortin, ou mieux, de ce poste d'observation, qui n'avait jamais été fait que pour loger un détachement d'une vingtaine d'hommes. Plusieurs meurtrières s'évidaient à travers ses murailles de bois. Des toits gazonnés le coiffaient d'une véritable carapace de terre. A l'intérieur, quelques chambres, ménagées au milieu d'un réduit central, attenaient à un magasin, destiné aux provisions et aux munitions. Pour pénétrer dans le fortin, il fallait d'abord franchir l'enceinte par une étroite poterne, puis traverser la cour plantée de quelques arbres, gravir enfin une dizaine de marches en terre, maintenues par des madriers. On trouvait alors l'unique porte, qui donnait accès au dedans, et encore, à vrai dire, n'était-ce qu'une ancienne embrasure, modifiée à cet effet.

Telle était la retraite habituelle de Texar, retraite que personne ne connaissait. Là, caché à tous les yeux, il vivait avec ce Squambô, très dévoué à la personne de son maître, mais qui ne valait pas mieux que lui, et cinq à six esclaves qui ne valaient pas mieux que l'Indien.

Squambô allait toujours. (Page 53.)

Il y avait loin, on le voit, de cet îlot de la Crique-Noire, aux riches établissements créés sur les deux rives du fleuve. L'existence même n'y eût point été assurée pour Texar ni pour ses compagnons, gens peu difficiles cependant. Quelques animaux domestiques, une demi-douzaine d'acres, plantés de patates, d'ignames, de concombres, une vingtaine d'arbres à fruits, presque à l'état sauvage, c'était tout, sans compter la chasse dans les forêts voisines et la pêche sur les étangs de la lagune, dont le produit ne pouvait

« C'est fait? » lui demanda Texar. (Page 62.)

manquer en aucune saison. Mais, sans doute, les hôtes de la Crique-Noire possédaient d'autres ressources, dont Texar et Squambô avaient seuls le secret.

Quant à la sécurité du blockhaus, n'était-elle pas assurée par sa situation même, au centre de cet inaccessible repaire? D'ailleurs, qui eût cherché à l'attaquer et pourquoi? En tout cas, toute approche suspecte eût été immédiatement signalée par les aboiements des chiens de l'îlot, deux de ces limiers féroces, importés des Caraïbes, qui furent autrefois employés par les Espagnols à la chasse des nègres.

Voilà ce qu'était la demeure de Texar, et digne de lui. Voici maintenant ce qu'était l'homme.

Texar avait alors trente-cinq ans. Il était de taille moyenne, d'une constitution vigoureuse, trempée dans cette vie de grand air et d'aventures, qui avait toujours été la sienne. Espagnol de naissance, il ne démentait pas son origine. Sa chevelure était noire et rude, ses sourcils épais, ses yeux verdâtres, sa bouche large, avec des lèvres minces et rentrées, comme si elle eut été faite d'un coup de sabre, son nez court, percé de narines de fauve. Toute sa physionomie indiquait l'homme astucieux et violent. Autrefois, il portait sa barbe entière ; mais, depuis deux ans, après qu'elle eut été à demi brûlée d'un coup de feu dans on ne sait quelle affaire, il l'avait rasée, et la dureté de ses traits n'en était que plus apparente.

Une douzaine d'années avant, cet aventurier était venu se fixer en Floride, et dans ce blockhaus abandonné, dont personne ne songeait à lui disputer la possession. D'où venait-il ? on l'ignorait et il ne le disait point. Quelle avait été son existence antérieure ? on ne le savait pas davantage. On prétendait, — et c'était vrai, — qu'il avait fait le métier de négrier et vendu des cargaisons de noirs dans les ports de la Géorgie et des Carolines. S'était-il enrichi à cet odieux trafic ? Il n'y paraissait guère. En somme, il ne jouissait d'aucune estime, même dans un pays, où ne manquent cependant point les gens de sa sorte.

Néanmoins, si Texar était fort connu, bien que ce ne fut pas à son avantage, cela ne l'empêchait pas d'exercer une réelle influence dans le comté, et particulièrement à Jacksonville. Il est vrai, c'était sur la partie la moins recommandable de la population du chef-lieu. Il y allait souvent pour des affaires, dont il ne parlait pas. Il s'y était fait un grand nombre d'amis parmi les petits blancs et les plus détestables sujets de la ville. On l'a bien vu, lorsqu'il était revenu de Saint-Augustine en compagnie d'une demi-douzaine d'individus d'allure équivoque. Son influence s'étendait aussi jusque chez certains colons du Saint-John. Il les visitait quelquefois, et, si on ne lui rendait pas ses visites, puisque personne ne connaissait sa retraite de la Crique-Noire, il avait accès dans certaines plantations des deux rives. La chasse était un prétexte naturel à ces relations, qui s'établissent facilement entre gens de mêmes mœurs et mêmes goûts.

D'autre part, cette influence s'était encore accrue depuis quelques années, grâce aux opinions dont Texar avait voulu se faire le plus ardent défenseur. A peine la question de l'esclavage avait-elle amené la scission entre les deux moitiés des États-Unis, que l'Espagnol s'était posé comme le plus opiniâtre, le plus résolu des esclavagistes. A l'entendre, aucun intérêt ne pouvait le guider, puisqu'il ne possédait qu'une demi-douzaine de noirs. C'était le principe même qu'il prétendait défendre. Par quels moyens? En faisant appel aux plus exécrables passions, en excitant la cupidité de la populace, en la poussant au pillage, à l'incendie, même au meurtre, contre les habitants ou colons qui partageaient les idées du Nord. Et maintenant, ce dangereux aventurier ne tendait à rien moins qu'à renverser les autorités civiles de Jacksonville, à remplacer des magistrats, modérés d'opinion, estimés pour leur caractère, par les plus forcenés de ses partisans. Devenu le maître du comté, par l'émeute, il aurait alors le champ libre pour exercer ses vengeances personnelles.

On comprend, dès lors, que James Burbank et quelques autres propriétaires de plantations n'eussent point négligé de surveiller les agissements d'un pareil homme, déjà très redoutable par ses mauvais instincts. De là, cette haine d'un côté, cette défiance de l'autre, que les prochains événements allaient encore accroître.

Au surplus, dans ce que l'on croyait savoir du passé de Texar, depuis qu'il avait cessé de faire la traite, il y avait des faits extrêmement suspects. Lors de la dernière invasion des Séminoles, tout semblait prouver qu'il avait eu des intelligences secrètes avec eux. Leur avait-il indiqué les coups à faire, quelles plantations il convenait d'attaquer? Les avait-il aidés dans leurs guet-apens et embûches? Cela ne put être mis en doute en plusieurs circonstances, et, à la suite d'une dernière invasion de ces Indiens, les magistrats durent poursuivre l'Espagnol, l'arrêter, le traduire en justice.

Mais Texar invoqua un alibi — système de défense qui, plus tard, devait lui réussir encore — et il fut prouvé qu'il n'avait pu prendre part à l'attaque d'une ferme, située dans le comté de Duval, puisque, à ce moment, il se trouvait à Savannah, État de Géorgie, à quelques quarante milles vers le nord, en dehors de la Floride.

Pendant les années suivantes, plusieurs vols importants furent commis, soit dans les plantations, soit au préjudice de voyageurs, attaqués sur les routes floridiennes. Texar était-il auteur ou complice de ces crimes? Cette fois encore, on le soupçonna; mais, faute de preuve, on ne put le mettre en jugement.

Enfin, une occasion se présenta où l'on crut avoir pris sur le fait le malfaiteur jusqu'alors insaisissable. C'était précisément l'affaire pour laquelle il avait été mandé la veille devant le juge de Saint-Augustine.

Huit jours auparavant, James Burbank, Edward Carrol et Walter Stannard revenaient de visiter une plantation voisine de Camdless-Bay, quand, vers sept heures du soir, à la tombée de la nuit, des cris de détresse arrivèrent jusqu'à eux. Ils se hâtèrent de courir vers l'endroit d'où venaient ces cris, et ils se trouvèrent devant les bâtiments d'une ferme isolée.

Ces bâtiments étaient en feu. La ferme avait été préalablement pillée par une demi-douzaine d'hommes, qui venaient de se disperser. Les auteurs du crime ne devaient pas être loin : on pouvait encore apercevoir deux de ces coquins qui s'enfuyaient à travers la forêt.

James Burbank et ses amis se jetèrent courageusement à leur poursuite, et précisément dans la direction de Camdless-Bay. Ce fut en vain. Les deux incendiaires parvinrent à s'échapper à travers le bois. Toutefois MM. Burbank, Carrol et Stannard avaient très certainement reconnu l'un d'eux : c'était l'Espagnol.

En outre — circonstance plus probante encore — au moment où cet individu disparaissait au tournant d'une des lisières de Camdless-Bay, Zermah, qui passait, avait failli être heurtée par lui. Pour elle aussi, c'était bien Texar qui fuyait à toutes jambes.

Il est facile de l'imaginer, cette affaire fit grand bruit dans le comté. Un vol, suivi d'incendie, c'est le crime qui doit être le plus redouté de ces colons, répartis sur une vaste étendue de territoire. James Burbank n'hésita donc point à porter une accusation formelle. Devant son affirmation, les autorités résolurent d'informer contre Texar.

L'Espagnol fut amené à Saint-Augustine devant le recorder, afin d'être confronté avec les témoins. James Burbank, Walter Stannard, Edward Carrol, Zermah, furent unanimes à déclarer qu'ils avaient reconnu Texar dans l'individu qui fuyait de la ferme incendiée. Pour eux, il n'y avait pas d'erreur possible. Texar était l'un des auteurs du crime.

De son côté, l'Espagnol avait fait venir un certain nombre de témoins à Saint-Augustine. Or, ces témoins déclarèrent formellement que, ce soir-là, ils se trouvaient avec Texar, à Jacksonville, dans la « tienda » de Torillo, auberge assez mal famée mais fort connue. Texar ne les avait pas quittés de toute la soirée. Détail plus affirmatif encore, à l'heure où se commettait le crime, l'Espagnol avait eu précisément une dispute avec un des buveurs installés dans le cabaret de Torillo, — dispute qui avait été suivie de coups et menaces, pour lesquelles il serait sans doute déposé une plainte contre lui.

Devant cette affirmation qu'on ne pouvait suspecter, — affirmation qui fut d'ailleurs reproduite par des personnes absolument étrangères à Texar, — le magistrat de Saint-Augustine ne put que clore l'enquête commencée et renvoyer le prévenu des fins de la plainte.

L'alibi avait donc été pleinement établi, cette fois encore, au profit de cet étrange personnage.

C'est après cette affaire et en compagnie de ses témoins que Texar était revenu de Saint-Augustine, le soir du 7 février. On a vu quelle avait été son attitude à bord du *Shannon*, pendant que le steam-boat descendait le fleuve. Puis, sur le squif venu au-devant de lui, conduit par l'Indien Squambô, il avait regagné le fortin abandonné, où il eût été malaisé de le suivre. Quant à ce Squambô, Séminole intelligent, rusé, devenu le confident de Texar, celui-ci l'avait pris à son service, précisément après cette dernière expédition des Indiens à laquelle son nom fut mêlé — très justement.

Dans les dispositions d'esprit où il se trouvait vis-à-vis de James Burbank, l'Espagnol ne devait songer qu'à en tirer vengeance par tous les moyens possibles. Or, au milieu des conjectures que pouvait faire naître quotidiennement la guerre, si Texar parvenait à renverser les autorités de Jacksonville, il deviendrait redoutable pour Camdless-Bay. Que le caractère énergique et résolu de James Burbank ne lui permît pas de trembler devant un tel homme, soit! Mais Mme Burbank n'avait que trop de raisons de craindre pour son mari et pour tous les siens.

Bien plus, cette honnête famille aurait certainement vécu dans des transes incessantes, si elle avait pu se douter de ceci : c'est que Texar soupçonnait Gilbert Burbank d'avoir été rejoindre l'armée du Nord. Comment l'avait-il appris, puisque ce départ s'était accompli secrètement? Par l'espionnage, sans doute, et, plus d'une fois, on verra que des espions s'empressaient à le servir.

En effet, puisque Texar avait lieu de croire que le fils de James Burbank servait dans les rangs des fédéraux, sous les ordres du commodore Dupont, n'aurait-on pas pu craindre qu'il cherchât à tendre quelque piège au jeune lieutenant? Oui! Et s'il fût parvenu à l'attirer sur le territoire floridien, à s'emparer de sa personne, à le dénoncer, on devine quel eût été le sort de Gilbert entre les mains de ces sudistes, exaspérés par les progrès de l'armée du Nord.

Tel était l'état des choses au moment où commence cette histoire. Telles étaient la situation des fédéraux, arrivés presque aux frontières maritimes de la Floride, la position de la famille Burbank au milieu du comté de Duval, celle de Texar, non seulement à Jacksonville, mais dans toute l'étendue des territoires à esclaves. Si l'Espagnol parvenait à ses fins, si les autorités étaient renversées par ses partisans, il ne lui serait que trop facile de lancer sur Camdless-Bay une populace fanatisée contre les anti-esclavagistes.

Environ une heure après avoir quitté Texar, Squambô était de retour à l'îlot central. Il tira son squif sur la berge, franchit l'enceinte, monta l'escalier du blockhaus.

« C'est fait? lui demanda Texar.

— C'est fait, maître !
— Et... rien?..
— Rien. »

VI

JACKSONVILLE

« Oui, Zermah, oui, vous avez été créée et mise au monde pour être esclave ! reprit le régisseur, réenfourchant son dada favori. Oui ! esclave, et nullement pour être une créature libre.

— Ce n'est pas mon avis, répondit Zermah d'un ton calme, sans y mettre aucune animation, tant elle était faite à ces discussions avec le régisseur de Camdless-Bay.

— C'est possible, Zermah ! Quoi qu'il en soit, vous finirez par vous ranger à cette opinion qu'il n'y a aucune égalité qui puisse raisonnablement s'établir entre les blancs et les noirs.

— Elle est tout établie, monsieur Perry, et elle l'a toujours été par la nature même.

— Vous vous trompez, Zermah, et la preuve, c'est que les blancs sont dix fois, vingt fois, que dis-je? cent fois plus nombreux que les noirs à la surface de la terre !

— Et c'est pour cela qu'ils les ont réduits en esclavage, répondit Zermah. Ils avaient la force, ils en ont abusé. Mais si les noirs eussent été en majorité dans ce monde, ce seraient les blancs dont ils auraient fait leurs esclaves !... Ou plutôt non ! Ils eussent certainement montré plus de justice et surtout moins de cruauté ! »

Il ne faudrait pas se figurer que cette conversation, parfaitement oiseuse,

Ils traversaient obliquement le fleuve. (Page 64.)

empêchât Zermah et le régisseur de vivre en bon accord. En ce moment, d'ailleurs, ils n'avaient pas autre chose à faire que de causer. Seulement, il est permis de croire qu'ils auraient pu traiter un sujet plus utile, et il en eût été ainsi, sans doute, sans la manie du régisseur à toujours discuter la question de l'esclavage.

Tous deux étaient assis à l'arrière de l'une des embarcations de Camdless-Bay, manœuvrée par quatre mariniers de la plantation. Ils traversaient

C'était une charmante et confortable habitation. (Page 70.)

obliquement le fleuve, en profitant de la marée descendante, et se rendaient à Jacksonville. Le régisseur avait quelques affaires à traiter pour le compte de James Burbank, et Zermah allait acheter divers objets de toilette pour la petite Dy.

On était au 10 février. Depuis trois jours, James Burbank était revenu à Castle-House, et Texar à la Crique-Noire, après l'affaire de Saint-Augustine.

Il va de soi que, le lendemain même, M. Stannard et sa fille avaient reçu un petit mot envoyé de Camdless-Bay, qui leur faisait sommairement connaître ce que marquait la dernière lettre de Gilbert. Ces nouvelles n'arrivaient pas trop tôt pour rassurer miss Alice, dont la vie se passait dans une continuelle inquiétude depuis le début de cette lutte acharnée entre le Sud et le Nord des États-Unis.

L'embarcation, gréée d'une voile latine, filait rapidement. Avant un quart d'heure, elle serait au port de Jacksonville. Le régisseur n'avait donc plus que peu de temps pour finir de développer sa thèse favorite, et il ne s'en fit pas faute.

« Non, Zermah, reprit-il, non ! La majorité, assurée aux noirs, n'eût rien changé à l'état des choses. Et, je dis plus, quels que soient les résultats de la guerre, on en reviendra toujours à l'esclavage, parce qu'il faut des esclaves pour le service des plantations.

— Ce n'est pas le sentiment de monsieur Burbank, vous le savez bien, répondit Zermah.

— Je le sais, mais j'ose dire que monsieur Burbank se trompe, sauf le respect que j'ai pour lui. Un noir doit faire partie du domaine au même titre que les animaux ou les instruments de culture. Si un cheval pouvait s'en aller lorsqu'il lui plaît, si une charrue avait le droit de se mettre, quand il lui convient, en d'autres mains que celles de son propriétaire, il n'y aurait plus d'exploitation possible. Que monsieur Burbank affranchisse ses esclaves, et il verra ce que deviendra Camdless-Bay !

— Il l'aurait déjà fait, répondit Zermah, si les circonstances le lui eussent permis, vous ne l'ignorez pas, monsieur Perry. Et voulez-vous savoir ce qui serait arrivé si l'affranchissement des esclaves avait été proclamé à Camdless-Bay ? Pas un seul noir n'eût quitté la plantation, et rien n'aurait été changé, si ce n'est le droit de les traiter comme des bêtes de somme. Or, comme vous n'avez jamais usé de ce droit-là, après l'émancipation, Camdless-Bay serait restée ce qu'elle était avant.

— Croyez-vous, par hasard, m'avoir converti à vos idées, Zermah ? demanda le régisseur.

— En aucune façon, monsieur. D'ailleurs, ce serait inutile et pour une raison bien simple.

— Laquelle?

— C'est qu'au fond, vous pensez là-dessus exactement comme monsieur Burbank, monsieur Carrol, monsieur Stannard, comme tous ceux qui ont le cœur généreux et l'esprit juste.

— Jamais, Zermah, jamais! Et je prétends même que ce que j'en dis, c'est dans l'intérêt des noirs! Si on les livre à leur seule volonté, ils dépériront, et la race en sera bientôt perdue.

— Je n'en crois rien, monsieur Perry, quoique vous puissiez dire. En tout cas, mieux vaut que la race périsse que d'être vouée à la perpétuelle dégradation de l'esclavage! »

Le régisseur eût bien voulu répondre, et on se doute qu'il n'était point à bout d'arguments. Mais la voile venait d'être amenée, et l'embarcation se rangea près de l'estacade de bois. Là, elle devait attendre le retour de Zermah et du régisseur. Tous deux débarquèrent aussitôt pour aller chacun à ses affaires.

Jacksonville est située sur la rive gauche du Saint-John, à la limite d'une vaste plaine assez basse, entourée d'un horizon de magnifiques forêts, qui lui font un cadre toujours verdoyant. Des champs de maïs et de cannes à sucre, des rizières, plus particulièrement à la limite du fleuve, occupent une partie de ce territoire.

Il y avait une dizaine d'années, Jacksonville n'était encore qu'un gros village, avec un faubourg, dont les cases de torchis ou de roseaux ne servaient qu'au logement de la population noire. A l'époque actuelle, le village commençait à se faire ville, autant par ses maisons plus confortables, ses rues mieux tracées et mieux entretenues, que par le nombre de ses habitants, qui avait doublé. L'année suivante, ce chef-lieu du comté de Duval allait gagner encore, en se reliant par un chemin de fer à Talhassee, la capitale de la Floride.

Déjà, le régisseur et Zermah avaient pu le remarquer, une assez grande animation régnait dans la ville. Quelques centaines d'habitants, les uns, sudistes d'origine américaine, les autres, des mulâtres et des métis d'origine espagnole, attendaient l'arrivée d'un steam-boat, dont la fumée apparaissait, en aval du fleuve, au-dessus d'une pointe basse du Saint-John. Quelques-uns même, afin d'entrer plus rapidement en communication avec ce vapeur, s'étaient jetés dans les chaloupes du port, tandis que d'autres avaient pris place sur ces grands dogres à un mât, qui fréquentent habituellement les eaux de Jacksonville.

En effet, depuis la veille, il était venu de graves nouvelles du théâtre de la guerre. Les projets d'opérations, indiqués dans la lettre de Gilbert Burbank, étaient en partie connus. On n'ignorait pas que la flottille du commodore Dupont devait très prochainement appareiller, et que le général Sherman se proposait de l'accompagner avec des troupes de débarquement. De quel côté se dirigerait cette expédition? on ne le savait pas d'une façon positive, bien que tout donnât à penser qu'elle avait le Saint-John et le littoral floridien pour objectif. Après la Géorgie, la Floride était donc directement menacée d'une invasion de l'armée fédérale.

Lorsque le steam-boat, qui venait de Fernandina, eut accosté l'estacade de Jacksonville, ses passagers ne purent que confirmer ces nouvelles. Ils ajoutèrent même que, très vraisemblablement, ce serait dans la baie de Saint-Andrews que le commodore Dupont viendrait mouiller, en attendant un moment favorable pour forcer les passes de l'île Amélia et l'estuaire du Saint-John.

Aussitôt les groupes se répandirent dans la ville, faisant bruyamment envoler nombre de ces gros urubus, qui sont uniquement chargés du nettoyage des rues. On criait, on se démenait. « Résistance aux nordistes ! Mort aux nordistes ! » Tels étaient les excitations féroces que des meneurs, à la dévotion de Texar, jetaient à la population déjà très animée. Il y eut des démonstrations sur la grande place, devant Court-House, la maison de justice, et jusque dans l'église épiscopale. Les autorités allaient avoir quelque peine à calmer cette effervescence, bien que les habitants de Jacksonville, on l'a déjà fait remarquer, fussent divisés du moins sur la question de l'esclavage. Mais, en ces temps de trouble, les plus bruyants comme les plus emportés font toujours la loi, et les modérés finissent inévitablement par subir leur dominations.

Ce fut, bien entendu, dans les cabarets, dans les tiendas, que les gosiers, sous l'influence de liqueurs fortes, hurlèrent avec le plus de violence. Les manœuvriers en chambre y développèrent leurs plans pour opposer une invincible résistance à l'invasion.

« Il faut diriger les milices sur Fernandina! disait l'un.

— Il faut couler des navires dans les passes du Saint-John! répondait l'autre.

— Il faut construire des fortifications en terre autour de la ville et les armer de bouches à feu!

— Il faut demander du secours par la voie du chemin de fer de Fernandina à Keys!

— Il faut éteindre le feu du phare de Pablo, pour empêcher la flottille d'entrer de nuit dans les bouches!

— Il faut semer des torpilles au milieu du fleuve! »

Cet engin, presque nouveau dans la guerre de sécession, on en avait entendu parler, et, sans trop savoir comment il fonctionnait, il convenait évidemment d'en faire usage.

« Avant tout, dit un des plus enragés orateurs de la tienda de Torillo, il faut mettre en prison tous les nordistes de la ville, et tous ceux des sudistes qui pensent comme eux! »

Il aurait été bien étonnant que personne n'eût songé à émettre cette proposition, l'*ultima ratio* des sectaires en tous pays. Aussi fut-elle couverte de hurrahs. Heureusement pour les honnêtes gens de Jacksonville, les magistrats devaient hésiter quelque temps encore avant de se rendre à ce vœu populaire.

En courant les rues, Zermah avait observé tout ce qui se passait, afin d'en informer son maître, directement menacé par ce mouvement. Si on arrivait à des mesures de violence, ces mesures ne s'arrêteraient pas à la ville. Elles s'étendraient au delà, jusqu'aux plantations du comté. Certainement, Camdless-Bay serait visée une des premières. C'est pourquoi la métisse, voulant se procurer des renseignements plus précis, se rendit à la maison que M. Stannard occupait en dehors du faubourg.

C'était une charmante et confortable habitation, agréablement située dans une sorte d'oasis de verdure que la hache des défricheurs avait réservée en ce coin de la plaine. Par les soins de miss Alice, à l'intérieur comme à l'extérieur, la maison était tenue d'une manière irréprochable. On sentait déjà une intelligente et dévouée ménagère dans cette jeune fille, que la mort de sa mère avait appelée de bonne heure à diriger le personnel de Walter Stannard.

Zermah fut reçue avec grand empressement par la jeune fille. Miss Alice lui parla tout d'abord de la lettre de Gilbert. Zermah put lui en redire les termes presque exacts.

« Oui! il n'est plus loin, maintenant! dit miss Alice. Mais dans quelles conditions va-t-il revenir en Floride? Et quels dangers peuvent encore le menacer jusqu'à la fin de cette expédition?

— Des dangers, Alice, répondit M. Stannard. Rassure-toi! Gilbert en a affronté de plus grands pendant la croisière sur les côtes de Géorgie, et principalement dans l'affaire de Port-Royal. J'imagine, moi, que la résistance des Floridiens ne sera ni terrible ni de longue durée. Que peuvent-ils faire avec ce Saint-John, qui va permettre aux canonnières de remonter jusqu'au cœur des comtés? Toute défense me paraît devoir être malaisée sinon impossible.

— Puissiez-vous dire vrai, mon père, dit Alice, et fasse le ciel que cette sanglante guerre se termine enfin!

— Elle ne peut se terminer que par l'écrasement du Sud, répliqua M. Stannard. Cela sera long, sans doute, et je crains bien que Jefferson Davis, ses généraux, Lee, Johnston, Beauregard, ne résistent longtemps encore dans les Etats du centre. Non! Les troupes fédérales n'auront pas facilement raison des confédérés. Quant à la Floride, il ne leur sera pas difficile de s'en emparer. Malheureusement, ce n'est pas sa possession qui leur assurera la victoire définitive.

— Pourvu que Gilbert ne fasse pas d'imprudences! dit miss Alice en joignant les mains. S'il cédait au désir de revoir sa famille pendant quelques heures, se sachant si près d'elle...

— D'elle et de vous, miss Alice, répondit Zermah, car n'êtes-vous pas déjà de la famille Burbank ?

— Oui, Zermah, par le cœur!

— Non, Alice, ne crains rien, dit M. Stannard. Gilbert est trop raisonnable pour s'exposer ainsi, surtout quand il suffira de quelques jours au commodore Dupont pour occuper la Floride. Ce serait une témérité sans excuses que de se hasarder dans ce pays, tant que les fédéraux n'en seront pas les maîtres...

— Surtout maintenant que les esprits sont plus portés que jamais à la violence! répondit Zermah.

— En effet, ce matin, la ville est en effervescence, reprit M. Stannard. Je les ai vus, je les ai entendus, ces meneurs! Texar ne les quitte pas depuis huit à dix jours. Il les pousse, il les excite, et ces malfaiteurs finiront par soulever la basse population, non seulement contre les magistrats, mais aussi contre ceux des habitants qui ne partagent pas leur manière de voir.

— Ne pensez-vous pas, monsieur Stannard, dit alors Zermah, que vous feriez bien de quitter Jacksonville, au moins pendant quelque temps? Il serait prudent de n'y revenir qu'après l'arrivée des troupes fédérales en Floride. Monsieur Burbank m'a chargé de vous le répéter, il serait heureux de voir miss Alice et vous à Castle-House.

— Oui!... je sais... répondit M. Stannard. Je n'ai point oublié l'offre de Burbank... En réalité, Castle-House est-il plus sûr que Jacksonville? Si ces aventuriers, ces gens sans aveu, ces enragés, deviennent les maîtres ici, ne se répandront-ils pas sur la campagne, et les plantations seront-elles à l'abri de leurs ravages?

— Monsieur Stannard, fit observer Zermah, en cas de danger, il me semble préférable d'être réunis...

— Zermah a raison, mon père. Il vaudrait mieux être tous ensemble à Camdless-Bay.

— Sans doute, Alice, répondit M. Stannard. Je ne refuse pas la proposition de Burbank. Mais je ne crois pas que le danger soit si pressant. Zermah préviendra nos amis que j'ai besoin de quelques jours encore pour mettre ordre à mes affaires, et, alors, nous irons demander l'hospitalité à Castle-House...

— Et, lorsque monsieur Gilbert arrivera, dit Zermah, au moins trouvera-t-il là tous ceux qu'il aime ! »

Zermah prit congé de Walter Stannard et de sa fille. Puis, au milieu de l'agitation populaire qui ne cessait de s'accroître, elle regagna le quartier du port et les quais, où l'attendait le régisseur. Tous deux s'embarquèrent pour traverser le fleuve, et M. Perry reprit sa conversation habituelle au point précis où il l'avait laissée.

En disant que le danger n'était pas imminent, peut-être M. Stannard se trompait-il? Les événements allaient se précipiter, et Jacksonville devait en ressentir promptement le contre-coup.

Cependant le gouvernement fédéral agissait toujours avec une certaine circonspection dans le but de ménager les intérêts du Sud. Il ne voulait procéder que par mesures successives. Deux ans après le début des hostilités, le prudent Abraham Lincoln n'avait pas encore décrété l'abolition de l'esclavage sur tout le territoire des États-Unis. Plusieurs mois devaient s'écouler encore, avant qu'un message du président proposât de résoudre la question par le rachat et l'émancipation graduelle des noirs, avant que l'abolition fût proclamée, avant, enfin, qu'eut été votée l'ouverture d'un crédit de cinq millions de francs, avec l'autorisation d'accorder, à titre d'indemnité, quinze cents francs par tête d'esclave affranchi. Si quelques-uns des généraux du Nord s'étaient cru autorisés à supprimer la servitude dans les pays envahis par leurs armées, ils avaient été désavoués jusqu'alors. C'est que l'opinion n'était pas unanime encore sur cette question, et l'on citait même certains chefs militaires des Unionistes qui ne trouvaient à cette mesure ni logique ni opportune.

Entre temps, des faits de guerre continuaient à se produire, et plus particulièrement au désavantage des confédérés. Le général Price, à la date du 12 février, avait dû évacuer l'Arkansas avec le contingent des milices missouriennes. On a vu que le fort Henry avait été pris et occupé par les fédéraux. Maintenant, ceux-ci s'attaquaient au fort Donelson, défendu par une artillerie puissante, et couvert par quatre kilomètres d'ouvrages extérieurs qui comprenaient la petite

JACKSONVILLE.

ville de Dover. Cependant, malgré le froid et la neige, doublement menacé du côté de la terre par les quinze mille hommes du général Grant, du côté du fleuve par les canonnières du commodore Foot, ce fort tombait le 14 février, au pouvoir des fédéraux avec toute une division sudiste, hommes et matériel.

C'était là un échec considérable pour les confédérés. L'effet produit par cette défaite fut immense. Comme conséquence immédiate, il allait amener la retraite du général Johnston, qui dut abandonner l'importante cité de Nashville sur le Cumberland. Les habitants, pris de panique, la quittèrent après lui, et, quelques jours après, ce fut aussi le sort de Columbus. Tout l'État du Kentucky était alors rentré sous la domination du gouvernement fédéral.

On imagine aisément avec quels sentiments de colère, avec quelles idées de vengeance, ces événements furent accueillis en Floride. Les autorités eussent été impuissantes à calmer le mouvement qui se propagea jusque dans les hameaux les plus lointains des comtés. Le péril grandissait, on peut le dire, d'heure en heure, pour quiconque ne partageait pas les opinions du Sud et ne s'associait pas à ses projets de résistance contre les armées fédérales. A Thalassee, à Saint-Augustine, il y eut des troubles dont la répression ne laissa pas d'être difficile. Ce fut à Jacksonville, principalement, que le soulèvement de la populace menaça de dégénérer en actes de la plus inqualifiable violence.

Dans ces circonstances, on le comprend, la situation de Camdless-Bay allait devenir de plus en plus inquiétante. Cependant, avec son personnel qui lui était dévoué, James Burbank pourrait résister peut-être, du moins aux premières attaques qui seraient dirigées contre la plantation, bien qu'il fut très difficile, à cette époque, de se procurer des munitions et des armes en quantité suffisante. Mais, à Jacksonville, M. Stannard, directement menacé, avait lieu de craindre pour la sécurité de son habitation, pour sa fille, pour lui-même, pour tous les siens.

James Burbank, connaissant les dangers de cette situation, lui écrivit lettres sur lettres. Il lui envoya plusieurs messagers pour le prier de venir le rejoindre sans retard à Castle-House. Là, on serait relativement en sûreté, et s'il fallait chercher une autre retraite, s'il fallait s'enfoncer dans l'intérieur du pays jusqu'au moment où les fédéraux en auraient assuré la tranquillité par leur présence, il serait plus facile de le faire.

Ainsi sollicité, Walter Stannard résolut d'abandonner momentanément Jacksonville et de se réfugier à Camdless-Bay. Il partit dans la matinée du 23, aussi secrètement que possible, sans avoir rien laissé pressentir de ses projets. Une embarcation l'attendait au fond d'une petite crique du Saint-John, à un mille en amont. Miss Alice et lui s'y embarquèrent, traversèrent rapidement le fleuve, et arrivèrent au petit port, où ils trouvèrent la famille Burbank.

Il est facile d'imaginer quel accueil leur fut fait. Déjà miss Alice n'était-elle pas une fille pour Mme Burbank? Tous se trouvaient maintenant réunis. Ces mauvais jours, on les passerait ensemble, avec plus de sécurité et surtout avec de moindres angoisses.

En somme, il n'était que temps de quitter Jacksonville. Le lendemain, la maison de M. Stannard fut attaquée par une bande de malfaiteurs, qui abritaient leurs violences sous un prétendu patriotisme local. Les autorités eurent grand'peine à en empêcher le pillage, comme à préserver quelques autres habitations, qui appartenaient à d'honnêtes citoyens, opposés aux idées séparatistes. Évidemment, l'heure approchait où ces magistrats seraient débordés et remplacés par des chefs d'émeute. Ceux-ci, loin de réprimer les violences, les provoqueraient au contraire.

Et, en effet, ainsi que M. Stannard l'avait dit à Zermah, Texar s'était décidé, depuis quelques jours, à quitter sa retraite inconnue pour venir à Jacksonville. Là, il avait retrouvé ses compagnons habituels, recrutés parmi les plus détestables sectaires de la population floridienne, venus des diverses plantations situées sur les deux rives du fleuve. Ces forcenés prétendaient imposer leurs volontés dans les villes comme dans la campagne. Ils correspondaient avec la plupart de leurs adhérents des divers comtés de la Floride. En mettant en avant la question de l'esclavage, ils gagnaient chaque jour du terrain. Quelque temps encore, à Jacksonville comme à Saint-Augustine, où affluaient déjà tous les nomades, tous les aventuriers, tous les coureurs de bois, qui sont en grand nombre dans le pays, ils seraient les maîtres, ils disposeraient de l'autorité, ils concentreraient entre leurs mains les pouvoirs militaires et civils. Les milices, les troupes régulières, ne tarderaient pas à faire cause commune avec ces violents — ce qui arrive fatalement à ces époques de trouble où la violence est à l'ordre du jour.

James Burbank n'ignorait rien de ce qui se passait au dehors. Plusieurs de ses affidés, dont il était sûr, le tenaient au courant des mouvements qui se préparaient à Jacksonville. Il savait que Texar y avait reparu, que sa détestable influence s'étendait sur la basse population, comme lui d'origine espagnole. Un pareil homme à la tête de la ville, c'était une menace directe contre Camdless-Bay. Aussi, James Burbank se préparait-il à tout événement, soit pour une résistance, si elle était possible, soit pour une retraite, s'il fallait abandonner Castle-House à l'incendie et au pillage. Avant tout, pourvoir à la sûreté de sa famille et de ses amis, c'était sa première, sa constante préoccupation.

Pendant ces quelques jours, Zermah montra un dévouement sans bornes. A toute heure, elle surveillait les abords de la plantation, principalement du côté du fleuve. Quelques esclaves, choisis par elles parmi les plus intelligents et les meilleurs, demeuraient jour et nuit aux postes qu'elle leur avait assignés. Toute tentative contre le domaine eût été signalée aussitôt. La famille Burbank ne pouvait être prise au dépourvu, sans avoir le temps de se réfugier à Castle-house.

Mais, ce n'était pas par une attaque directe et à main armée que James Burbank devait être inquiété tout d'abord. Tant que l'autorité ne serait pas aux mains de Texar et des siens, on devait y mettre plus de formes. C'est ainsi que, sous la pression de l'opinion publique, les magistrats furent amenés à prendre une mesure, qui allait donner une sorte de satisfaction aux partisans de l'esclavage, acharnés contre les gens du Nord.

James Burbank était le plus important des colons de la Floride, le plus riche aussi de tous ceux dont on ne connaissait que trop les opinions libérales. Ce fut donc lui que l'on visa tout d'abord, lui qui fut mis en demeure de s'expliquer sur ses idées personnelles d'affranchissement au milieu d'un territoire à esclaves.

Le 26, dans la soirée, un planton, expédié de Jacksonville, arriva à Camdless-Bay, et remit un pli à l'adresse de James Burbank.

Voici ce que contenait ce pli :

« Ordre à M. James Burbank de se présenter en personne demain, 27 février, à onze heures du matin, à Court-Justice, devant les autorités de Jacksonville. »

Rien de plus.

VII

QUAND MÊME !

Si ce n'était pas encore le coup de foudre, c'était, du moins, l'éclair qui le précède.

James Burbank n'en fut pas ébranlé, mais quelles inquiétudes éprouva toute la famille ! Pourquoi le propriétaire de Camdless-Bay était-il mandé à Jacksonville ? C'était bien un ordre, non une invitation, de comparaître devant les autorités. Que lui voulait-on ? Cette mesure venait-elle à la suite d'une proposition d'enquête qui allait être commencée contre lui ? Était-ce sa liberté, sinon sa vie, que menaçait cette décision ? S'il obéissait, s'il quittait Castle-House, l'y laisserait-on revenir ? S'il n'obéissait pas, emploierait-on la force pour le contraindre ? Et, dans ce cas, à quels périls, à quelles violences, les siens seraient-ils exposés ?

« Tu n'iras pas, James ! »

C'était Mme Burbank qui venait de parler ainsi, et, on le sentait bien, au nom de tous.

« Non, monsieur Burbank! ajouta miss Alice. Vous ne pouvez pas songer à nous quitter...

— Et pour aller te mettre à la merci de pareilles gens! » ajouta Edward Carrol.

James Burbank n'avait pas répondu. Tout d'abord, devant cette injonction brutale, son indignation s'était soulevée, et c'est à peine s'il avait pu la maîtriser.

Mais qu'y avait-il donc de nouveau qui rendît ces magistrats si audacieux? Les compagnons et partisans de Texar étaient-ils devenus les maîtres? Avaient-ils renversé les autorités qui conservaient encore quelque modération, et détenaient-ils le pouvoir à leur place? Non! Le régisseur Perry, revenu dans l'après-midi de Jacksonville, n'avait rapporté aucune nouvelle de ce genre.

« Ne serait-ce pas, dit M. Stannard, quelque récent fait de guerre, à l'avantage des sudistes, qui pousserait les Floridiens à exercer des violences contre nous?

— Je crains bien qu'il n'en soit ainsi! répondit Edward Carrol. Si le Nord a éprouvé quelque échec, ces malfaiteurs ne se croiront plus menacés par l'approche du commodore Dupont et ils sont capables de se porter à tous les excès!

— On disait que, dans le Texas, reprit M. Stannard, les troupes fédérales avaient dû se retirer devant les milices de Sibley et repasser le Rio-Grande, après avoir subi une défaite assez grave à Valverde. C'est du moins ce que m'a appris un homme de Jacksonville que j'ai rencontré, il y a une heure à peine.

— Évidemment, ajouta Edward Carrol, voilà ce qui aura rendu ces gens si hardis!

— L'armée de Sherman, la flottille de Dupont, n'arriveront donc pas! s'écria Mme Burbank.

— Nous ne sommes qu'au 26 février, répondit miss Alice, et, d'après la lettre de Gilbert, les bâtiments fédéraux ne doivent pas prendre la mer avant le 28.

— Et puis, il faut le temps de descendre jusqu'aux bouches du Saint-John,

M. Stannard, ni Edward Carrol, n'osaient lui demander quelle réponse il comptait faire à cet ordre envoyé de Jacksonville.

Ce fut la petite Dy qui, inconsciemment sans doute, se fit l'interprète de toute la famille. Elle était allée près de son père, qui l'avait mise sur ses genoux.

« Père ? dit-elle.

— Que veux-tu, ma chérie ?

— Est-ce que tu iras chez ces méchants qui veulent nous faire tant de peine ?

— Oui... j'irai !...

— James !... s'écria Mme Burbank.

— Il le faut !... C'est mon devoir !... J'irai ! »

James Burbank avait si résolument parlé qu'il eût été inutile de vouloir combattre ce dessein, dont il avait évidemment calculé toutes les conséquences. Sa femme était venue se placer près de lui, elle l'embrassait, elle le serrait dans ses bras, mais elle ne disait plus rien. Et qu'aurait-elle pu dire ?

« Mes amis, dit James Burbank, il est possible, après tout, que nous exagérions singulièrement la portée de cet acte d'arbitraire. Que peut-on me reprocher ? Rien en fait, on le sait bien ! Incriminer mes opinions, soit ! Mes opinions m'appartiennent ! Je ne les ai jamais cachées à mes adversaires, et, ce que j'ai pensé toute ma vie, je n'hésiterai pas, s'il le faut, à le leur dire en face !

— Nous t'accompagnerons, James, dit Edward Carrol.

— Oui, ajouta M. Stannard. Nous ne vous laisserons pas aller sans nous à Jacksonville.

— Non, mes amis, répondit James Burbank. A moi seul il est enjoint de me rendre devant les magistrats de Court-Justice, et j'irai seul. Il se pourrait, d'ailleurs, que je fusse retenu quelques jours. Il faut donc que vous restiez tous les deux à Camdless-Bay. C'est à vous que je dois maintenant confier toute notre famille pendant mon absence.

— Ainsi tu vas nous quitter, père ? s'écria la petite Dy.

— Oui, fillette, répondit M. Burbank d'un ton enjoué. Mais, si, demain, je ne déjeûne pas avec vous, tu peux compter que je serai revenu pour dîner, et nous passerons la soirée tous ensemble. — Ah! dis-moi! si peu de temps que je reste à Jacksonvillle, j'en aurai toujours assez pour t'acheter quelque chose !... Qu'est-ce qui pourrait te faire plaisir ? Que veux-tu que je te rapporte?

— Toi... père... toi!... » répondit l'enfant.

Et sur ce mot qui exprimait si bien le désir de tous, la famille se sépara, après que James Burbank eut fait prendre les mesures de sécurité qu'exigeaient les circonstances.

La nuit se passa sans alerte. Le lendemain, James Burbank, levé dès l'aube, prit l'avenue de bambous qui conduit au petit port. Là, il donna ses ordres pour qu'une embarcation fût prête à huit heures, afin de le transporter de l'autre côté du fleuve.

Comme il se dirigeait vers Castle-House, en revenant du pier, il fut accosté par Zermah.

« Maître, lui dit-elle, votre décision est bien prise? Vous allez partir pour Jacksonville?

— Sans doute, Zermah, et je dois le faire dans notre intérêt à tous. Tu me comprends, n'est-ce pas?

— Oui, maître! Un refus de votre part pourrait attirer les bandes de Texar sur Camdless-Bay...

— Et ce danger, qui est le plus grave, il faut l'éviter à tout prix! répondit M. Burbank.

— Voulez-vous que je vous accompagne?

— Je veux, au contraire, que tu restes à la plantation, Zermah. Il faut que tu sois là, près de ma femme, près de ma fille, au cas où quelque péril les menacerait avant mon retour.

— Je ne les quitterai pas, maître.

— Tu n'as rien su de nouveau?

— Non! Il est certain que des gens suspects rôdent autour de la plantation. On dirait qu'ils la surveillent. Cette nuit, deux ou trois barques ont encore croisé sur le fleuve. Est-ce que l'on se douterait que monsieur Gilbert est parti pour prendre du service dans l'armée fédérale, qu'il est sous les ordres du commodore Dupont, qu'il peut être tenté de venir secrètement à Camdless-Bay?

— Mon brave fils! répondit M. Burbank. Non! Il a assez de raison pour ne pas commettre une pareille imprudence!

— Je crains bien que Texar n'ait quelque soupçon à ce sujet, reprit Zermah. On dit que son influence grandit chaque jour. Quand vous serez à Jacksonville, défiez-vous de Texar, maître...

— Oui, Zermah, comme d'un reptile venimeux! Mais je suis sur mes gardes. Pendant mon absence, s'il tentait quelque coup contre Castle-House....

— Ne craignez que pour vous, maître, pour vous seul, et ne craignez rien pour nous. Vos esclaves sauraient défendre la plantation, et s'il le fallait, se faire tuer jusqu'au dernier. Ils vous sont tous dévoués. Ils vous aiment. Je sais ce qu'ils pensent, ce qu'ils disent, je sais ce qu'ils feraient. On est venu des autres plantations pour les pousser à la révolte... Ils n'ont rien voulu entendre. Tous ne font qu'une grande famille, qui se confond avec la vôtre. Vous pouvez compter sur eux.

— Je le sais, Zermah, et j'y compte. »

James Burbank revint à l'habitation. Le moment arrivé, il dit adieu à sa femme, à sa fille, à miss Alice. Il leur promit de se contenir devant ces magistrats, quels qu'ils fussent, qui le mandaient à leur tribunal, de ne rien faire qui pût provoquer des violences à son égard. Très certainement, il serait de retour le jour même. Puis, il prit congé de tous les siens et partit. Sans doute, James Burbank avait lieu de craindre pour lui-même. Mais il était bien autrement inquiet pour cette famille, exposée à tant de dangers, qu'il laissait à Castle-House.

Walter Stannard et Edward Carrol l'accompagnèrent jusqu'au petit port, à l'extrémité de l'avenue. Là, il fit ses dernières recommandations, et, sous une jolie brise du sud-est, l'embarcation s'éloigna rapidement du pier de Camdless-Bay.

Une heure après, vers dix heures, James Burbank débarquait sur le quai de Jacksonville.

Ce quai était presque désert alors. Il s'y trouvait seulement quelques matelots étrangers, occupés au déchargement des dogres. James Burbank ne fut donc point reconnu à son arrivée, et, sans avoir été signalé, il put se rendre chez un de ses correspondants, M. Harvey, qui demeurait à l'autre extrémité du port.

M. Harvey fut surpris et très inquiet de le voir. Il ne croyait pas que M. Burbank aurait obéi à l'injonction qui lui avait été faite de se présenter à Court-Justice. Dans la ville, on ne le croyait pas non plus. Quant à ce qui avait motivé cet ordre laconique de paraître devant les magistrats, M. Harvey ne le pouvait dire. Très probablement, dans le but de satisfaire l'opinion publique, on voulait demander à James Burbank des explications sur son attitude depuis le début de la guerre, sur ses idées bien connues à propos de l'esclavage. Peut-être songeait-on même à s'assurer de sa personne, à retenir comme otage le plus riche colon nordiste de la Floride? N'eut-il pas mieux fait de rester à Camdless-Bay? C'est ce que pensait M. Harvey. Ne pouvait-il y retourner, puisque personne ne savait encore qu'il venait de débarquer à Jaksonville?

James Burbank n'était point venu pour s'en aller. Il voulait savoir à quoi s'en tenir. Il le saurait.

Quelques questions très intéressantes, étant donnée la situation où il se trouvait, furent alors posées par lui à son correspondant.

Les autorités avaient-elles été renversées au profit des meneurs de Jaksonville?

Pas encore, mais leur position était de plus en plus menacée. A la première émeute, leur renversement était probable sous la poussée des événements.

L'Espagnol Texar n'avait-il pas la main dans le mouvement populaire qui se préparait?

Oui! On le considérait comme le chef du parti avancé des esclavagistes de la Floride. Ses compagnons et lui, sans doute, seraient bientôt les maîtres de la ville.

Les derniers faits de guerre, dont le bruit commençait à se répandre dans toute la Floride, étaient-ils confirmés?

Ils l'étaient maintenant. L'organisation des États du Sud venait d'être complétée. Le 22 février, le gouvernement, définitivement installé, avait Jefferson Davis pour président, et Stéphens pour vice-président, tous deux investis du pouvoir durant une période de six années. Au Congrès, composé de deux chambres, réuni à Richmond, Jefferson Davis avait, trois jours après, réclamé le service obligatoire. Depuis cette époque, les confédérés venaient de remporter quelques succès partiels, sans grande importance en somme. D'ailleurs, à la date du 24, une notable portion de l'armée du général Mac Clellan, disait-on, s'était lancée au delà du haut Potomac, ce qui avait amené l'évacuation de Columbus par les sudistes. Une grande bataille était donc imminente sur le Mississipi, et elle mettrait en contact l'armée séparatiste avec l'armée du général Grant.

Et l'escadre que le commodore Dupont devait conduire aux bouches du Saint-John?

Le bruit courait que, sous une dizaine de jours, elle essaierait de forcer les passes. Si Texar et ses partisans voulaient tenter quelque coup qui mit la ville entre leurs mains et leur permit de satisfaire leurs vengeances personnelles, ils ne pouvaient tarder à le faire.

Tel était l'état des choses à Jacksonville, et qui sait si l'incident Burbank n'allait pas en hâter le dénouement?

Lorsque l'heure de comparaître fut venue, James Burbank quitta la maison de son correspondant et se dirigea vers la place où s'élève le bâtiment de Court-Justice. Il y avait une extrême animation dans les rues. La population se portait en foule de ce côté. On sentait que, de cette affaire, peu importante en elle-même, pouvait sortir une émeute dont les conséquences seraient déplorables.

La place était pleine de gens de toutes sortes, petits blancs, métis, nègres, et naturellement très tumultueuse. Si le nombre de ceux qui avaient pu entrer dans la salle de Court-Justice était assez restreint, néanmoins, il s'y trouvait surtout des partisans de Texar, confondus avec une certaine quantité de gens honnêtes, opposés à tout acte d'injustice. Toutefois, il leur serait difficile de résister à cette partie de la population qui poussait au renversement des autorités de Jacksonville.

Lorsque James Burbank parut sur la place, il fut aussitôt reconnu. Des cris violents éclatèrent. Ils ne lui étaient rien moins que favorables. Quelques courageux citoyens l'entourèrent. Ils ne voulaient pas qu'un homme honorable, estimé comme l'était le colon de Camdless-Bay, fût exposé sans défense aux brutalités de la foule. En obéissant à l'ordre qu'il avait reçu, James Burbank faisait preuve à la fois de dignité et de résolution. On devait lui en savoir gré.

James Burbank put donc se frayer un passage à travers la place. Il arriva sur le seuil de la porte de Court-Justice, il entra, il s'arrêta devant la barre où il était traduit contre tout droit.

Le premier magistrat de la ville et ses adjoints occupaient déjà leurs sièges. C'étaient des hommes modérés, qui jouissaient d'une juste considération. A quelles récriminations, à quelles menaces ils avaient été en butte depuis le début de la guerre de sécession, il est trop facile de l'imaginer. Quel courage ne leur fallait-il pas pour demeurer à leur poste, et quelle énergie pour s'y maintenir? S'ils avaient pu résister jusqu'alors à toutes les attaques du parti de l'émeute, c'est que la question de l'esclavage en Floride, on le sait, n'y surexcitait que médiocrement les esprits, tandis qu'elle passionnait les autres États du Sud. Cependant les idées séparatistes gagnaient peu à peu du terrain. Avec elles, l'influence des gens de coups de mains, des aventuriers, des nomades répandus dans le comté, grandissait chaque jour. Et même c'était pour donner une certaine satisfaction à l'opinion publique, sous la pression du parti des violents, que les magistrats avaient décidé de traduire devant eux James Burbank, sur la dénonciation de l'un des chefs de ce parti, l'Espagnol Texar.

Le murmure, approbatif d'une part, réprobatif de l'autre, qui avait accueilli le propriétaire de Camdless-Bay à son entrée dans la salle, se calma bientôt. James Burbank, debout à la barre, le regard assuré de l'homme qui n'a jamais faibli, la voix ferme, n'attendit même pas que le magistrat lui posât les questions d'usage.

« Vous avez fait demander James Burbank, dit-il. James Burbank est devant vous! »

« Maître, vous allez partir pour Jacksonville? » (Page 83.)

Après les premières formalités de l'interrogatoire auxquelles il se conforma, James Burbank répondit très simplement et très brièvement. Puis :

« De quoi m'accuse-t-on? demanda-t-il.

— De faire opposition par paroles et par actes peut-être, répondit le magistrat, aux idées comme aux espérances qui doivent avoir maintenant cours en Floride!

— Et qui m'accuse? demanda James Burbank.

James Burbank s'était redressé sous cette injure. (Page 94.)

— Moi! »

C'était Texar. James Burbank avait reconnu sa voix. Il ne tourna même pas la tête de son côté. Il se contenta de hausser les épaules en signe de dédain pour le vil accusateur qui le prenait à parti.

Cependant les compagnons, les partisans de Texar encourageaient leur chef de la voix et du geste.

« Et tout d'abord, dit-il, je jetterai à la face de James Burbank sa qualité de nordiste! Sa présence à Jacksonville est une insulte permanente au milieu d'un État confédéré! Puisqu'il est avec les nordistes de cœur et d'origine, que n'est-il retourné dans le Nord!

— Je suis en Floride parce qu'il me convient d'y être, répondit James Burbank. Depuis vingt ans, j'habite le comté. Si je n'y suis pas né, on sait du moins d'où je viens. Que cela soit dit pour ceux dont on ignore le passé, qui se refusent à vivre au grand jour, et dont l'existence privée mérite d'être incriminée à plus juste titre que la mienne! »

Texar, directement attaqué par cette réponse, ne se démonta pas.

« Après? dit James Burbank.

— Après?... répondit l'Espagnol. Au moment où le pays va se soulever pour le maintien de l'esclavage, prêt à verser son sang pour repousser les troupes fédérales, j'accuse James Burbank d'être anti-esclavagiste et de faire de la propagande anti-esclavagiste!

— James Burbank, dit le magistrat, dans les circonstances où nous sommes, vous comprendrez que cette accusation est d'une gravité exceptionnelle. Je vous prierai donc d'y répondre.

— Monsieur, répondit James Burbank, ma réponse sera très simple. Je n'ai jamais fait aucune propagande ni n'en veux faire. Cette accusation porte à faux. Quant à mes opinions sur l'esclavage, qu'il me soit permis de les rappeler ici. Oui! Je suis abolitionniste! Oui! Je déplore la lutte que le Sud soutient contre le Nord! Oui! Je crains que le Sud ne marche à des désastres qu'il aurait pu éviter, et c'est dans son intérêt même que j'aurais voulu le voir suivre une autre voie, au lieu de s'engager dans une guerre contre la raison, contre la conscience universelle. Vous reconnaîtrez un jour que ceux qui vous parlent, comme je le fais aujourd'hui, n'avaient pas tort. Quand l'heure d'une transformation, d'un progrès moral a sonné, c'est folie de s'y opposer.

En outre, la séparation du Nord et du Sud serait un crime contre la patrie américaine. Ni la raison, ni la justice, ni la force, ne sont de votre côté, et ce crime ne s'accomplira pas. »

Ces paroles furent d'abord accueillies par quelques approbations que de plus violentes clameurs couvrirent aussitôt. La majorité de ce public de gens sans foi ni loi ne pouvait les accepter.

Lorsque le magistrat fut parvenu à rétablir le silence dans le prétoire, James Burbank reprit la parole.

« Et maintenant, dit-il, j'attends qu'il se produise des accusations plus précises sur des faits, non sur des idées, et j'y répondrai, quand on me les aura fait connaître. »

Devant cette attitude si digne, les magistrats ne pouvaient être que très embarrassés. Ils ne connaissaient aucun fait qui pût être reproché à M. Burbank. Leur rôle devait se borner à laisser les accusations se produire, avec preuves à l'appui, s'il en existait toutefois.

Texar sentit qu'il était mis en demeure de s'expliquer plus catégoriquement, ou bien il n'atteindrait pas son but.

« Soit, dit-il! Ce n'est pas mon avis qu'on puisse invoquer la liberté des opinions en matière d'esclavage, lorsqu'un pays se lève tout entier pour soutenir cette cause. Mais si James Burbank a le droit de penser comme il lui plaît sur cette question, s'il est vrai qu'il s'abstienne de chercher des partisans à ses idées, du moins ne s'abstient-il pas d'entretenir des intelligences avec un ennemi qui est aux portes de la Floride! »

Cette accusation de complicité avec les fédéraux était très grave dans les conjonctures actuelles. Cela se comprit bien au frémissement qui courut à travers le public. Toutefois, elle était vague encore, et il fallait l'appuyer sur des faits.

« Vous prétendez que j'ai des intelligences avec l'ennemi? répondit James Burbank.

— Oui, affirma Texar.

— Précisez!... Je le veux!

— Soit! reprit Texar. Il y a trois semaines environ, un émissaire, envoyé vers James Burbank, a quitté l'armée fédérale ou tout au moins la flottille du commodore Dupont. Cet homme est venu à Camdless-Bay, et il a été suivi depuis le moment où il a traversé la plantation jusqu'à la frontière de la Floride. — Le nierez-vous? »

Il s'agissait évidemment là du messager qui avait apporté la lettre du jeune lieutenant. Les espions de Texar ne s'y étaient point trompés. Cette fois, l'accusation était précise, et l'on attendait, non sans inquiétude, quelle serait la réponse de James Burbank.

Celui-ci n'hésita pas à faire connaître ce qui n'était, en somme, que la stricte vérité.

« En effet, dit-il, à cette époque, un homme est venu à Camdless-Bay. Mais cet homme n'était qu'un messager. Il n'appartenait point à l'armée fédérale, et apportait simplement une lettre de mon fils...

— De votre fils, s'écria Texar, de votre fils qui, si nous sommes bien informés, a pris du service dans l'armée unioniste, de votre fils, qui est peut-être au premier rang des envahisseurs en marche maintenant sur la Floride ! »

La véhémence avec laquelle Texar prononça ces paroles ne manqua pas d'impressionner vivement le public. Si James Burbank, après avoir avoué qu'il avait reçu une lettre de son fils, convenait que Gilbert se trouvait dans les rangs de l'armée fédérale, comment se défendrait-il de l'accusation de s'être mis en rapport avec les ennemis du Sud ?

« Voulez-vous répondre aux faits qui sont articulés contre votre fils ? demanda le magistrat.

— Non, monsieur, répliqua James Burbank d'une voix ferme, et je n'ai point à y répondre. Mon fils n'est point en cause, que je sache. Je suis seulement accusé d'avoir eu des intelligences avec l'armée fédérale. Or, cela, je le nie, et je défie cet homme, qui ne m'attaque que par haine personnelle, d'en donner une seule preuve !

— Il avoue donc que son fils se bat en ce moment contre les confédérés ? s'écria Texar.

— Je n'ai rien à avouer... rien ! répondit James Burbank. C'est à vous de prouver ce que vous avancez contre moi !

— Soit !... Je le prouverai ! répliqua Texar. Dans quelques jours, je serai en possession de cette preuve que l'on me demande, et quand je l'aurai...

— Quand vous l'aurez, répondit le magistrat, nous pourrons nous prononcer sur ce fait. Jusque-là, je ne vois pas quelles sont les accusations dont James Burbank ait à répondre ? »

En se prononçant ainsi, ce magistrat parlait comme un homme intègre. Il avait raison, sans doute. Malheureusement, il avait tort d'avoir raison devant un public si prévenu contre le colon de Camdless-Bay. De là, des murmures, des protestations mêmes, proférées par les compagnons de Texar, qui accueillirent ses paroles. L'Espagnol le sentit bien, et, abandonnant les faits relatifs à Gilbert Burbank, il en revint aux accusations portées directement contre son père.

« Oui, répéta-t-il, je prouverai tout ce que j'ai avancé, à savoir que James Burbank est en rapport avec l'ennemi qui se prépare à envahir la Floride. En attendant, les opinions qu'il professe publiquement, opinions si dangereuses pour la cause de l'esclavage, constituent un péril public. Aussi, au nom de tous les propriétaires d'esclaves, qui ne se soumettront jamais au joug que le Nord veut leur imposer, je demande que l'on s'assure de sa personne...

— Oui !... Oui ! » s'écrièrent les partisans de Texar, tandis qu'une partie de l'assemblée essayait vainement de protester contre cette injustifiable prétention.

Le magistrat parvint à rétablir le calme dans l'auditoire, et James Burbank put reprendre la parole :

« Je m'élève de toute ma force, de tout mon droit, dit-il, contre l'arbitraire auquel on veut pousser la justice ! Que je sois abolitionniste, oui ! et je l'ai déjà avoué. Mais les opinions sont libres, je suppose, avec un système de gouvernement qui est fondé sur la liberté. Ce n'est pas un crime, jusqu'ici, d'être anti-esclavagiste, et où il n'y a pas culpabilité, la loi est impuissante à punir ! »

Des approbations plus nombreuses semblèrent donner raison à James Burbank. Sans doute, Texar crut que l'occasion était venue de changer ses batteries puisqu'elles ne portaient pas. Aussi, qu'on ne s'étonne pas s'il lança à James Burbank cette apostrophe inattendue :

« Eh bien, affranchissez donc vos esclaves, puisque vous êtes contre l'esclavage !

— Je le ferai! répondit James Burbank. Je le ferai, dès que le moment sera venu!

— Vraiment! Vous le ferez quand l'armée fédérale sera maîtresse de la Floride! répliqua Texar. Il vous faut les soldats de Sherman et les marins de Dupont pour que vous ayez le courage d'accorder vos actes avec vos idées! C'est prudent, mais c'est lâche!

— Lâche?... s'écria James Burbank, indigné, qui ne comprit pas que son adversaire lui tendait un piège.

— Oui! lâche! répéta Texar. Voyons! Osez donc enfin mettre vos opinions en pratique! C'est à croire, en vérité, que vous ne cherchez qu'une popularité facile pour plaire aux gens du Nord! Oui! Anti-esclavagiste en apparence, vous n'êtes, au fond et par intérêt, qu'un partisan du maintien de l'esclavage! »

James Burbank s'était redressé sous cette injure. Il couvrait son accusateur d'un regard de mépris. C'était là plus qu'il n'en pouvait supporter. Un tel reproche d'hypocrisie se trouvait manifestement en désaccord avec toute son existence franche et loyale.

« Habitants de Jacksonville, s'écria-t-il de façon à être entendu de toute la foule, à partir de ce jour, je n'ai plus un seul esclave; à partir de ce jour, je proclame l'abolition de l'esclavage sur tout le domaine de Camdless-Bay! »

Tout d'abord des hurras seulement accueillirent cette déclaration hardie Oui! Il y avait un véritable courage à la faire, — courage plus que prudence peut-être! James Burbank venait de se laisser emporter par son indignation.

Or, cela n'était que trop évident, cette mesure allait compromettre les intérêts des autres planteurs de la Floride. Aussi la réaction se fit-elle presque aussitôt dans le public de Court-Justice. Les premiers applaudissements accordés au colon de Camdless-Bay furent bientôt étouffés par les vociférations, non seulement de ceux qui étaient esclavagistes de principe, mais aussi de tous ceux qui avaient été indifférents jusqu'alors à cette question de l'esclavage. Et les amis de Texar auraient profité de ce revirement pour se livrer à quelque acte de violence contre James Burbank, si l'Espagnol lui-même ne les eût contenus.

« Laissez faire! dit-il. James Burbank s'est désarmé lui-même!... Maintenant, il est à nous! »

Ces paroles, dont on comprendra bientôt la signification, suffirent à retenir tous ces partisans de la violence. Aussi James Burbank ne fut-il point inquiété, lorsque les magistrats lui eurent dit qu'il pouvait se retirer. Devant l'absence de toute preuve, il n'y avait pas lieu d'accorder l'incarcération demandée par Texar. Plus tard si, l'Espagnol, qui maintenait ses dires, produisait des témoignages de nature à mettre au grand jour les connivences de James Burbank avec l'ennemi, les magistrats reprendraient les poursuites. Jusque-là, James Burbank devait être libre.

Il est vrai, cette déclaration d'affranchissement relative au personnel de Camdless-Bay, publiquement faite, allait être ultérieurement exploitée contre les autorités de la ville et au profit du parti de l'émeute.

Quoi qu'il en soit, à sa sortie de Court-Justice, bien que James Burbank fût suivi par une foule très mal disposée à son égard, les agents surent empêcher qu'on lui fît violence. Il y eut des huées, des menaces, non des actes de brutalité. Évidemment, l'influence de Texar le protégeait. James Burbank put donc atteindre les quais du port où l'attendait son embarcation. Là, il prit congé de son correspondant, M. Harvey, qui ne l'avait point quitté. Puis, poussant au large, il fut rapidement hors de la portée des vociférations, dont les braillards de Jacksonville avaient accompagné son départ.

Comme la marée descendait, l'embarcation, retardée par le jusant, ne mit pas moins de deux heures à gagner le pier de Camdless-Bay, où James Burbank était attendu par sa famille. Quelle joie ce fut dans tout ce petit monde, en le revoyant. Il y avait tant de motifs de craindre qu'il ne fût retenu loin des siens!

« Non! dit-il à la petite Dy, qui l'embrassait. Je t'avais promis de revenir pour dîner, ma chérie, et, tu le sais bien, je ne manque jamais à mes promesses! »

VIII

LA DERNIÈRE ESCLAVE

Le soir même, James Burbank mit les siens au courant de ce qui s'était passé à Court-Justice. L'odieuse conduite de Texar leur fut dévoilée. C'était sous la pression de cet homme et de la populace de Jacksonville que l'ordre de comparution avait été adressé à Camdless-Bay. L'attitude des magistrats, en cette affaire, ne méritait que des éloges. A cette accusation d'intelligence avec les fédéraux, ils avaient répondu en exigeant la preuve qu'elle fut fondée. Texar, n'ayant pu fournir cette preuve, James Burbank avait été laissé libre.

Toutefois, au milieu de ces vagues incriminations, le nom de Gilbert avait été prononcé. On ne semblait pas mettre en doute que le jeune homme ne fût à l'armée du Nord. Le refus de répondre à cet égard, n'était-ce pas un demi-aveu de la part de James Burbank?

Ce que furent alors les craintes, les angoisses de Mme Burbank, de miss Alice, de toute cette famille si menacée, cela n'est que trop aisé à comprendre. A défaut du fils qui leur échappait, les forcenés de Jacksonville ne s'en reprendraient-ils pas à son père? Texar s'était vanté, sans doute, lorsqu'il avait promis de produire, sous quelques jours, une preuve de ce fait. En somme, il n'était pas impossible qu'il ne parvînt à se la procurer, et la situation serait inquiétante au plus haut point.

« Mon pauvre Gilbert! s'écria Mme Burbank. Le savoir si près de Texar, décidé à tout faire pour arriver à son but!

— Ne pourrait-on le prévenir de ce qui vient de se passer à Jacksonville? dit miss Alice.

Les esclaves vaquaient à leurs travaux habituels. (Page 103.)

— Oui! ajouta M. Stannard. Ne conviendrait-il pas surtout de lui faire savoir que toute imprudence de sa part aurait les conséquences les plus funestes pour les siens et pour lui?

— Et comment le prévenir? répliqua James Burbank. Des espions rôdent sans cesse autour de Camdless-Bay, cela n'est que trop certain. Déjà le messager que Gilbert nous a envoyé avait été suivi à son retour. Toute lettre que nous écririons pourrait tomber entre les mains de Texar. Tout homme que nous enverrions, chargé d'un message verbal, risquerait d'être arrêté en route. Non, mes amis, ne tentons rien qui soit susceptible d'aggraver cette situation, et fasse le ciel que l'armée fédérale ne tarde pas à occuper la Floride! Il n'est que temps pour cette minorité de gens honnêtes, menacée par la majorité des coquins du pays! »

James Burbank avait raison. Par suite de la surveillance qui devait évidemment s'exercer autour de la plantation, il eût été très imprudent de correspondre avec Gilbert. D'ailleurs, le moment approchait où James Burbank et les nordistes, établis en Floride, seraient en sûreté sous la protection de l'armée fédérale.

C'était, en effet, le lendemain même que le commodore Dupont devait appareiller au mouillage d'Édisto. Avant trois jours, bien certainement, on apprendrait que la flottille, après avoir descendu le littoral de la Géorgie, serait dans la baie de Saint-Andrews.

James Burbank raconta alors le grave incident survenu devant les magistrats de Jacksonville. Il dit comment il avait été poussé à répondre au défi jeté par Texar à propos des esclaves de Camdless-Bay. Fort de son droit, fort de sa conscience, il avait publiquement déclaré l'abolition de l'esclavage sur tout son domaine. Ce que nul État du Sud ne s'était encore permis de proclamer, sans y avoir été obligé par le sort des armes, il l'avait fait librement et de son plein gré.

Déclaration aussi hardie que généreuse! Quelles en seraient les conséquences, on ne pouvait le prévoir. Évidemment, elle n'était pas de nature à rendre la position de James Burbank moins menacée au milieu de ce pays esclavagiste. Peut-être, même, provoquerait-elle certaines velléités de révolte parmi les esclaves des autres plantations. N'importe! La famille Burbank, émue par la grandeur de l'acte, approuva sans réserve ce que son chef venait de faire.

« James, dit Mme Burbank, quoi qu'il puisse arriver, tu as eu raison, de répondre ainsi aux odieuses insinuations que ce Texar avait l'infamie de lancer contre toi!

— Nous sommes fiers de vous, mon père! ajouta miss Alice, en donnant pour la première fois ce nom à M. Burbank.

— Et ainsi, ma chère fille, répondit James Burbank, lorsque Gilbert et les fédéraux entreront en Floride, ils ne trouveront plus un seul esclave à Camdless-Bay!

— Je vous remercie, monsieur Burbank, dit alors Zermah, je vous remercie pour mes compagnons et pour moi. En ce qui me concerne, je ne me suis jamais sentie esclave près de vous. Vos bontés, votre générosité, m'avaient déjà faite aussi libre que je le suis aujourd'hui!

— Tu as raison, Zermah, répondit Mme Burbank. Esclave ou libre, nous ne t'en aimerons pas moins! »

Zermah eût en vain essayé de cacher son émotion. Elle prit Dy dans ses bras et la pressa sur sa poitrine.

MM. Carrol et Stannard avaient serré la main de James Burbank avec effusion. C'était lui dire qu'ils l'approuvaient et qu'ils applaudissaient à cet acte d'audace — de justice aussi.

Il est bien évident que la famille Burbank, sous cette généreuse impression, oubliait alors ce que la conduite de James Burbank pouvait provoquer de complications dans l'avenir.

Aussi, personne à Camdless-Bay ne songerait-il à blâmer James Burbank, si ce n'est, sans doute, le régisseur Perry, lorsqu'il serait au courant de ce qui venait de se passer. Mais il était en tournée pour le service de la plantation et ne devait rentrer que dans la nuit.

Il était déjà tard. On se sépara, non sans que James Burbank eût annoncé que, dès le lendemain, il remettrait à ses esclaves leur acte d'affranchissement.

« Nous serons avec toi, James, répondit Mme Burbank, quand tu leur apprendras qu'ils sont libres !

— Oui, tous ! ajouta Edward Carrol.

— Et moi aussi, père ? demanda la petite Dy.

— Oui, ma chérie, toi aussi !

— Bonne Zermah, ajouta la fillette, est-ce que tu vas nous quitter après cela ?

— Non, mon enfant ! répondit Zermah. Non ! Je ne t'abandonnerai jamais ! »

Chacun se retira dans sa chambre, quand les précautions ordinaires eurent été prises pour la sécurité de Castle-House.

Le lendemain, la première personne que rencontra James Burbank dans le parc réservé, ce fut précisément M. Perry. Comme le secret avait été parfaitement gardé, le régisseur n'en savait rien encore. Il l'apprit bientôt de la bouche même de James Burbank, qui s'attendait du reste à l'ébahissement de M. Perry.

« Oh ! monsieur James !... Oh ! monsieur James ! »

Le digne homme, vraiment abasourdi, ne pouvait trouver autre chose à répondre.

« Cependant, cela ne peut vous surprendre, Perry, reprit James Burbank. Je n'ai fait que devancer les événements. Vous savez bien que l'affranchissement des noirs est un acte qui s'impose à tout État soucieux de sa dignité...

— Sa dignité, monsieur James ! Qu'est-ce que la dignité vient faire à ce propos ?

— Vous ne comprenez pas le mot dignité, Perry. Soit ! disons : soucieux de ses intérêts.

— Ses intérêts... ses intérêts, monsieur James ! Vous osez dire : soucieux de ses intérêts ?

— Incontestablement, et l'avenir ne tardera pas à vous le prouver, mon cher Perry !

— Mais où recrutera-t-on désormais le personnel des plantations, monsieur Burbank ?

— Toujours parmi les noirs, Perry.

— Mais si les noirs sont libres de ne plus travailler, ils ne travailleront plus!

— Ils travailleront, au contraire, et même avec plus de zèle, puisque ce sera librement, et avec plus de plaisir aussi, puisque leur condition sera meilleure.

— Mais les vôtres, monsieur James?... Les vôtres vont commencer par nous quitter!

— Je serai bien étonné, mon cher Perry, s'il en est un seul qui ait la pensée de le faire.

— Mais voilà que je ne suis plus régisseur des esclaves de Camdless-Bay?

— Non, mais vous êtes toujours régisseur de Camdless-Bay, et je ne pense pas que votre situation soit amoindrie parce que vous commanderez à des hommes libres au lieu de commander à des esclaves.

— Mais...

— Mon cher Perry, je vous préviens qu'à tous vos « mais », j'ai des réponses toutes prêtes. Prenez donc votre parti d'une mesure qui ne pouvait tarder à s'accomplir, et à laquelle ma famille, sachez-le bien, vient de faire le meilleur accueil.

— Et nos noirs n'en savent rien?..

— Rien encore, répondit James Burbank. Je vous prie, Perry, de ne point leur en parler. Ils l'apprendront aujourd'hui même. Vous les convoquerez donc tous dans le parc de Castle-House, pour trois heures après midi, en vous contentant de dire que j'ai une communication à leur faire. »

Là-dessus, le régisseur se retira, avec de grands gestes de stupéfaction, répétant :

« Des noirs qui ne sont plus esclaves! Des noirs qui vont travailler à leur compte! Des noirs qui seront obligés de pourvoir à leurs besoins! C'est le bouleversement de l'ordre social! C'est le renversement des lois humaines! C'est contre nature! Oui! contre nature! »

Pendant la matinée, James Burbank, Walter Stannard et Edward Carrol allèrent, en break, visiter une partie de la plantation sur sa frontière septentrionale. Les esclaves vaquaient à leurs travaux habituels au milieu des rizières, des champs de caféiers et de cannes. Même empressement au travail dans les chantiers et les scieries. Le secret avait été bien gardé. Aucune communication n'avait pu s'établir encore entre Jacksonville et Camdless-Bay. Ceux qu'il intéressait d'une façon si directe, ne savaient rien du projet de James Burbank.

En parcourant cette partie du domaine sur sa limite la plus exposée, James Burbank et ses amis voulaient s'assurer que les abords de la plantation ne présentaient rien de suspect. Après la déclaration de la veille, on pouvait craindre qu'une partie de la populace de Jacksonville ou de la campagne environnante fût poussée à se porter sur Camdless-Bay. Il n'en était rien jusqu'alors. On ne signala même pas de rôdeurs de ce côté du fleuve, ni sur le cours du Saint-John. Le *Shannon*, qui le remonta vers dix heures du matin, ne fit point escale au pier du petit port et continua sa route vers Picolata. Ni en amont ni en aval, il n'y avait rien à craindre pour les hôtes de Castle-House.

Un peu avant midi, James Burbank, Walter Stannard et Edward Carrol repassèrent le pont de l'enceinte du parc et rentrèrent à l'habitation. Toute la famille les attendait pour déjeuner. On était plus rassuré. On causa plus à l'aise. Il semblait qu'il se fût produit une détente dans la situation. Sans doute, l'énergie des magistrats de Jacksonville avait imposé aux violents du parti de Texar. Or, si cet état de choses se prolongeait pendant quelques jours encore, la Floride serait occupée par l'armée fédérale. Les anti-esclavagistes, qu'ils fussent du Nord ou du Sud, y seraient en sûreté.

James Burbank pouvait donc procéder à la cérémonie d'émancipation, — premier acte de ce genre qui serait volontairement accompli dans un État à esclaves.

Celui de tous les noirs de la plantation, qui éprouverait le plus de satisfaction serait évidemment un garçon de vingt ans, nommé Pygmalion — plus communément appelé Pyg. Attaché au service des communs de Castle-House, c'était là que demeurait ledit Pyg. Il ne travaillait ni dans les champs ni dans les ateliers ou chantiers de Camdless-Bay. Il faut bien l'avouer,

Le régisseur lui secoua les oreilles... (Page 106.)

Pygmalion n'était qu'un garçon ridicule, vaniteux, paresseux, auquel, par bonté, ses maîtres passaient bien des choses. Depuis que la question de l'esclavage était en jeu, il fallait l'entendre déclamer de grandes phrases sur la liberté humaine. A tout propos, il faisait des discours prétentieux à ses congénères, qui ne se gênaient pas d'en rire. Il montait sur ses grands chevaux, comme on dit, lui qu'un âne eût jeté à terre. Mais, au fond, comme il n'était point méchant, on le laissait parler. On voit déjà quelles discussions il devait

Les bras s'agitèrent en signe de remerciements. (Page 107.)

avoir avec le régisseur Perry, lorsque celui-ci était d'humeur à l'écouter, et l'on sent quel accueil il allait faire à cet acte d'affranchissement qui lui rendrait sa dignité d'homme.

Ce jour-là, les noirs furent prévenus qu'ils auraient à se réunir dans le parc réservé devant Castle-House. C'était là qu'une importante communication leur serait adressée par le propriétaire de Camdless-Bay.

Un peu avant trois heures — heure fixée pour la réunion — tout le personnel, après avoir quitté ses baraccons, commença à s'assembler devant Castle-House. Ces braves gens n'étaient rentrés ni aux ateliers, ni dans les champs ni dans les chantiers d'abatage, après le dîner de midi. Ils avaient voulu faire un peu de toilette, changer les habits de travail pour des vêtements plus propres, selon l'habitude, lorsqu'on leur ouvrait la poterne de l'enceinte. Donc, grande animation, va et vient de case à case, tandis que le régisseur Perry, se promenant de l'un à l'autre des baraccons, grommelait :

« Quand je pense qu'en ce moment, on pourrait encore trafiquer de ces noirs, puisqu'ils sont toujours à l'état de marchandise! Et, avant une heure, voilà qu'il ne sera plus permis ni de les acheter ni de les vendre! Oui! je le répéterai jusqu'à mon dernier souffle! Monsieur Burbank a beau faire et beau dire, et après lui le président Lincoln, et après le président Lincoln, tous les fédéraux du Nord et tous les libéraux des deux mondes, c'est contre nature! »

En cet instant, Pygmalion, qui ne savait rien encore, se trouva face à face avec le régisseur.

« Pourquoi nous convoque-t-on, monsieur Perry? demanda Pyg. Auriez-vous la bonté de me le dire?

— Oui, imbécile! C'est pour te... »

Le régisseur s'arrêta, ne voulant point trahir le secret. Une idée lui vint alors.

« Approche ici, Pyg! » dit-il.

Pygmalion s'approcha.

« Je te tire quelquefois l'oreille, mon garçon?

— Oui, monsieur Perry, puisque, contrairement à toute justice humaine ou divine, c'est votre droit.

— Eh bien, puisque c'est mon droit, je vais me permettre d'en user encore! »

Et, sans se soucier des cris de Pyg, sans lui faire grand mal, non plus, il lui secoua les oreilles qui étaient déjà d'une belle longueur. Vraiment, cela soulagea le régisseur d'avoir, une dernière fois, exercé son droit sur un des esclaves de la plantation.

À trois heures, James Burbank et les siens parurent sur le perron de Castle-House. Dans l'enceinte étaient groupés sept cents esclaves, hommes, femmes, enfants, — même une vingtaine de ces vieux noirs, qui, lorsqu'ils avaient été reconnus impropres à tout travail, trouvaient une retraite assurée pour leur vieillesse dans les baraccons de Camdless-Bay.

Un profond silence s'établit aussitôt. Sur un geste de James Burbank, M. Perry et les sous-régisseurs firent approcher le personnel, de manière que tous pussent entendre distinctement la communication qui allait leur être faite.

James Burbank prit la parole.

« Mes amis, dit-il, vous le savez, une guerre civile, déjà longue et malheureusement trop sanglante, met aux prises la population des États-Unis. Le vrai mobile de cette guerre a été la question de l'esclavage. Le Sud, ne s'inspirant que de ce qu'il croit être ses intérêts, en a voulu le maintien. Le Nord, au nom de l'humanité, a voulu qu'il fût détruit en Amérique. Dieu a favorisé les défenseurs d'une cause juste, et la victoire s'est déjà prononcée plus d'une fois en faveur de ceux qui se battent pour l'affranchissement de toute une race humaine. Depuis longtemps, personne ne l'ignore, fidèle à mon origine, j'ai toujours partagé les idées du Nord, sans avoir été à même de les appliquer. Or, des circonstances ont fait que je puis hâter le moment où il m'est possible de conformer mes actes à mes opinions. Écoutez-donc ce que j'ai à vous apprendre au nom de toute ma famille. »

Il y eut un sourd murmure d'émotion dans l'assistance, mais il s'apaisa presque aussitôt. Et alors, James Burbank, d'une voix qui s'entendit de partout, fit la déclaration suivante :

« A partir de ce jour, 28 février 1862, les esclaves de la plantation sont affranchis de toute servitude. Ils peuvent disposer de leur personne. Il n'y a plus que des hommes libres à Camdless-Bay ! »

Les premières manifestations de ces nouveaux affranchis furent des hurrahs qui éclatèrent de toutes parts. Les bras s'agitèrent en signe de remerciements. Le nom de Burbank fut acclamé. Tous se rapprochèrent du perron. Hommes, femmes, enfants, voulaient baiser les mains de leur libérateur. Ce fut un indescriptible enthousiasme, qui se produisit avec d'autant plus d'énergie qu'il n'était point préparé. On juge si Pygmalion gesticulait, pérorait, prenait des attitudes.

Alors, un vieux noir, le doyen du personnel, s'avança jusque sur les premières marches du perron. Là, il redressa la tête, et d'une voix profondément émue :

« Au nom des anciens esclaves de Camdless-Bay, libres désormais, dit-il, soyez remercié, monsieur Burbank, pour nous avoir fait entendre les premières paroles d'affranchissement qui aient été prononcées dans l'État de Floride ! »

Tout en parlant, le vieux nègre venait de monter lentement les degrés du perron. Arrivé auprès de James Burbank, il lui avait baisé les mains, et, comme la petite Dy lui tendait les bras, il la présenta à ses camarades.

« Hurrah !... Hurrah pour monsieur Burbank ! »

Ces cris retentirent joyeusement dans l'air et durent porter jusqu'à Jacksonville, sur l'autre rive du Saint-John, la nouvelle du grand acte qui venait d'être accompli.

La famille de James Burbank était profondément émue. Vainement essaya-t-elle de calmer ces marques d'enthousiasme. Ce fut Zermah qui parvint à les apaiser, lorsqu'on la vit s'avancer vers le perron pour prendre la parole à son tour.

« Mes amis, dit-elle, nous voilà tous libres maintenant, grâce à la générosité, à l'humanité de celui qui fut notre maître, et le meilleur des maîtres !

— Oui !... oui !... crièrent ces centaines de voix, confondues dans le même élan de reconnaissance.

— Chacun de nous peut donc dorénavant disposer de sa personne, reprit Zermah. Chacun peut quitter la plantation, faire acte de liberté suivant que son intérêt le commande. Quant à moi, je ne suivrai que l'instinct de mon cœur, et je suis certaine que la plupart d'entre vous feront ce que je vais faire moi-même. Depuis six ans, je suis entrée à Camdless-Bay. Mon mari et moi, nous y avons vécu, et nous désirons y finir notre vie. Je supplie donc monsieur Burbank de nous garder libres, comme il nous a gardés esclaves... Que ceux dont c'est aussi le désir... »

— Tous!... Tous! »

Et ces mots, répétés mille fois, dirent combien était apprécié le maître de Camdless-Bay, quel lien d'amitié et de reconnaissance l'unissait à tous les affranchis de son domaine.

James Burbank prit alors la parole. Il dit que tous ceux qui voudraient rester sur la plantation, le pourraient dans ces conditions nouvelles. Il ne s'agirait plus que de régler d'un commun accord la rémunération du travail libre et les droits des nouveaux affranchis. Il ajouta que, tout d'abord, il convenait que la situation fût régularisée. C'est pourquoi, dans ce but, chacun des noirs allait recevoir pour sa famille et pour lui un acte de libération, qui lui permettrait de reprendre dans l'humanité le rang auquel il avait droit.

C'est ce qui fut immédiatement fait par le soin des sous-régisseurs.

Depuis longtemps décidé à affranchir ses esclaves, James Burbank avait préparé ces actes, et chaque noir reçut le sien avec les plus touchantes démonstrations de reconnaissance.

La fin de cette journée fut consacrée à la joie. Si, dès le lendemain, tout le personnel devait retourner à ses travaux ordinaires, ce jour-là, la plantation fut en fête. La famille Burbank, mêlée à ces braves gens, recueillit les témoignages d'amitié les plus sincères, aussi bien que les assurances d'un dévouement sans bornes.

Cependant, au milieu de son ancien troupeau d'êtres humains, le régisseur Perry se promenait comme une âme en peine, et, à James Burbank qui lui demanda :

« Eh bien, Perry, qu'en dites-vous ?

— Je dis, monsieur James, répliqua-t-il, que pour être libres, ces Africains n'en sont pas moins nés en Afrique et n'ont pas changé de couleur! Or, puisqu'ils sont nés noirs, ils mourront noirs...

— Mais ils vivront blancs, répondit en souriant James Burbank, et tout est là ! »

Ce soir-là, le dîner réunit à la table de Castle-House la famille Burbank vraiment heureuse, et, il faut le dire, aussi plus confiante dans l'avenir. Quelques jours encore, la sécurité de la Floride serait complètement assurée. Aucune mauvaise nouvelle, d'ailleurs, n'était venue de Jacksonville. Il était possible que l'attitude de James Burbank devant les magistrats de Court-Justice eût produit une impression favorable sur le plus grand nombre des habitants.

A ce dîner assistait le régisseur Perry, qui était bien obligé de prendre son parti de ce qu'il n'avait pu empêcher. Il se trouvait même en face du doyen des noirs, invité par James Burbank, comme pour mieux marquer en sa personne que l'affranchissement, accordé à lui et à ses compagnons d'esclavage, n'était pas une vaine déclaration dans la pensée du maître de Camdless-Bay. Au dehors éclataient des cris de fête, et le parc s'illuminait du reflet des feux de joie, allumés en divers points de la plantation. Vers le milieu du repas se présenta une députation qui apportait à la petite fille un magnifique bouquet, le plus beau, à coup sûr, qu'eût jamais été offert à « mademoiselle Dy Burbank, de Castle-House. » Compliments et remerciements furent donnés et rendus de part et d'autre avec une profonde émotion.

Puis, tous se retirèrent, et la famille rentra dans le hall, en attendant l'heure du coucher. Il semblait qu'une journée si bien commencée ne pouvait que bien finir.

Vers huit heures, le calme régnait sur toute la plantation. On avait lieu de croire que rien ne le troublerait, lorsqu'un bruit de voix se fit entendre au dehors.

James Burbank se leva et alla aussitôt ouvrir la grande porte du hall.

Devant le perron, quelques personnes attendaient et parlaient à haute voix.

« Qu'y a-t-il? demanda James Burbank.

— Monsieur Burbank, répondit un des régisseurs, une embarcation vient d'accoster le pier.

— Et d'où vient-elle?

— De la rive gauche.

— Qui est à bord?

— Un messager qui vous est envoyé de la part des magistrats de Jacksonville.

— Et que veut-il?

— Il demande à vous faire une communication. Permettez-vous qu'il débarque?

— Certainement! »

Mme Burbank s'était rapprochée de son mari. Miss Alice s'avança vivement vers une des fenêtres du hall, pendant que M. Stannard et Edward Carrol se dirigeaient vers la porte. Zermah, prenant la petite Dy par la main, s'était levée. Tous eurent alors le pressentiment que quelque grave complication allait surgir.

Le régisseur était retourné vers l'appontement du pier. Dix minutes après, il revenait avec le messager que l'embarcation avait amené de Jacksonville à Camdless-Bay.

C'était un homme qui portait l'uniforme de la milice du comté. Il fut introduit dans le hall, et demanda M. Burbank.

« C'est moi! Que me voulez-vous?...

— Vous remettre ce pli. »

Le messager tendit une grande enveloppe, qui portait à l'un de ses angles le cachet de Court-Justice.

James Burbank brisa le cachet et lut ce qui suit :

« Par ordre des autorités nouvellement constituées de Jacksonville, tout
« esclave qui aura été affranchi contre la volonté des sudistes, sera immé-
« diatement expulsé du territoire.

« Cette mesure sera exécutée dans les quarante-huit heures, et, en cas de
« refus, il y sera procédé par la force.

« Fait à Jacksonville, 28 février 1862.

« Texar. »

Les magistrats en qui l'on pouvait avoir confiance avaient été renversés.

Texar, soutenu par ses partisans, était depuis peu de temps à la tête de la ville.

« Que répondrai-je? demanda le messager.

— Rien! » répliqua James Burbank.

Le messager se retira et fut reconduit à son embarcation, qui se dirigea vers la rive gauche du fleuve.

Ainsi, sur ordre de l'Espagnol, les anciens esclaves de la plantation allaient être dispersés! Par cela seul qu'on les avait fait libres, ils n'auraient plus le droit de vivre sur le territoire de la Floride! Camdless-Bay serait privée de tout ce personnel sur lequel James Burbank pouvait compter pour défendre la plantation!

« Libre à ces conditions? dit Zermah. Non, jamais! Je refuse la liberté, et, puisqu'il le faut pour rester près de vous, mon maître, j'aime mieux redevenir esclave! »

Et, prenant son acte d'affranchissement, Zermah le déchira et tomba aux genoux de James Burbank.

IX

ATTENTE

Telles étaient les premières conséquences du mouvement généreux auquel avait obéi James Burbank en affranchissant ses esclaves, avant que l'armée fédérale fût maîtresse du territoire.

A présent, Texar et ses partisans dominaient la ville et le comté. Ils allaient se livrer à tous les actes de violence auxquels leur nature brutale et grossière devait les pousser, c'est-à-dire aux plus épouvantables excès. Si, par ses dénonciations vagues, l'Espagnol n'avait pu, en fin de compte, faire

Mme Burbank et Alice échangeaient leurs pensées. (Page 117.)

emprisonner James Burbank, il n'en était pas moins arrivé à son but, en profitant des dispositions de Jacksonville, dont la population était en grande partie surexcitée par la conduite de ses magistrats dans l'affaire du propriétaire de Camdless-Bay. Après l'acquittement du colon anti-esclavagiste, qui venait de proclamer l'émancipation sur tout son domaine, du nordiste dont les vœux étaient manifestement pour le Nord, Texar avait soulevé la foule des malhonnêtes gens, il avait révolutionné la ville. Ayant amené par là le renversement des autorités si compromises, il avait mis à leur place les plus avancés de son parti, il en avait formé un comité où les petits blancs se partageaient le pouvoir avec les Floridiens d'origine espagnole, il s'était assuré le concours de la milice, travaillée depuis longtemps déjà, et qui fraternisait avec la populace. Maintenant, le sort des habitants de tout le comté était entre ses mains.

Il faut le dire, la conduite de James Burbank n'avait trouvé aucune approbation chez la plupart des colons dont les établissements bordent les deux rives du Saint-John. Ceux-ci pouvaient craindre que leurs esclaves voulussent les obliger à suivre son exemple. Le plus grand nombre des planteurs, partisans de l'esclavage, résolus à lutter contre les prétentions des Unionistes, voyaient avec une extrême irritation la marche des armées fédérales. Aussi prétendaient-ils que la Floride résistât comme résistaient encore les États du Sud. Si, dans le début de la guerre, cette question d'affranchissement n'avait peut-être excité que leur indifférence, ils s'empressaient à présent de se ranger sous le drapeau de Jefferson Davis. Ils étaient prêts à seconder les efforts des rebelles contre le gouvernement d'Abraham Lincoln.

Dans ces conditions, on ne s'étonnera pas que Texar, s'appuyant sur les opinions et les intérêts unis pour défendre la même cause, n'eût réussi à s'imposer, si peu d'estime qu'inspirât sa personne. Désormais, il allait pouvoir agir en maître, moins à l'effet d'organiser la résistance avec le concours des sudistes, et repousser la flottille du commodore Dupont, qu'afin de satisfaire ses instincts pervers.

C'est à cause de cela, ou la haine qu'il portait à la famille Burbank, le premier soin de Texar avait été de répondre à l'acte d'affranchissement de Camdless-Bay par cette mesure obligeant tous les affranchis à vider le territoire dans les quarante-huit heures.

« En agissant ainsi, disait-il, je sauvegarde les intérêts des colons, directement menacés. Oui! ils ne peuvent qu'approuver cet arrêté, dont le premier effet sera d'empêcher le soulèvement des esclaves dans tout l'État de la Floride. »

La majorité avait donc applaudi sans réserve à cette ordonnance de Texar, si arbitraire qu'elle fût. Oui! arbitraire, inique, insoutenable! James Burbank était dans son droit, quand il émancipait ses esclaves. Ce droit, il le possédait de tout temps. Il pouvait l'exercer même avant que la guerre eût divisé les États-Unis sur la question de l'esclavage. Rien ne devait prévaloir contre ce droit. Jamais la mesure, prise par Texar, n'aurait pour elle la justice ni même la légalité.

Et tout d'abord, Camdless-Bay allait être privée de ses défenseurs naturels. A cet égard, le but de l'Espagnol était pleinement atteint.

On le comprit bien à Castle-House, et, peut-être, aurait-il été à désirer que James Burbank eût attendu le jour où il pouvait agir sans danger. Mais, on le sait, accusé devant les magistrats de Jacksonville d'être en désaccord avec ses principes, mis en demeure de s'y conformer et incapable de contenir son indignation, il s'était prononcé publiquement, et publiquement aussi, devant le personnel de la plantation, il avait procédé à l'affranchissement des noirs de Camdless-Bay.

Or, la situation de la famille Burbank et de ses hôtes s'étant aggravée de ce fait, il fallait décider en toute hâte ce qu'il convenait de faire dans ces conjonctures.

Et d'abord, — ce fut là-dessus que porta la discussion, le soir même, — y avait-il lieu de revenir sur l'acte d'émancipation? Non! Cela n'aurait rien changé à l'état de choses. Texar n'eut point tenu compte de ce tardif retour. D'ailleurs, l'unanimité des noirs du domaine, en apprenant la décision prise contre eux par les nouvelles autorités de Jacksonville, se fût empressée d'imiter Zermah. Tous les actes d'affranchissement auraient été déchirés. Pour ne point quitter Camdless-Bay, pour ne pas être chassés du territoire, tous eussent repris leur condition d'esclaves, jusqu'au jour où, de par une loi d'État, ils auraient le droit d'être libres et de vivre librement où il leur plairait.

Mais à quoi bon? Décidés à défendre, avec leur ancien maître, la plantation devenue leur patrie véritable, ne le feraient-ils pas avec autant d'ardeur, maintenant qu'ils étaient affranchis? Oui, certes, et Zermah s'en portait garante. James Burbank jugea donc qu'il n'avait point à revenir sur ce qui était fait. Tous furent de son avis. Et ils ne se trompaient pas, car, le lendemain, lorsque la nouvelle mesure décrétée par le comité de Jacksonville fut connue, les marques de dévouement, les témoignages de fidélité, éclatèrent de toutes parts à Camdless-Bay. Si Texar voulait mettre son arrêté à exécution, on résisterait. S'il voulait employer la force, c'est par la force qu'on saurait lui répondre.

« Et puis, dit Edward Carrol, les événements nous pressent. Dans deux jours, dans vingt-quatre heures peut-être, ils auront résolu la question de l'esclavage en Floride. Après demain, la flottille fédérale peut avoir forcé les bouches du Saint-John, et alors...

— Et si les milices, aidées des troupes confédérées, veulent résister?... fit observer M. Stannard.

— Si elles résistent, leur résistance ne pourra être de longue durée! répondit Edward Carrol. Sans vaisseaux, sans canonnières, comment pourraient-ils s'opposer au passage du commodore Dupont, au débarquement des troupes de Sherman, à l'occupation des ports de Fernandina, de Jacksonville ou de Saint-Augustine? Ces points occupés, les fédéraux seront maîtres de la Floride. Alors Texar et les siens n'auront d'autre ressource que de s'enfuir...

— Ah! puisse-t-on, au contraire, s'emparer de cet homme! s'écria James Burbank. Quand il sera entre les mains de la justice fédérale, nous verrons s'il arguera encore de quelque alibi pour échapper au châtiment que méritent ses crimes! »

La nuit se passa, sans que la sécurité de Castle-House eût été un seul instant troublée. Mais quelles devaient être les inquiétudes de Mme Burbank et de miss Alice!

Le lendemain, 1er mars, on se mit à l'affût de tous les bruits qui pourraient venir du dehors. Ce n'est pas que la plantation fût menacée ce jour-là. L'arrêté de Texar n'avait ordonné l'expulsion des affranchis que dans les quarante-huit heures. James Burbank, décidé à résister à cet ordre, avait le temps nécessaire pour organiser ses moyens de défense dans la mesure du possible. L'important était de recueillir les bruits venus du théâtre de la guerre. Ils pouvaient à chaque instant modifier l'état de choses. James Burbank et son beau-frère montèrent donc à cheval. Descendant la rive droite du Saint-John, ils se dirigèrent vers l'embouchure du fleuve, afin d'explorer, à une dizaine de milles, cet évasement de l'estuaire qui se termine par la pointe de San-Pablo, à l'endroit où s'élève le phare. Lorsqu'ils passeraient devant Jacksonville, située sur l'autre rive, il leur serait facile de reconnaître si un rassemblement d'embarcations n'indiquait pas quelque prochaine tentative de la populace contre Camdless-Bay. En une demi-heure, tous deux avaient dépassé la limite de la plantation, et ils continuèrent à se porter vers le nord.

Pendant ce temps, Mme Burbank et Alice, allant et venant dans le parc de Castle-House, échangeaient leurs pensées. M. Stannard essayait vainement de leur rendre un peu de calme. Elles avaient le pressentiment d'une prochaine catastrophe.

Cependant Zermah avait voulu parcourir les divers baraccons. Bien que la menace d'expulsion fût maintenant connue, les noirs ne songeaient point à en tenir compte. Ils avaient repris leurs travaux habituels. Comme leur ancien maître, décidés à la résistance, de quel droit puisqu'ils étaient libres, les chasserait-on de leur pays d'adoption? Sur ce point, Zermah fit à sa maîtresse le rapport le plus rassurant. On pouvait compter sur le personnel de Camdless-Bay.

« Oui, dit-elle, tous mes compagnons reviendraient à la condition d'esclaves, comme je l'ai fait moi-même, plutôt que d'abandonner la plantation et les maîtres de Castle-House! Et si l'on veut les y obliger, ils sauront défendre leurs droits! »

Il n'y avait plus qu'à attendre le retour de James Burbank et d'Edward Carrol. A cette date du 1er mars, il n'était pas impossible que la flottille fédérale fût arrivée en vue du phare de Pablo, prête à occuper l'embouchure du Saint-John. Les confédérés n'auraient pas trop de toutes les milices pour s'opposer à leur passage, et les autorités de Jacksonville, directement menacées, ne seraient plus à même de mettre à exécution leurs menaces contre les affranchis de Camdless-Bay.

Cependant le régisseur Perry faisait sa visite quotidienne aux divers chantiers et ateliers du domaine. Il put constater, lui aussi, les bonnes dispositions des noirs. Quoi qu'il n'en voulut pas convenir, il voyait que, s'ils avaient changé de condition, leur assiduité au travail, leur dévouement à la famille Burbank, étaient restés les mêmes. Quant à résister à tout ce que pourrait tenter contre eux la populace de Jacksonville, ils y étaient fermement résolus. Mais, suivant l'opinion de M. Perry, plus obstiné que jamais dans ses idées d'esclavagiste, ces beaux sentiments ne pouvaient durer. La nature finirait par reprendre ses droits. Après avoir goûté à l'indépendance, ces nouveaux affranchis reviendraient d'eux-mêmes à la servitude. Ils redescendraient au rang, qui leur était dévolu par la nature dans l'échelle des êtres, entre l'homme et l'animal.

Ce fut, sur ces entrefaites, qu'il rencontra le vaniteux Pygmalion. Cet imbécile avait encore accentué son attitude de la veille. A le voir se pavaner, les mains derrière le dos, la tête haute, on sentait maintenant, que c'était un homme libre. Ce qui est certain, c'est qu'il n'en travaillait pas davantage.

« Eh, bonjour, monsieur Perry? dit-il d'un ton superbe.

— Que fais-tu là, paresseux?

— Je me promène! N'ai-je pas le droit de ne rien faire, puisque je ne suis plus un vil esclave et que je porte mon acte d'affranchissement dans ma poche!

— Et qui est-ce qui te nourrira, désormais, Pyg?

— Moi, monsieur Perry.

— Et comment?

— En mangeant.

— Et qui te donnera à manger?

— Mon maître.

— Ton maître!... As-tu donc oublié que maintenant tu n'as pas de maître, nigaud?

— Non! Je n'en ai pas, je n'en aurai plus, et monsieur Burbank ne me renverra pas de la plantation, où, sans trop me vanter, je rends quelques services!

— Il te renverra, au contraire!

— Il me renverra?

— Sans doute. Quand tu lui appartenais, il pouvait te garder, même à rien faire. Mais, du moment que tu ne lui appartiens plus, si tu continues à ne pas vouloir travailler, il te mettra bel et bien à la porte, et nous verrons ce que tu feras de ta liberté, pauvre sot! »

Evidemment, Pyg n'avait point envisagé la question à ce point de vue.

« Comment, monsieur Perry, reprit-il, vous croyez que monsieur Burbank serait assez cruel pour...

— Ce n'est pas la cruauté, répliqua le régisseur, c'est la logique des choses qui conduit à cela. D'ailleurs, que monsieur James le veuille ou non, il y a un arrêté du comité de Jacksonville qui ordonne l'expulsion de tous les affranchis du territoire de la Floride.

— C'est donc vrai?

— Très vrai, et nous verrons comment tes compagnons et toi, vous vous tirerez d'affaire, maintenant que vous n'avez plus de maître.

— Je ne veux pas quitter Camdless-Bay! s'écria Pygmalion... Puisque je suis libre...

— Oui!... tu es libre de partir, mais tu n'es pas libre de rester! Je t'engage donc à faire tes paquets!

— Et que vais-je devenir?

— Cela te regarde!

— Enfin, puisque je suis libre... reprit Pygmalion, qui en revenait toujours là.

— Ça ne suffit point, paraît-il!

— Dites-moi alors ce qu'il faut faire, monsieur Perry!

— Ce qu'il faut faire? Tiens, écoute... et suis mon raisonnement, si tu en es capable.

— Je le suis.

— Tu es affranchi, n'est-ce pas?

— Oui, certes, monsieur Perry, et, je vous le répète, j'ai mon acte d'affranchissement dans ma poche.

— Eh bien, déchire-le!

Pas une voile n'apparaissait au large. (Page 122.)

— Jamais.

— Alors, puisque tu refuses, je ne vois plus qu'un moyen, si tu veux rester dans le pays.

— Lequel?

— C'est de changer de couleur, imbécile! Change, Pyg, change! Quand tu seras devenu blanc, tu auras le droit de demeurer à Camdless-Bay! Jusque-là, non! »

Perry et les sous-régisseurs organisèrent des rondes. (Page 125.)

Le régisseur, enchanté d'avoir donné cette petite leçon à la vanité de Pyg, lui tourna les talons.

Pyg resta d'abord tout pensif. Il le voyait bien, ne plus être esclave, cela ne suffisait pas pour conserver sa place. Il fallait encore être blanc. Et comment diable s'y prendre pour devenir blanc, quand la nature vous a fait d'un noir d'ébène!

Aussi, Pygmalion, en retournant aux communs de Castle-House, se grattait-il la peau à s'arracher l'épiderme.

Un peu avant midi, James Burbank et Edward Carrol étaient de retour à Castle-House. Ils n'avaient rien vu d'inquiétant du côté de Jacksonville. Les embarcations occupaient leur place habituelle, les unes amarrées aux quais du port, les autres mouillées au milieu du chenal. Cependant, il se faisait quelques mouvements de troupe de l'autre côté du fleuve. Plusieurs détachements de confédérés s'étaient montrés sur la rive gauche du Saint-John et se dirigeaient au nord vers le comté de Nassau. Rien encore ne semblait menacer Camdless-Bay.

Arrivés sur la limite de l'estuaire, James Burbank et son compagnon avaient porté leurs regards vers la haute mer. Pas une voile n'apparaissait au large, pas une fumée de bateau à vapeur ne s'élevait à l'horizon, qui indiquât la présence ou l'approche d'une escadre. Quant aux préparatifs de défense sur cette partie de la côte floridienne, ils étaient nuls. Ni batteries de terre, ni épaulements. Aucune disposition pour défendre l'estuaire. Si les navires fédéraux se présentaient, soit devant la crique Nassau, soit devant l'embouchure du Saint-John, ils pourraient y pénétrer sans obstacles. Seulement, le phare de Pablo se trouvait hors d'usage. Sa lanterne démontée ne permettait plus d'éclairer les passes. Toutefois, cela ne pouvait gêner l'entrée de la flottille que pendant la nuit.

Voilà ce que rapportèrent MM. Burbank et Carrol, quand ils furent de retour pour le déjeuner.

En somme, circonstance assez rassurante, il ne se faisait à Jacksonville aucun mouvement de nature à donner la crainte d'une aggression immédiate contre Camdless-Bay.

« Soit! répondit M. Stannard. Ce qui est inquiétant, c'est que les navires du commodore Dupont ne soient pas encore en vue! Il y a là un retard qui me paraît inexplicable!

— Oui! répondit Edward Carrol. Si cette flottille a pris la mer avant hier, en quittant la baie de Saint-Andrews, elle devrait maintenant être au large de Fernandina!

— Le temps a été très mauvais depuis quelques jours, répliqua James Burbank. Il est possible, avec ces vents d'ouest qui battent en côté, que

Dupont ait dû s'éloigner au large. Or, le vent a calmi ce matin, et je ne serais pas étonné que cette nuit même...

— Que le ciel t'entende, mon cher James, dit Mme Burbank, et qu'il nous vienne en aide!

— Monsieur James, fit observer Alice, puisque le phare de Pablo ne peut plus être allumé, comment la flottille pourrait-elle, cette nuit, pénétrer dans le Saint-John?

— Dans le Saint-John, ce serait impossible, en effet, ma chère Alice, répondit James Burbank. Mais, avant d'attaquer ces bouches du fleuve, il faut que les fédéraux s'emparent d'abord de l'île Amélia, puis du bourg de Fernandina, afin d'être maîtres du chemin de fer de Cedar-Keys. Je ne m'attends pas à voir les bâtiments du commodore Dupont remonter le Saint-John avant trois ou quatre jours.

— Tu as raison, James, répondit Edward Carrol, et j'espère que la prise de Fernandina suffira pour forcer les confédérés à battre en retraite. Peut-être même, les milices abandonneront-elles Jacksonville, sans attendre l'arrivée des canonnières. Dans ce cas, Camdless-Bay ne serait plus menacée par Texar et ses émeutiers...

— Cela est possible, mes amis! répondit James Burbank. Que les fédéraux mettent seulement le pied sur le territoire de la Floride, et il n'en faut pas davantage pour garantir notre sécurité! — Il n'y a rien de nouveau à la plantation?

— Rien, monsieur Burbank, répondit miss Alice. J'ai su par Zermah que les noirs avaient repris leurs occupations dans les chantiers, les usines et les forêts. Elle assure qu'ils sont toujours prêts à se dévouer jusqu'au dernier pour défendre Camdless-Bay.

— Espérons encore qu'il n'y aura pas lieu de mettre leur dévouement à cette épreuve! Ou je serai bien surpris, ou les coquins, qui se sont imposés aux honnêtes gens par la violence, s'enfuiront de Jacksonville, dès que les fédéraux seront signalés au large de la Floride. Cependant, tenons-nous sur nos gardes. Après déjeuner, Stannard, voulez-vous nous accompagner, Carrol et moi, pendant la visite que nous désirons faire sur la partie la plus exposée du domaine? Je ne voudrais pas, mon cher ami, qu'Alice et vous fussiez menacés de plus grands périls à Castle-House qu'à Jacksonville. En vérité, je ne me pardonnerais pas de vous avoir fait venir ici, au cas où les choses tourneraient mal!

— Mon cher James, répondit Stannard, si nous étions restés dans notre habitation de Jacksonville, il est vraisemblable que nous y serions maintenant en butte aux exactions des autorités, comme tous ceux dont les opinions sont anti-esclavagistes...

— En tout état de choses, monsieur Burbank, ajouta miss Alice, quand même les dangers devraient être plus grands ici, ne vaut-il pas mieux que nous les partagions?

— Oui, ma chère fille, répondit James Burbank. Allons! j'ai bon espoir, et je pense que Texar n'aura pas même le temps de mettre à exécution son arrêté contre notre personnel! »

Pendant l'après-midi jusqu'au dîner, James Burbank et ses deux amis visitèrent les différents baraccons. M. Perry les accompagnait. Ils purent constater que les dispositions des noirs étaient excellentes. James Burbank crut devoir appeler l'attention de son régisseur sur le zèle avec lequel les nouveaux affranchis s'étaient remis à leur besogne. Pas un seul ne manquait à l'appel.

« Oui!... oui!... répondit Perry. Il reste à savoir comment la besogne sera faite maintenant!

— Ah ça, Perry, ces braves noirs n'ont pas changé de bras en changeant de condition, je suppose?

— Pas encore, monsieur James, répondit l'entêté. Mais bientôt, vous vous apercevrez qu'ils n'ont plus les mêmes mains au bout des bras...

— Allons donc, Perry! répliqua gaiement James Burbank. Leurs mains auront toujours cinq doigts, j'imagine, et, véritablement, on ne peut leur en demander davantage! »

Dès que la visite fut achevée, James Burbank et ses compagnons rentrèrent à Castle-House. La soirée se passa plus tranquillement que la veille. En l'absence de toute nouvelle venue de Jacksonville, on s'était repris à espérer que Texar renonçait à mettre ses menaces à exécution, ou même que le temps lui manquerait pour les réaliser.

Cependant des précautions sévères furent prises pour la nuit. Perry et les sous-régisseurs organisèrent des rondes à la lisière du domaine, et plus spécialement sur les rives du Saint-John. Les noirs avaient été prévenus de se replier sur l'enceinte palissadée, en cas d'alerte, et un poste fut établi à la poterne extérieure.

Plusieurs fois, James Burbank et ses amis se relevèrent, afin de s'assurer que leurs ordres étaient ponctuellement exécutés. Lorsque le soleil reparut, aucun incident n'avait troublé le repos des hôtes de Camdless-Bay.

X

LA JOURNÉE DU 2 MARS

Le lendemain, 2 mars, James Burbank reçut des nouvelles par un de ses sous-régisseurs, qui avait pu traverser le fleuve et revenir de Jacksonville, sans avoir éveillé le moindre soupçon.

Ces nouvelles dont on ne pouvait suspecter la certitude, étaient très importantes. Qu'on en juge.

Le commodore Dupont, au jour levant, était venu jeter l'ancre dans la baie de Saint-Audrews, à l'est de la côte de Géorgie. Le *Wabash*, sur lequel était arboré son pavillon, marchait en tête d'une escadre composée de vingt-six bâtiments, soit dix-huit canonnières, un côtre, un transport armé en guerre, et six transports sur lesquels s'était embarquée la brigade du général Wright.

Ainsi que Gilbert l'avait dit dans sa dernière lettre, le général Sherman accompagnait cette expédition

Immédiatement, le commodore Dupont, dont le mauvais temps avait retardé l'arrivée, s'était hâté de prendre ses mesures pour occuper les passes de Saint-Mary. Ces passes, assez difficiles, sont ouvertes à l'embouchure du rio de ce nom, vers le nord de l'île Amélia, sur la frontière de la Géorgie et de la Floride.

Fernandina, la principale position de l'île, était protégée par le fort Clinch, dont les épais murs de pierre renfermaient une garnison de quinze cents hommes. Dans cette forteresse, où une assez longue défense eût été possible, les sudistes feraient-ils résistance aux troupes fédérales? On aurait pu le croire.

Il n'en fut rien. D'après ce que rapportait le sous-régisseur, le bruit courait, à Jacksonville, que les confédérés avaient évacué le fort Clinch, au moment où l'escadre se présentait devant la baie de Saint-Mary, et non seulement abandonné le fort Clinch, mais aussi Fernandina, l'île Cumberland, ainsi que toute cette partie de la côte floridienne.

Là s'arrêtaient les nouvelles apportées à Castle-House. Inutile d'insister sur leur importance au point de vue spécial de Camdless-Bay. Puisque les fédéraux avaient enfin débarqué en Floride, l'État tout entier ne pouvait tarder à tomber en leur pouvoir. Évidemment, quelques jours se passeraient avant que les canonnières eussent pu franchir la barre du Saint-John. Mais leur présence imposerait certainement aux autorités qui venaient d'être installées à Jacksonville, et il y avait lieu d'espérer que, par crainte de représailles, Texar et les siens n'oseraient rien entreprendre contre la plantation d'un nordiste aussi en vue que James Burbank.

Ce fut un véritable apaisement pour la famille, qui alla subitement de la crainte à l'espoir. Et pour Alice Stannard comme pour Mme Burbank, c'était, avec la certitude que Gilbert n'était plus éloigné, l'assurance qu'elles reverraient sous peu, l'une son fiancé, l'autre son fils, sans qu'il y eût à trembler pour sa sécurité.

En effet, le jeune lieutenant n'aurait eu que trente milles à faire, depuis Saint-Andrews, pour atteindre le petit port de Camdless-Bay. En ce moment, il était à bord de la canonnière *Ottawa*, et cette canonnière venait de se distinguer par un fait de guerre, dont les annales maritimes n'avaient point encore eu d'exemple.

Voici ce qui s'était passé pendant la matinée du 2 mars, — détails que le sous-régisseur n'avait pu apprendre pendant sa visite à Jacksonville, et qu'il importe de connaître pour l'intelligence des graves événements qui vont suivre.

Dès que le commodore Dupont eût connaissance de l'évacuation du fort Clinch par la garnison confédérée, il envoya quelques bâtiments d'un médiocre tirant d'eau à travers le chenal de Saint-Mary. Déjà la population blanche s'était retirée dans l'intérieur du pays, à la suite des troupes sudistes, abandonnant les bourgs, les villages, les plantations de la côte. Ce fut une véritable panique, provoquée par les idées de représailles que les sécessionistes attribuaient faussement aux chefs fédéraux. Et, non seulement en Floride, mais sur la frontière géorgienne, dans toute la partie de l'État comprise entre les baies d'Ossabaw et de Saint-Mary, les habitants battirent précipitamment en retraite, afin d'échapper aux troupes de débarquement de la brigade Wright. Dans ces conditions, les navires du commodore Dupont n'eurent pas un seul coup de canon à tirer pour prendre possession du fort Clinch et de Fernandina. Seule, la canonnière *Ottawa*, sur laquelle Gilbert, toujours accompagné de Mars, remplissait les fonctions de second, eut à faire usage de ses bouches à feu, comme on va le voir.

La ville de Fernandina est reliée à ce littoral ouest de la Floride, découpé sur le golfe du Mexique, par un tronçon de railway qui la rattache au port de Cedar-Keys. Ce railway suit d'abord la côte de l'île Amélia; puis, avant d'atteindre la terre ferme, il s'élance à travers la crique de Nassau sur un long pont de pilotis.

Au moment où l'*Ottawa* arrivait au milieu de cette crique, un train s'engageait sur ce pont. La garnison de Fernandina s'enfuyait, emportant tous ses approvisionnements avec elle. Elle était suivie de quelques personnages plus ou moins importants de la ville. Aussitôt, la canonnière, forçant de vapeur, se dirigea vers le pont et fit feu de ses pièces de chasse, aussi bien contre les pilotis que contre le train en marche. Gilbert, posté à l'avant, dirigeait le tir. Il y eut quelques coups heureux. Entre autres, un obus vint atteindre la dernière voiture du convoi, dont les essieux furent brisés ainsi que les barres d'attache. Mais le train, sans s'arrêter un instant, — ce qui eût rendu sa situation très dangereuse, — ne s'occupa pas de ce dernier wagon. Il le laissa en détresse, et, continuant sa marche à toute vapeur, il s'enfonça vers le sud-ouest de la péninsule. A ce moment arriva un détachement des fédéraux débarqués à Fernandina. Le détachement s'élança sur le pont. En un instant, le wagon fut capturé avec les fugitifs qui s'y trouvaient, principalement des civils. On conduisit ces prisonniers à l'officier supérieur, le colonel Gardner, qui commandait à Fernandina, on prit leurs noms, on les garda vingt-quatre heures pour l'exemple sur un des bâtiments de l'escadre, puis on les relâcha.

Lorsque le train eût disparu, l'*Ottawa* dut se contenter d'attaquer un bâtiment, chargé de matériel, qui s'était réfugié dans la baie, et dont elle s'empara.

Ces événements étaient de nature à jeter le découragement parmi les troupes confédérées et les habitants des villes floridiennes. Ce fut ce qui se produisit plus particulièrement à Jacksonville. L'estuaire du Saint-John ne tarderait pas à être forcé comme l'avait été celui de Saint-Mary; cela ne pouvait faire doute, et, très vraisemblablement, les unionistes ne trouveraient pas plus de résistance à Jacksonville qu'à Saint-Augustine et dans tous les bourgs du comté.

Cela était bien fait pour rassurer la famille de James Burbank. Dans ces conditions, on devait le croire, Texar n'oserait pas donner suite à ses projets. Ses partisans et lui seraient renversés, et sous peu, par la seule force des choses, les honnêtes gens reprendraient le pouvoir qu'une émeute de la populace leur avait arraché.

Il y avait évidemment toute raison de penser ainsi, et par conséquent toute raison d'espérer. Aussi, dès que le personnel de Camdless-Bay eut appris ces importantes nouvelles, bientôt connues à Jacksonville, sa joie se manifesta-t-elle par des hurrahs bruyants, dont Pygmalion prit sa bonne

Les assaillants occupaient la partie nord du domaine. (Page 138.)

part. Néanmoins, il ne fallait pas se départir des précautions qui devaient assurer, pendant quelque temps encore, la sécurité du domaine, c'est-à-dire, jusqu'au moment où les canonnières apparaîtraient sur les eaux de fleuve.

Non! il ne le fallait pas! Malheureusement — c'est ce que ne pouvait deviner ni même supposer James Burbank — toute une semaine allait s'écouler avant que les fédéraux fussent en mesure de remonter le Saint-John pour devenir maîtres de son cours. Et, jusque là que de périls devaient menacer Camdless-Bay!

En effet, le commodore Dupont, bien qu'il occupât Fernandina, était obligé d'agir avec une certaine circonspection. Il entrait dans son plan de montrer le pavillon fédéral sur tous les points où ses bâtiments pourraient se transporter. Il fit donc plusieurs parts de son escadre. Une canonnière fut expédiée dans la rivière de Saint-Mary, pour occuper la petite ville de ce nom et s'avancer jusqu'à vingt lieues dans les terres. Au nord, trois autres canonnières, commandées par le capitaine Godon, allaient explorer les baies, s'emparer des îles Jykill et Saint-Simon, prendre possession des deux petites villes de Brunswik et de Darien, en partie abandonnées par leurs habitants. Six bateaux à vapeur, de léger tirant d'eau, étaient destinés, sous les ordres du commandant Stevens, à remonter le Saint-John afin de réduire Jacksonville. Quant au reste de l'escadre, conduit par Dupont, il se disposait à reprendre la mer dans le but d'enlever Saint-Augustine et de bloquer le littoral jusqu'à Mosquito-Inlet, dont les passes seraient alors fermées à la contrebande de guerre.

Mais cet ensemble d'opérations ne pouvait s'accomplir dans les vingt-quatre heures, et vingt-quatre heures suffisaient pour que le territoire fût livré aux dévastations des sudistes.

Ce fut vers trois heures après-midi, que James Burbank eût les premiers soupçons de ce qui se préparait contre lui. Le régisseur Perry, après une tournée de reconnaissance qu'il avait faite sur la limite de la plantation, rentra rapidement à Castle-House, et dit :

« Monsieur James, on signale quelques rôdeurs suspects, qui commencent à se rapprocher de Camdless-Bay.

— Par le nord, Perry ?

— Par le nord. »

Presque au même instant, Zermah, revenant du petit port, apprenait à son maître que plusieurs embarcations traversaient le fleuve en se rapprochant de la rive droite.

« Elles viennent de Jacksonville ?

— Assurément.

— Rentrons à Castle-House, répondit James Burbank, et n'en sors plus sous aucun prétexte, Zermah !

— Non, maître ! »

James Burbank, de retour au milieu des siens, ne put leur cacher que la situation recommençait à devenir inquiétante. En prévision d'une attaque, maintenant presque certaine, mieux valait d'ailleurs que tous fussent prévenus d'avance.

« Ainsi, dit M. Stannard, ces misérables, à la veille d'être écrasés par les fédéraux, oseraient...

— Oui, répondit froidement James Burbank. Texar ne peut perdre une pareille occasion de se venger de nous, quitte à disparaître quand sa vengeance sera satisfaite ! »

Puis, s'animant :

« Mais les crimes de cet homme resteront donc sans cesse impunis !... Il se dérobera donc toujours !... En vérité, après avoir douté de la justice humaine c'est à douter de la justice du ciel....

— James, dit Mme Burbank, au moment où nous ne pouvons plus compter peut-être que sur l'aide de Dieu, ne l'accuse pas...

— Et mettons-nous sous sa garde ! » ajouta Alice Stannard.

James Burbank, reprenant son sang-froid, s'occupa de donner des ordres pour la défense de Castle-House.

« Les noirs sont avertis ? demanda Edward Carrol.

— Ils vont l'être, répondit James Burbank. Mon avis est qu'il faut nous borner à défendre l'enceinte qui protège le parc réservé et l'habitation. Nous ne pouvons songer à arrêter sur la frontière de Camdless-Bay toute une troupe en armes, car il est supposable que les assaillants viendront en grand nombre. Il convient donc de rappeler nos défenseurs autour des palanques. Si, par malheur, la palissade est forcée, Castle-House, qui a déjà résisté aux bandes des Séminoles, pourra peut-être tenir contre les bandits de Texar. Que ma femme, Alice et Dy, que Zermah, à laquelle je les confie toutes trois, ne quittent pas Castle-House sans mon ordre. Au cas où nous nous y sentirions trop menacés, tout est préparé pour qu'elles puissent se sauver par le tunnel qui communique avec la petite anse Marino sur le Saint-John. Là, une embarcation sera cachée dans les herbes avec deux de nos hommes, et, dans ce cas, Zermah, tu remonterais le fleuve pour chercher un abri au pavillon du Roc-des-Cèdres.

— Mais, toi, James?...

— Et vous, mon père? »

Mᵐᵉ Burbank et miss Alice avaient saisi par le bras, l'une, James Burbank, l'autre, M. Stannard, comme si le moment fût venu de s'enfuir hors de Castle-House.

« Nous ferons tout au monde pour vous rejoindre quand la position ne sera plus tenable, répondit James Burbank. Mais il me faut cette promesse que, si le danger devient trop grand, vous irez vous mettre en sûreté dans cette retraite du Roc-des-Cèdres. Nous n'en aurons que plus de courage, plus d'audace aussi, pour repousser ces malfaiteurs et résister jusqu'à notre dernier coup de feu. »

C'est évidemment ce qu'il conviendrait de faire, si les assaillants trop nombreux, parvenus à forcer l'enceinte, envahissaient le parc, afin d'attaquer directement Castle-House.

James Burbank s'occupa aussitôt de concentrer son personnel. Perry et les sous-régisseurs coururent dans les divers baraccons, afin de rallier leurs gens. Moins d'une heure après, les noirs en état de se battre étaient rangés aux abords de la poterne devant les palanques. Leurs femmes et leurs enfants avaient dû préalablement chercher un refuge dans les bois qui environnent Camdless-Bay.

Malheureusement, les moyens d'organiser une défensive sérieuse étaient assez restreints à Castle-House. Dans les circonstances actuelles, c'est-à-dire, depuis le début de la guerre, il avait été presque impossible de se procurer des armes et des munitions en quantité suffisante pour la défense de la plantation. On eût vainement voulu en acheter à Jacksonville. Il fallait se contenter de ce qui était resté dans l'habitation, à la suite des dernières luttes soutenues contre les Séminoles.

En somme, le plan de James Burbank consistait principalement à préserver Castle-House de l'incendie et de l'envahissement. Protéger le domaine en entier, sauver les chantiers, les ateliers, les usines, défendre les baraccons, empêcher que la plantation fût dévastée, il ne l'aurait pu, il n'y songeait pas. A peine avait-il quatre cents noirs en état de s'opposer aux assaillants, et encore ces braves gens allaient-ils être insuffisamment armés. Quelques douzaines de fusils furent distribués aux plus adroits, après que les armes de précision eurent été mises en réserve pour James Burbank, ses amis, Perry et les sous-régisseurs. Tous s'étaient rendus à la poterne. Là, ils avaient disposé leurs hommes de manière à s'opposer le plus longtemps possible à l'assaut, qui menaçait l'enceinte palissadée, défendue d'ailleurs par le rio circulaire, dont les eaux baignaient sa base.

Il va sans dire qu'au milieu de ce tumulte, Pygmalion, très affairé, très remuant, allait, venait, sans rendre aucun service. On eût dit un de ces comiques des cirques forains, qui ont l'air de tout faire et ne font rien, pour le plus grand amusement du public. Pyg, se considérant comme appartenant aux défenseurs spéciaux de l'habitation, ne songeait point à se mêler à ses camarades postés au dehors. Jamais il ne s'était senti si dévoué à James Burbank !

Tout étant prêt, on attendit. La question était de savoir par quel côté se ferait l'attaque. Si les assaillants se présentaient sur la limite septentrionale de la plantation, la défense pourrait s'organiser plus efficacement. Si, au contraire, ils attaquaient par le fleuve, ce serait moins aisé, Camdless-Bay étant ouverte de ce côté. Un débarquement, il est vrai, est toujours une opération difficile. En tout cas, il faudrait un assez grand nombre d'embarcations pour transporter rapidement une troupe armée d'une rive à l'autre du Saint-John.

Voilà ce que discutaient James Burbank, MM. Carrol et Stannard, en guettant le retour des éclaireurs, qui avaient été envoyés à la limite de la plantation.

On ne devait point tarder à être fixés sur la manière dont l'attaque serait faite et conduite.

Vers quatre heures et demie du soir, les éclaireurs se replièrent en hâte, après avoir abandonné la lisière septentrionale du domaine, et ils firent leur rapport.

Une colonne d'hommes armés, venant de cette direction, se dirigeait vers Camdless-Bay. Était-ce un détachement des milices du comté, ou seulement une partie de la populace, alléchée par le pillage, et qui s'était chargée de faire exécuter l'arrêté de Texar contre les nouveaux affranchis? On n'eût pu le dire alors. En tout cas, cette colonne devait compter plus d'un millier d'hommes, et il serait impossible de lui tenir tête avec le personnel de la plantation. On pouvait espérer, toutefois, que, s'ils emportaient d'assaut l'enceinte palissadée, Castle-House leur opposerait une résistance plus sérieuse et plus longue.

Mais ce qui était évident, c'est que cette colonne n'avait pas voulu tenter un débarquement qui pouvait offrir d'assez grandes difficultés dans le petit port ou sur les rives de Camdless-Bay, et qu'elle avait passé le fleuve en aval de Jacksonville au moyen d'une cinquantaine d'embarcations. Trois ou quatre traversées de chacune avaient suffi pour effectuer ce transport.

C'était donc une sage précaution qu'avait prise James Burbank de faire replier tout le personnel sur l'enceinte du parc de Castle-House, puisqu'il eût été impossible de disputer la lisière du domaine à une troupe suffisamment armée et d'un effectif quintuple du sien.

Et, maintenant, qui dirigeait les assaillants? Était-ce Texar en personne? Chose douteuse. Au moment où il se voyait menacé par l'approche des fédéraux, l'Espagnol pouvait avoir jugé téméraire de se mettre à la tête de sa bande. Cependant, s'il l'avait fait, c'est que, son œuvre de vengeance accomplie, la plantation dévastée, la famille Burbank massacrée ou tombée vivante entre ses mains, il était décidé à s'enfuir vers les territoires du Sud,

La poterne allait être fermée... (Page 139.)

peut-être même jusque dans les Everglades, ces contrées reculées de la Floride méridionale, où il serait bien difficile de l'atteindre.

Cette éventualité, la plus grave de toutes, devait surtout préoccuper James Burbank. C'est pour cette raison qu'il avait résolu de mettre en sûreté sa femme, sa fille, Alice Stannard, confiées au dévouement de Zermah, dans cette retraite du Roc-des-Cèdres, située à un mille au-dessus de Camdless-Bay. S'ils devaient abandonner Castle-House aux assaillants, ce serait là que

Les noirs repoussaient les assaillants. (Page 142.)

ses amis et lui essaieraient de rejoindre leur famille pour attendre que la sécurité fût assurée aux honnêtes gens de la Floride, sous la protection de l'armée fédérale.

Aussi, une embarcation, cachée au milieu des roseaux du Saint-John et confiée à la garde de deux noirs, attendait-elle à l'extrémité du tunnel qui mettait l'habitation en communication avec la crique Marino. Mais, avant d'en arriver à cette séparation, si elle devenait nécessaire, il fallait se défendre, il fallait résister pendant quelques heures — au moins jusqu'à la nuit. Grâce à l'obscurité, l'embarcation pourrait alors remonter secrètement le fleuve, sans courir le risque d'être poursuivie par les canots suspects que l'on voyait errer à sa surface.

XI

LA SOIRÉE DU 2 MARS

James Burbank, ses compagnons, le plus grand nombre des noirs étaient prêts pour le combat. Ils n'avaient plus qu'à attendre l'attaque. Les dispositions étaient prises, pour résister d'abord derrière les palanques de l'enceinte, qui défendaient le parc particulier, ensuite à l'abri des murailles de Castle-House, dans le cas où, le parc étant envahi, il faudrait y chercher refuge.

Vers cinq heures, des clameurs, assez distinctes déjà, indiquaient que les assaillants n'étaient plus éloignés. A défaut de leurs cris, il n'eût été que trop facile de reconnaître qu'ils occupaient maintenant toute la partie nord du domaine. En maint endroit, d'épaisses fumées tourbillonnaient au-dessus des forêts qui fermaient l'horizon de ce côté. Les scieries avaient été livrées aux flammes, les baraccons des noirs, dévorés par l'incendie, après avoir été pillés. Ces pauvres gens n'avaient pas eu le temps de mettre en sûreté les quelques objets abandonnés dans leurs cases, dont l'acte d'affranchissement leur assurait la propriété depuis la veille. Aussi, quels cris de désespoir répondirent aux hurlements de la bande, et quels cris de colère! C'était leur bien que ces malfaiteurs venaient de détruire, après avoir envahi Camdless-Bay.

Cependant les clameurs se rapprochaient peu à peu de Castle-House. De sinistres lueurs, éclairaient l'horizon du nord, comme si le soleil se fût couché dans cette direction. Parfois, de chaudes fumées se rabattaient jusqu'au château. Il se faisait des détonations violentes, produites par les bois secs entassés sur les chantiers de la plantation. Bientôt une explosion plus intense indiqua qu'une chaudière des scieries venait de sauter. La dévastation s'annonçait dans toute son horreur.

En ce moment, James Burbank, MM. Carrol et Stannard se trouvaient devant la poterne de l'enceinte. Là, ils recevaient et disposaient les derniers détachements de noirs, qui venaient de se replier peu à peu. On devait s'attendre à voir les assaillants apparaître d'un instant à l'autre. Sans doute, une fusillade plus nourrie indiquerait le moment où ils ne seraient qu'à une faible distance de la palissade. Ils pourraient l'assaillir d'autant plus facilement, que les premiers arbres se groupaient à cinquante yards au plus des palanques, qu'il était donc possible de s'en approcher presque à couvert, et que les balles arriveraient avant que les fusils n'eussent été aperçus.

Après avoir tenu conseil, James Burbank et ses amis jugèrent à propos de mettre leur personnel à l'abri de la palissade. Là, ceux des noirs qui étaient armés, seraient moins exposés en faisant feu par l'angle que les bouts pointus des palanques formaient à leur partie supérieure. Puis, lorsque les assaillants essayeraient de franchir le rio afin d'emporter l'enceinte de vive force, on parviendrait peut-être à les repousser.

L'ordre fut exécuté. Les noirs rentrèrent en dedans, et la poterne allait être fermée, lorsque James Burbank, jetant un dernier coup d'œil au dehors, aperçut un homme qui courait à toutes jambes, comme s'il eut voulu se réfugier au milieu des défenseurs de Castle-House.

Cet homme le voulait, et quelques coups de feu, tirés du bois voisin, lui furent envoyés, sans l'atteindre. D'un bond il se précipita, vers le ponceau, et se trouva bientôt en sûreté dans l'enceinte, dont la porte aussitôt refermée, fut assujettie solidement.

« Qui êtes-vous? lui demanda James Burbank.

— Un des employés de M. Harvey, votre correspondant à Jacksonville, répondit-il.

— C'est monsieur Harvey qui vous a dépêché à Castle-House pour une communication?

— Oui, et comme le fleuve était surveillé, je n'ai pu venir directement par le Saint-John.

— Et vous avez pu vous joindre à cette milice, à ces assaillants, sans éveiller leurs soupçons?

— Oui. Ils sont suivis de toute une troupe de pillards. Je me suis mêlé à eux, et, dès que j'ai été à portée de m'enfuir, je l'ai fait, au risque de quelques coups de fusils.

— Bien, mon ami! Merci! — Vous avez, sans doute, un mot d'Harvey pour moi?

— Oui, monsieur Burbank. Le voici! »

James Burbank prit le billet et le lut. M. Harvey lui disait qu'il pouvait avoir toute confiance dans son messager, John Bruce, dont le dévouement lui était assuré. Après l'avoir entendu, M. Burbank verrait ce qu'il aurait à faire pour la sécurité de ses compagnons.

En ce moment, une douzaine de coups de feu éclatèrent au dehors. Il n'y avait pas un instant à perdre.

« Que me fait savoir monsieur Harvey par votre entremise? demanda James Burbank.

— Ceci, d'abord, répondit John Bruce. C'est que la troupe armée, qui a passé le fleuve pour se porter sur Camdless-Bay, compte de quatorze à quinze cents hommes.

— Je ne l'avais pas évaluée à moins. Après? Est-ce Texar qui s'est mis à sa tête?

— Il a été impossible à M. Harvey de le savoir, reprit John Bruce. Ce qui est certain, c'est que Texar n'est plus à Jacksonville depuis vingt-quatre heures!

— Cela doit cacher quelque nouvelle machination de ce misérable, dit James Burbank.

— Oui, répondit John Bruce, c'est l'avis de monsieur Harvey. D'ailleurs, Texar n'a pas besoin d'être là pour faire exécuter l'ordre relatif à la dispersion des esclaves affranchis...

— Les disperser... s'écria James Burbank, les disperser en s'aidant de l'incendie et du pillage!...

— Aussi, monsieur Harvey pense-t-il, puisqu'il en est temps encore, que vous feriez bien de mettre votre famille en sûreté en lui faisant quitter immédiatement Castle-House?

— Castle-House est en état de résister, répondit James Burbank, et nous ne le quitterons que si la situation devient intenable. — Il n'y a rien de nouveau à Jacksonville?

— Rien, monsieur Burbank.

— Et les troupes fédérales n'ont encore fait aucun mouvement vers la Floride?

— Aucun depuis qu'elles ont occupé Fernandina et la baie de Saint-Mary.

— Ainsi, le but de votre mission?...

— C'était d'abord de vous apprendre que la dispersion des esclaves n'est qu'un prétexte, imaginé par Texar, pour dévaster la plantation et s'emparer de votre personne!

— Vous ne savez pas, répondit James Burbank en insistant, si Texar est à la tête de ces malfaiteurs?

— Non, monsieur Burbank. M. Harvey a vainement cherché à le savoir. Moi-même, depuis que nous avons quitté Jacksonville, je n'ai pu me renseigner à cet égard.

— Est-ce que les hommes de la milice, qui se sont joints à cette bande d'assaillants, sont nombreux?

— Une centaine au plus, répondit John Bruce. Mais cette populace qu'ils entraînent à leur suite est composée des pires malfaiteurs. Texar les fait armer, et il est à craindre qu'ils ne se livrent à tous les excès. Je vous le répète, monsieur Burbank, l'opinion de M. Harvey est que vous feriez bien d'abandonner immédiatement Castle-House. Aussi, m'a-t-il chargé de vous dire qu'il mettait son cottage de Hampton-Red à votre disposition. Ce cottage est situé à une dizaine de milles en amont, sur la rive droite du fleuve. Là, on peut être en sûreté pendant quelques jours....

— Oui... Je sais !...

— Je pourrais secrètement y conduire votre famille et vous-même, à la condition de quitter Castle-House à l'instant même, avant que toute retraite fut devenue impossible...

— Je remercie monsieur Harvey, et vous aussi, mon ami, dit James Burbank. Nous n'en sommes pas encore là.

— Comme vous voudrez, monsieur Burbank, répondit John Bruce. Je n'en reste pas moins à votre disposition pour le cas où vous auriez besoin de mes services. »

L'attaque qui commençait en ce moment nécessita toute l'attention de James Burbank.

Une violente fusillade venait d'éclater soudain, sans que l'on put encore apercevoir les assaillants, qui se tenaient à l'abri des premiers arbres. Les balles pleuvaient sur la palissade, sans lui causer grand dommage, il est vrai. Malheureusement, James Burbank et ses compagnons ne pouvaient que faiblement riposter, ayant à peine une quarantaine de fusils à leur disposition. Cependant, placés dans de meilleures conditions pour tirer, leurs coups étaient plus assurés que ceux des miliciens, mis en tête de la colonne. Aussi, un certain nombre d'entre eux furent-ils atteints sur la lisière des bois.

Ce combat à distance dura une demi-heure environ, plutôt à l'avantage du personnel de Camdless-Bay. Puis, les assaillants se ruèrent sur l'enceinte pour l'emporter d'assaut. Comme ils voulaient l'attaquer sur plusieurs points à la fois, ils s'étaient munis de planches et de madriers qu'ils avaient pris dans les chantiers de la plantation, maintenant livrés aux flammes. En vingt endroits, ces madriers, jetés en travers du rio, permirent aux gens de l'Espagnol d'atteindre le pied des palanques, non sans avoir éprouvé de sérieuses pertes en morts et en blessés. Et alors, ils s'accrochèrent aux pieux, ils se hissèrent les uns sur les autres, mais ils ne réussirent point à passer. Les noirs, exaspérés contre ces incendiaires, les repoussaient avec un grand courage. Toutefois, il était manifeste que les défenseurs de Camdless-Bay ne pouvaient se porter sur tous les points menacés par un trop grand nombre d'ennemis.

Jusqu'à la nuit tombante, néanmoins, ils purent leur tenir tête, tout en n'ayant encore reçu que des blessures peu graves. James Burbank et Walter Stannard, bien qu'ils ne se fussent point épargnés, n'avaient pas même été touchés. Seul, Edward Carrol, frappé d'une balle qui lui déchira l'épaule, dut rentrer dans le hall de l'habitation, où Mme Burbank, Alice et Zermah lui donnèrent tous leurs soins.

Cependant, la nuit allait venir en aide aux assaillants. A la faveur des ténèbres, une cinquantaine des plus déterminés s'approchèrent de la poterne et ils l'attaquèrent à coups de hache. Elle résista. Sans doute, ils n'auraient pu l'enfoncer pour pénétrer dans l'enceinte, si une brèche ne leur eût été ouverte par un coup d'audace.

En effet, une partie des communs prit feu tout à coup, et les flammes, dévorant ce bois très sec, rongèrent la partie des palanques contre laquelle ils étaient appuyés.

James Burbank se précipita vers la partie incendiée de l'enceinte, sinon pour l'éteindre, du moins pour la défendre...

Alors, à la lueur des flammes, on put voir un homme bondir à travers la fumée, se précipiter au dehors, franchir le rio sur les madriers entassés à sa surface.

C'était un des assaillants qui avait pu pénétrer dans le parc, du côté du Saint-John, en se glissant à travers les roseaux de la rive. Puis, sans avoir été vu, il s'était introduit dans une des écuries. Là, au risque de périr dans les flammes, il avait mis le feu à quelques bottes de paille pour détruire cette portion des palanques.

Une brèche était donc ouverte. En vain, James Burbank et ses compagnons essayèrent-ils de barrer le passage. Une masse d'assaillants se précipita au travers, et le parc fut aussitôt envahi par quelques centaines d'hommes.

Beaucoup tombèrent de part et d'autre, car on se battait corps à corps. Les coups de feu éclataient en toutes directions. Bientôt Castle-House fut entièrement cerné, tandis que les noirs, accablés par le nombre, rejetés hors du parc, étaient forcés de prendre la fuite au milieu des bois de Camdless-

« Partez! » s'écria James Burbank. (Page 146.)

Bay. Ils avaient lutté tant qu'ils avaient pu, avec dévouement, avec courage ; mais, à résister plus longtemps dans ces conditions inégales, ils eussent été massacrés jusqu'au dernier.

James Burbank, Walter Stannard, Perry, les sous-régisseurs, John Bruce qui, lui aussi, s'était bravement battu, quelques noirs enfin, avaient dû chercher refuge derrière les murailles de Castle House.

Il était alors près de huit heures du soir. La nuit était sombre à l'ouest.

La porte fut alors attaquée plus violemment. (Page 147.)

Vers le nord, le ciel s'éclairait encore du reflet des incendies, allumés à la surface du domaine.

James Burbank et Walter Stannard rentrèrent précipitamment.

« Il vous faut fuir, dit James Burbank, fuir à l'instant! Soit que ces bandits pénètrent ici de vive force, soit qu'ils attendent au pied de Castle-House jusqu'à l'instant où nous serons obligés de nous rendre, il y a péril à rester! L'embarcation est prête! Il est temps de partir! Ma femme, Alice, je vous en supplie, suivez Zermah avec Dy au Roc-des-Cèdres! Là, vous serez en sûreté, et, si nous sommes forcés de fuir à notre tour, nous vous retrouverons, nous vous rejoindrons...

— Mon père, dit miss Alice, venez avec nous... et vous aussi, monsieur Burbank!...

— Oui!... James, oui!... viens!... s'écria Mme Burbank.

— Moi! répondit James Burbank. Abandonner Castle-House à ces misérables. Jamais, tant que la résistance sera possible!... Nous pouvons tenir contre eux longtemps encore!... Et, lorsque nous vous saurons en sûreté, nous n'en serons que plus forts pour nous défendre!

— James!...

— Il le faut! »

Des hurlements plus terribles retentirent. La porte retentissait des coups que lui assénaient les assaillants, en attaquant la façade principale de Castle-House, du côté du fleuve.

« Partez! s'écria James Burbank. La nuit est déjà obscure!... On ne vous verra pas dans l'ombre!... Partez!... Vous nous paralysez en restant ici!... Pour Dieu, partez! »

Zermah avait pris les devants, tenant la petite Dy par la main. Mme Burbank dut s'arracher aux bras de son mari, Alice à ceux de son père. Toutes deux disparurent par l'escalier qui s'engageait dans le sous-sol pour descendre au tunnel de la crique Marino.

« Et maintenant, mes amis, dit James Burbank, en s'adressant à Perry, aux sous-régisseurs, aux quelques noirs qui ne l'avaient pas quitté, défendons-nous jusqu'à la mort! »

Tous, à sa suite, gravirent le grand escalier du hall et allèrent se poster aux fenêtres du premier étage. De là, aux centaines de coups de feu qui criblaient de balles la façade de Castle-House, ils répondirent par des coups de fusil plus rares, mais plus sûrs, puisqu'ils portaient dans la masse des assaillants. Il faudrait donc que ceux-ci en arrivassent à forcer la porte principale, soit par la hache soit par le feu. Cette fois, personne ne leur ouvrirait une brèche pour les introduire dans l'habitation. Ce qui avait été tenté au dehors contre une palissade de bois ne pouvait plus l'être au dedans contre des murs de pierre.

Cependant, en se défilant du mieux possible, au milieu de l'obscurité déjà profonde, une vingtaine d'hommes résolus s'approchèrent du perron. La porte fut alors attaquée plus violemment. Il fallait qu'elle fût solide pour résister aux coups de haches et de pics. Cette tentative coûta la vie à plusieurs des assaillants, car la disposition des meurtrières permettait de croiser les feux sur ce point.

En même temps, une circonstance vint aggraver la situation. Les munitions menaçaient de manquer. James Burbank, ses amis, ses régisseurs, les noirs qui avaient été armés de fusils, en avaient consommé la plus grande part, depuis trois heures que durait cet assaut. S'il fallait résister pendant quelque temps encore, comment le pourrait-on, puisque les dernières cartouches allaient être brûlées? Faudrait-il abandonner Castle-House à ces forcenés, qui n'en laisseraient que des ruines?

Et pourtant, il n'y aurait que ce parti à prendre, si les assaillants parvenaient à forcer la porte, qui s'ébranlait déjà. James Burbank le sentait bien, mais il voulait attendre. Une diversion ne pouvait-elle à chaque instant se produire? Maintenant, il n'y avait plus à craindre ni pour Mme Burbank, ni pour sa fille, ni pour Alice Stannard. Et des hommes se devaient à eux-mêmes de lutter jusqu'au bout contre ce ramas de meurtriers, d'incendiaires et de pillards.

« Nous avons encore des munitions pour une heure! s'écria James Burbank. Épuisons-les, mes amis, et ne livrons pas notre Castle-House! »

James Burbank n'avait pas achevé sa phrase, qu'une sourde détonation retentit au loin.

« Un coup de canon! » s'écria-t-il.

Une autre détonation se fit entendre encore dans la direction de l'ouest, de l'autre côté du fleuve.

« Un second coup! dit M. Stannard.

— Écoutons! » répondit James Burbank.

Troisième détonation qu'une poussée du vent apporta plus distinctement jusqu'à Castle-House.

« Est-ce un signal pour rappeler les assaillants sur la rive droite? dit Walter Stannard.

— Peut-être! répondit John Bruce. Il est possible qu'il y ait une alerte là-bas.

— Oui, et, si ces trois coups de canon n'ont pas été tirés de Jacksonville... dit le régisseur...

— C'est qu'ils ont été tirés des navires fédéraux! s'écria James Burbank. La flottille aurait-elle enfin forcé l'entrée du Saint-John et remonté le fleuve? »

En somme, il n'était pas impossible à ce que le commodore Dupont fût devenu maître du fleuve, au moins dans la partie inférieure de son cours.

Il n'en était rien. Ces trois coups de canons avaient été tirés de la batterie de Jacksonville. Cela ne fut bientôt que trop évident, car ils ne se renouvelèrent pas. Il n'y avait donc aucun engagement entre les navires nordistes et les troupes confédérées, soit sur le Saint-John, soit sur les plaines du comté de Duval.

Et, il n'y eut plus à douter que ce fut un signal de rappel, adressé aux chefs du détachement de la milice, lorsque Perry, qui s'était porté à l'une des meurtrières latérales, s'écria :

« Ils se retirent !... Ils se retirent ! »

James Burbank et ses compagnons se dirigèrent aussitôt vers la fenêtre du centre, qui fut entr'ouverte.

Les coups de hache ne retentissaient plus sur la porte. Les coups de feu avaient cessé. On n'entrevoyait plus un seul des assaillants. Si leurs cris, leurs derniers hurlements, passaient encore dans l'air, ils s'éloignaient manifestement.

Ainsi donc, un incident quelconque avait obligé les autorités de Jacksonville à rappeler toute cette troupe sur l'autre rive du Saint-John. Sans doute, il avait été convenu que trois coups de canon seraient tirés pour le cas où quelque mouvement de l'escadre menacerait les positions des confédérés. Aussi les assaillants avaient-ils brusquement suspendu leur dernier assaut. Maintenant, à travers les champs dévastés du domaine, ils suivaient cette route encore éclairée des lueurs de l'incendie, et, une heure plus tard, ils repassaient le fleuve à l'endroit où les attendaient leurs embarcations, deux milles au-dessous de Camdless-Bay.

Bientôt les cris se furent éteints dans l'éloignement. Aux bruyantes détonations succéda un silence absolu. C'était comme un silence de mort sur la plantation.

Il était alors neuf heures et demie du soir. James Burbank et ses compagnons redescendirent au rez-de-chaussée dans le hall. Là se trouvait Edward Carrol, étendu sur un divan, légèrement blessé, plutôt affaibli par la perte de son sang.

On lui apprit ce qui s'était passé à la suite du signal envoyé de Jacksonville. Castle-House, en ce moment, du moins, n'avait plus rien à craindre de la bande de Texar.

« Oui, sans doute, dit James Burbank, mais force est restée à la violence, à l'arbitraire ! Ce misérable a voulu disperser mes noirs affranchis, et ils sont dispersés ! Il a voulu dévaster la plantation par vengeance, et il n'y reste plus que des ruines !

— James, dit Walter Stannard, il pouvait nous arriver de plus grands malheurs encore. Aucun de nous n'a succombé en défendant Castle-House. Votre femme, votre fille, la mienne, auraient pu tomber entre les mains de ces malfaiteurs, et elles sont en sûreté.

— Vous avez raison, Stannard, et Dieu en soit loué ! Ce qui a été fait par ordre de Texar ne restera pas impuni, et, je saurai faire justice du sang versé !...

— Peut-être, dit alors Edward Carrol, est-il regrettable que madame Burbank, Alice, Dy et Zermah aient quitté Castle-House! Je sais bien que nous étions très menacés alors !... Cependant, j'aimerais mieux à présent les savoir ici !...

— Avant le jour, j'irai les rejoindre, répondit James Burbank. Elles doivent être dans une inquiétude mortelle, et il faut les rassurer. Je verrai alors s'il y a lieu de les ramener à Camdless-Bay ou de les laisser pendant quelques jours au Roc-des-Cèdres!

— Oui, répondit M. Stannard, il ne faut rien précipiter. Tout n'est peut-être pas fini... et, tant que Jacksonville sera sous la domination de Texar, nous aurons lieu de craindre...

— C'est pourquoi j'agirai prudemment, répondit James Burbank. — Perry, vous veillerez à ce qu'une embarcation soit prête un peu avant le jour. Il me suffira d'un homme pour remonter.... »

Un cri douloureux, un appel désespéré, interrompit soudain James Burbank.

Ce cri venait de la partie du parc dont les pelouses s'étendaient devant l'habitation. Il fut bientôt suivi de ces mots :

« Mon père !... Mon père !...

— La voix de ma fille ! s'écria M. Stannard.

— Ah ! quelque nouveau malheur !... » répondit James Burbank.

Et tous, ouvrant la porte, se précipitèrent au dehors.

Miss Alice se tenait là, à quelque pas, près de Mme Burbank, qui était étendue sur le sol.

Dy ni Zermah ne se trouvaient avec elles.

« Mon enfant ?... » s'écria James Burbank.

A sa voix, Mme Burbank se releva. Elle ne pouvait parler.... Elle tendit le bras vers le fleuve.

« Enlevées !... Enlevées ?...

— Oui !... par Texar !... » répondit Alice.

Puis, elle s'affaissa près de Mme Burbank.

XII

LES SIX JOURS QUI SUIVENT

Lorsque Mme Burbank et miss Alice s'étaient engagées dans le tunnel qui conduit à la petite crique Marino sur la rive du Saint-John, Zermah les précédait. Celle-ci tenait la petite fille d'une main, de l'autre, elle portait une lanterne, dont la faible lueur éclairait leur marche. Arrivée à l'extrémité du tunnel, Zermah avait prié Mme Burbank de l'attendre. Elle voulait s'assurer que l'embarcation et les deux noirs, qui devaient la conduire au Roc-des-Cèdres, se trouvaient à leur poste. Après avoir ouvert la porte qui fermait l'extrémité du tunnel, elle s'était avancée vers le fleuve.

Depuis une minute — rien qu'une minute — Mme Burbank et miss Alice guettaient le retour de Zermah, lorsque la jeune fille remarqua que la petite Dy n'était plus là.

« Dy?... Dy?... » cria Mme Burbank, au risque de trahir sa présence en cet endroit.

L'enfant ne répondit pas. Habituée à toujours suivre Zermah, elle l'avait accompagnée en dehors du tunnel, du côté de la crique, sans que sa mère s'en fût aperçue.

Soudain, des gémissements se firent entendre. Pressentant quelque nouveau danger, ne songeant même pas à se demander s'il ne les menaçait pas elles-mêmes, Mme Burbank et miss Alice s'élancèrent au dehors, coururent vers la rive du fleuve, et n'arrivèrent sur la berge que pour voir une embarcation s'éloigner dans l'ombre.

« A moi... A moi!... C'est Texar!... criait Zermah. »

— Texar!... Texar!... » s'écria miss Alice à son tour.

Et, de la main, elle montrait l'Espagnol, éclairé par le reflet des incendies de Camdless-Bay, debout à l'arrière de l'embarcation, laquelle ne tarda pas à disparaître.

Puis tout se tut.

Les deux noirs, égorgés, gisaient sur le sol.

Alors Mme Burbank, affolée, suivie d'Alice qui n'avait pu la retenir, se précipita vers la rive, appelant sa petite fille. Aucun cri ne répondit aux siens. L'embarcation était devenue invisible, soit que l'ombre la dérobât aux regards, soit qu'elle traversât le fleuve pour accoster en quelque point de la rive gauche.

Cette recherche se poursuivit inutilement pendant une heure. Enfin, Mme Burbank, à bout de force, tomba sur la berge. Miss Alice, déployant alors une énergie extraordinaire, parvint à relever la malheureuse mère, à la soutenir, presque à la porter. Au loin, dans la direction de Castle-House, éclataient les détonations des armes à feu, et parfois les effroyables hurlements de la bande assiégeante. Il fallait revenir de ce côté, pourtant! Il fallait essayer de rentrer dans l'habitation par le tunnel, de s'en faire ouvrir la porte qui communiquait avec l'escalier du sous-sol. Une fois là, Miss Alice parviendrait-elle à se faire entendre?

La jeune fille entraîna Mme Burbank, qui n'avait plus conscience de ce qu'elle faisait. En revenant le long de la rive, il fallut vingt fois s'arrêter. Toutes deux pouvaient à chaque instant tomber dans une de ces bandes qui dévastaient la plantation. Peut-être eût-il mieux valu attendre le jour? Mais, sur cette berge, comment donner à Mme Burbank les soins qu'exigeait son état? Aussi miss Alice résolut-elle, coûte que coûte, de regagner Castle-House. Toutefois, comme de suivre les courbes du fleuve allongeait son chemin, elle pensa qu'il valait mieux aller plus directement à travers les prairies, en se guidant sur la lueur des baraccons en flammes. C'est ce qu'elle fit, et c'est ainsi qu'elle arriva aux abords de l'habitation.

Là, Mme Burbank resta sans mouvement, près de miss Alice, qui ne pouvait plus se soutenir elle-même.

Miss Alice éprouva une suprême angoisse. (Page 153.)

A ce moment, le détachement de la milice, suivie de la horde des pillards, après avoir abandonné l'assaut, était loin déjà de l'enceinte. On n'entendait plus aucun cri, ni à l'extérieur, ni à l'intérieur. Miss Alice put croire que les assaillants, après s'être emparés de Castle-House, l'avaient quitté, sans y avoir laissé un seul de ses défenseurs. Alors elle éprouva une suprême angoisse, et tomba à son tour épuisée, pendant qu'un dernier gémissement lui échappait, un dernier appel. Il avait été entendu. James Burbank et ses amis s'étaient jetés au dehors. Maintenant, ils savaient tout ce qui s'était passé à la crique Marino. Qu'importait que ces bandits se fussent éloignés d'eux? Qu'importait qu'il n'eussent plus à craindre de se voir entre leurs mains? Un effroyable malheur venait de les frapper. La petite Dy était au pouvoir de Texar!

Voilà ce que miss Alice raconta en phrases entrecoupées de sanglots. Voilà ce qu'entendit Mme Burbank, revenue à elle, et noyée dans ses larmes. Voilà ce qu'apprirent James Burbank, Stannard, Carrol, Perry, et leurs quelques compagnons. Cette pauvre enfant enlevée, entraînée on ne savait où, entre les mains du plus cruel ennemi de son père!... Que pouvait-il y avoir au delà, et était-il possible que l'avenir réservât de plus grandes douleurs à cette famille?

Tous furent accablés de ce dernier coup. Après que Mme Burbank eut été transportée dans sa chambre et déposée sur son lit, miss Alice, était restée près d'elle.

En bas, dans le hall, James Burbank et ses amis cherchaient à se concerter sur ce qu'il y aurait à faire pour retrouver Dy, pour l'arracher avec Zermah aux mains de Texar. Oui, sans doute, la dévouée métisse essayerait de défendre l'enfant jusqu'à la mort! Mais, prisonnière d'un misérable animé d'une haine personnelle, n'allait-elle pas payer de sa vie les dénonciations qu'elle avait portées contre lui?

Alors, James Burbank s'accusait d'avoir obligé sa femme à quitter Castle-House, de lui avoir préparé un moyen d'évasion qui avait tourné si mal. Était-ce donc le hasard seul auquel il fallait attribuer la présence de Texar à la crique Marino? Non, évidemment. Texar, d'une façon ou d'une autre, connaissait l'existence du tunnel. Il s'était dit que les défenseurs de Camdless-Bay tenteraient peut-être de s'échapper par là, lorsqu'ils ne pourraient plus tenir dans l'habitation. Et, après avoir conduit sa troupe sur la rive droite du fleuve, après en avoir forcé les palissades de l'enceinte, après avoir obligé James Burbank et les siens à se réfugier derrière les murs de Castle-House, nul doute qu'il ne fût venu se poster avec quelques-uns de ses complices près de la crique Marino. Là, il avait inopinément surpris les deux noirs qui gardaient l'embarcation, il avait fait égorger ces malheureux dont les cris ne purent être entendus au milieu du tumulte des assaillants. Puis, l'Espagnol avait attendu que Zermah se montrât, et la petite Dy un peu après elle. Les voyant seules, il dut penser que ni Mme Burbank, ni son mari, ni ses amis, ne s'étaient encore décidés à fuir Castle-House. Donc, il fallait se contenter de cette proie, et il avait enlevé l'enfant et la métisse pour les conduire en quelque retraite inconnue où il serait impossible de les retrouver!

Et de quel coup plus terrible le misérable aurait-il pu frapper la famille Burbank? Ce père, cette mère, les eût-il fait souffrir davantage, s'il leur eût arraché le cœur!

Ce fut une horrible nuit que passèrent les survivants de Camdless-Bay. Ne devaient-ils pas craindre, en outre, que les assaillants songeassent à revenir, plus nombreux ou mieux armés, afin d'obliger les derniers défenseurs de Castle-House à se rendre? Cela n'arriva pas, heureusement. Le jour reparut sans que James Burbank et ses compagnons eussent été mis en alerte par une nouvelle attaque.

Combien il aurait été utile, cependant, de savoir à quel propos ces trois coups de canon avaient été tirés la veille, et pourquoi les assaillants s'étaient repliés, alors qu'un dernier effort, — un effort d'une heure à peine, — leur eût livré l'habitation! Devait-on croire que ce rappel était motivé par quelque démonstration des fédéraux qui aurait eu lieu à l'embouchure du Saint-John? Les navires du commodore Dupont étaient-ils maîtres de Jacksonville? Rien n'eût été plus désirable dans l'intérêt de James Burbank et des siens. Ils auraient pu commencer en toute sécurité les plus actives recherches pour retrouver Dy et Zermah, s'attaquer directement à Texar, si l'Espagnol n'avait pas battu en retraite avec ses partisans, le poursuivre comme le promoteur des dévastations de Camdless-Bay, et surtout comme l'auteur du double rapt de la métisse et de l'enfant.

Cette fois, il n'y aurait pas d'alibi possible et de la nature de celui que l'Espagnol avait invoqué au début de cette histoire, quand il avait comparu devant le magistrat de Saint-Augustine. Si Texar n'était pas à la tête de cette bande de malfaiteurs qui avait envahi Camdless-Bay — ce que le messager de M. Harvey n'avait pu dire à James Burbank — le dernier cri de Zermah n'avait-il pas clairement révélé quelle part directe il avait prise au rapt. Et d'ailleurs, miss Alice ne l'avait-elle pas reconnu au moment où son embarcation s'éloignait?

Oui! la justice fédérale saurait bien faire avouer à ce misérable en quel lieu il avait entraîné ses victimes, et le punir de crimes qu'il ne pourrait plus nier.

Malheureusement, rien ne vint confirmer les hypothèses de James Burbank relativement à l'arrivée de la flottille nordiste dans les eaux du Saint-John. A cette date du 3 mars, aucun navire n'avait encore quitté la baie de Saint-Mary. Cela fut amplement démontré par des nouvelles que l'un des régisseurs alla chercher le jour même sur l'autre rive du fleuve. Nul bâtiment n'avait encore paru à la hauteur du phare de Pablo. Tout se bornait à l'occupation de Fernandina et du fort Clinch. Il semblait que le commodore Dupont ne voulût s'avancer qu'avec une extrême circonspection jusqu'au centre de la Floride. Quant à Jacksonville, le parti de l'émeute y dominait toujours. Après l'expédition de Camdless-Bay, l'Espagnol avait reparu dans la ville. Il y organisait la résistance pour le cas où les canonnières de Stevens tenteraient de franchir la barre du fleuve. Sans doute, quelque fausse alerte l'avait rappelé la veille avec sa bande de pillards. Après tout, l'œuvre de vengeance de Texar n'était-elle pas suffisante, maintenant que la plantation était dévastée, les chantiers détruits par l'incendie, les nègres dispersés dans les forêts du comté et auxquels il ne restait plus rien de leurs baraccons en ruines, enfin la petite Dy enlevée à son père, à sa mère, sans qu'on pût retrouver trace de l'enlèvement.

James Burbank n'en fut que trop certain, quand, pendant la matinée, Walter Stannard et lui eurent remonté la rive droite du fleuve. En vain avaient-ils exploré les moindres anses, cherché quelque indice qui leur aurait indiqué la direction suivie par l'embarcation. Toutefois, cette recherche n'avait pu être que bien incomplète, et il faudrait également visiter la rive gauche.

Mais, en ce moment, était-ce possible? Ne fallait-il pas attendre que Texar et ses partisans fussent réduits à l'impuissance par l'arrivée des fédéraux? Mᵐᵉ Burbank, dans l'état où elle se trouvait, miss Alice, qui ne pouvait plus la quitter, Edward Carrol, alité pour quelques jours, n'eût-il pas été imprudent de les laisser seuls à Castle-House, lorsqu'un retour des assaillants était toujours à redouter?

Et, ce qui était plus désespérant encore, c'est que James Burbank ne pouvait même songer à porter plainte contre Texar, ni pour la dévastation de son domaine, ni pour l'enlèvement de Zermah et de la petite fille. Le seul magistrat auquel il aurait eu à s'adresser, c'était l'auteur même de ces crimes. Il fallait donc attendre que la justice régulière eût repris son cours à Jacksonville.

« James, dit M. Stannard, si les dangers qui menacent votre enfant sont terribles, du moins Zermah est avec elle, et vous pouvez compter sur son dévouement qui ira...

— Jusqu'à la mort... soit! répondit James Burbank. Et quand Zermah sera morte?...

— Écoutez-moi, mon cher James, répondit M. Stannard. En y réfléchissant, ce n'est pas l'intérêt de Texar d'en venir à cette extrémité. Il n'a pas encore quitté Jacksonville, et, tant qu'il y sera, je pense que ses victimes n'ont aucun acte de violence à craindre de sa part. Votre enfant ne peut-elle être une garantie, un otage contre les représailles qu'il doit redouter, non seulement de vous, mais aussi de la justice fédérale, pour avoir renversé les autorités régulières de Jacksonville et dévasté la plantation d'un nordiste? Évidemment. Aussi son intérêt est-il de les épargner, et mieux vaut attendre que Dupont et Sherman soient les maîtres du territoire pour agir contre lui!

— Et quand le seront-ils?... s'écria James Burbank.

— Demain... aujourd'hui, peut-être! Je vous le répète, Dy est la sauvegarde de Texar. C'est pour cela qu'il a saisi l'occasion de l'enlever, sachant bien aussi qu'il vous briserait le cœur, mon pauvre James, et le misérable y a cruellement réussi! »

Ainsi raisonnait M. Stannard, et il y avait de sérieux motifs pour que son raisonnement fût juste. Parvint-il à convaincre James Burbank? Non, sans doute. Lui rendit-il un peu d'espoir? Pas davantage. C'était impossible. Mais James Burbank comprit que, lui aussi, il devrait s'astreindre à parler devant sa femme comme Walter Stannard venait de parler devant lui. Autrement, Mme Burbank n'eût pas survécu à ce dernier coup. Et, lorsqu'il fut de retour, à l'habitation, il fit valoir avec force ces arguments auxquels lui-même ne pouvait se rendre.

Pendant ce temps, Perry et les sous-régisseurs visitaient Camdless-Bay. C'était un spectacle navrant. Cela parut même faire une grande impression sur Pygmalion qui les accompagnait. Cet « homme libre » n'avait point cru devoir suivre les esclaves affranchis, dispersés par Texar. Cette liberté d'aller coucher dans les bois, d'y souffrir du froid et de la faim, lui paraissait excessive. Aussi avait-il préféré rester à Castle-House, dût-il, comme Zermah, déchirer son acte d'affranchissement pour conquérir le droit d'y demeurer.

« Tu le vois, Pyg! lui répétait M. Perry. La plantation est dévastée, nos ateliers sont en ruine. Voilà ce que nous a coûté la liberté donnée à des gens de ta couleur!

— Monsieur Perry, répondait Pygmalion, ce n'est pas ma faute...

— C'est ta faute, au contraire! Si tes pareils et toi, vous n'aviez pas applaudi tous ces déclamateurs qui tonnaient contre l'esclavage, si vous aviez protesté contre les idées du Nord, si vous aviez pris les armes pour repousser les troupes fédérales, jamais monsieur Burbank n'aurait eu cette pensée de vous affranchir, et le désastre ne se serait pas abattu sur Camdless-Bay!

— Que puis-je y faire, maintenant, reprenait le désolé Pyg, que puis-je y faire, monsieur Perry?

— Je vais te le dire, Pyg, et c'est ce que tu ferais, s'il y avait en toi le moindre sentiment de justice! — Tu es libre, n'est-ce pas?

— Il paraît!

— Par conséquent, tu t'appartiens?

— Sans doute!

— Et, si tu t'appartiens, rien ne t'empêche de disposer de toi comme il te plaît?

— Rien, monsieur Perry.

— Eh bien, à ta place, Pyg, je n'hésiterais pas. J'irais me proposer à la plantation voisine, je m'y revendrais comme esclave, et le prix de ma vente, je l'apporterais à mon ancien maître pour l'indemniser du tort que je lui ai fait en me laissant affranchir! »

Le régisseur parlait-il sérieusement? on ne saurait le dire, tant le digne homme était capable de déraisonner, lorsqu'il enfourchait son habituel dada. En tout cas, le piteux Pygmalion, déconcerté, irrésolu, abasourdi, ne sut rien répondre.

Toutefois, il n'y avait pas à cela le moindre doute, l'acte de générosité, accompli par James Burbank, venait d'attirer le malheur et la ruine sur la plantation. Le désastre matériel, c'était assez visible, devait se chiffrer par une somme considérable. Il ne restait plus rien des baraccons, détruits après avoir été préalablement saccagés par les pillards. Des scieries, des ateliers, on ne voyait plus qu'un monceau de cendres, restes de l'incendie, d'où s'échappaient encore des fumerolles de vapeur grisâtre. A la place des chantiers, qui servaient à l'emmagasinage des bois déjà débités, à la place des fabriques, où se trouvaient les appareils pour « serancer » le coton, les presses hydrauliques pour le mettre en balles, les machines pour la manipulation de la canne à sucre, il n'y avait que des murs noircis, prêts à s'écrouler, des tas de briques rougies par le feu à l'endroit où s'élevait la cheminée des usines. Puis, à la surface des champs de caféiers, des rizières, des potagers, des enclos réservés aux animaux domestiques, la dévastation était complète, comme si une troupe de fauves eût ravagé le riche domaine pendant de longues heures! En présence de ce lamentable spectacle, l'indignation de M. Perry ne pouvait se contenir. Sa colère s'échappait en paroles menaçantes. Pygmalion n'était rien moins que rassuré à voir les farouches regards que le régisseur lançait sur lui. Aussi finit-il par le quitter pour regagner Castle-House, afin, dit-il, « de réfléchir plus à son aise à la proposition de se vendre que le régisseur venait de lui faire. » Et, sans doute, la journée ne put suffire à ses réflexions,

Texar avait fait égorger ces malheureux (Page 155.)

car, le soir venu, il n'avait encore pris aucune décision à cet égard.

Cependant, ce jour même, quelques-uns des anciens esclaves étaient rentrés secrètement à Camdless-Bay. On imagine ce que dut être leur désolation, lorsqu'ils ne trouvèrent pas une seule case qui n'eût été détruite. James Burbank donna aussitôt des ordres pour que l'on subvînt à leurs besoins du mieux possible. Un certain nombre de ces noirs put être logé à l'intérieur de l'enceinte, dans la partie des communs respectée par l'incendie. On les employa

James Burbank et Edward Carrol avaient fouillé l'îlot. (Page 166.)

tout d'abord à enterrer ceux de leurs compagnons morts en défendant Castle-House, et aussi les cadavres des assaillants qui avaient été tués dans l'attaque, — les blessés ayant été emmenés par leurs camarades. Il en fut pareillement des deux malheureux nègres, égorgés au moment où Texar et ses complices les surprenaient à leur poste, près de la petite crique Marino.

Ces soins pris, James Burbank ne pouvait songer encore à la réorganisation de son domaine. Il fallait attendre que la question fût décidée entre le Sud et le Nord dans l'État de Floride. D'autres soucis, bien autrement graves, l'absorbaient jour et nuit. Tout ce qu'il était en son pouvoir de faire pour retrouver les traces de sa petite fille, il le faisait. En outre, la santé de Mme Burbank était très compromise. Bien que miss Alice ne la quittât pas d'un instant et la soignât avec une sollicitude filiale, il importait qu'un médecin fût appelé près d'elle.

Il y en avait un, à Jacksonville, qui possédait toute la confiance de la famille Burbank. Ce médecin n'hésita pas à venir à Camdless-Bay, dès qu'il y fut mandé. Il prescrivit quelques remèdes. Mais pourraient-ils être efficaces tant que la petite Dy ne serait pas rendue à sa mère? Aussi, laissant Edward Carrol, qui devait être retenu quelque temps à la chambre, James Burbank et Walter Stannard allaient-ils chaque jour explorer les deux rives du fleuve. Ils fouillaient les îlots du Saint-John; ils interrogeaient les gens du pays; ils s'informaient jusque dans les moindres hameaux du comté; ils promettaient de l'argent, et beaucoup, à qui leur apporterait un indice quelconque... Leurs efforts demeuraient infructueux. Comment aurait-on pu leur apprendre que c'était au fond de la Crique-Noire que se cachait l'Espagnol? Personne ne le savait. Et d'ailleurs, pour mieux soustraire ses victimes à toutes les recherches, Texar n'avait-il pas dû les entraîner vers le haut cours du fleuve? Le territoire n'était-il pas assez grand, n'y avait-il pas assez de retraites dans les vastes forêts du centre, au milieu des immenses marais du sud de la Floride, dans la région de ces inaccessibles Everglades, pour que Texar pût si bien y cacher ses deux victimes qu'on ne parviendrait pas à arriver jusqu'à elles?

En même temps, par ce médecin, qui venait à Camdless-Bay, James Burbank fut chaque jour tenu au courant de ce qui se passait à Jacksonville et dans le nord du comté de Duval.

Les fédéraux n'avaient encore fait aucune démonstration nouvelle sur le territoire floridien, cela n'était pas douteux. Des instructions spéciales, venues de Washington, leur commandaient-elles donc de s'arrêter sur la frontière sans chercher à la franchir? Une pareille attitude eût été désastreuse pour les intérêts des unionistes, établis sur les territoires du Sud, et plus particulièrement pour James Burbank, si compromis par ses derniers actes vis-à-vis des confédérés. Quoi qu'il en soit, l'escadre du commodore Dupont se trouvait encore dans l'estuaire de Saint-Mary, et, si les gens de Texar avaient été rappelés par ces trois coups de canon, le soir du 2 mars, c'est que les autorités de Jacksonville s'étaient laissé prendre à une fausse alerte — erreur à laquelle Castle-House devait d'avoir échappé au pillage et à la ruine.

Quant à l'Espagnol, ne songeait-il pas à recommencer une expédition qu'il pouvait considérer comme incomplète, puisque James Burbank n'était pas en son pouvoir? Hypothèse peu probable. En ce moment, sans doute, l'attaque de Castle-House, l'enlèvement de Dy et de Zermah, suffisaient à ses vues. D'ailleurs, quelques bons citoyens n'avaient pas craint de manifester leur désapprobation pour l'affaire de Camdless-Bay et leur dégoût à l'égard du chef des émeutiers de Jacksonville, bien que leur opinion ne fût pas pour préoccuper Texar. L'Espgnol dominait plus que jamais dans le comté de Duval avec son parti de forcenés. Ces gens, sans aveu, ces aventuriers, sans scrupules, en prenaient à leur aise. Chaque jour, ils s'abandonnaient à des plaisirs de toutes sortes, qui dégénéraient en orgies. Le bruit en arrivait jusqu'à la plantation, et le ciel réverbérait l'éclat des illuminations publiques que l'on pouvait prendre pour la lueur de quelque nouvel incendie. Les gens modérés, réduits à se taire, durent subir le joug de cette faction, soutenue par la populace du comté.

En somme, l'inaction momentanée de l'armée fédérale venait singulièrement en aide aux nouvelles autorités du pays. Elles en profitaient pour faire courir le bruit que les nordistes ne passeraient pas la frontière, qu'ils avaient ordre de reculer en Géorgie et dans les Carolines, que la péninsule floridienne ne subirait pas l'invasion des troupes anti-esclavagistes, que sa qualité d'ancienne colonie espagnole la mettait en dehors de la question dont les États-Unis cherchaient à régler le sort par les armes, etc. Aussi, dans tous les comtés, se produisait-il donc un certain courant plus favorable que contraire aux idées dont les partisans de la violence se faisaient les représentants. On le vit bien, en maint endroit, mais plutôt sur la portion septentrionale de la Floride, du côté de la frontière géorgienne, où les propriétaires de plantations, surtout les gens du Nord, furent très maltraités, leurs esclaves mis en fuite, leurs scieries et chantiers détruits par l'incendie, leurs établissements dévastés par les troupes des confédérés, comme Camdless-Bay venait de l'être par la populace de Jacksonville.

Cependant, il ne semblait pas — maintenant du moins — que la plantation eût lieu de craindre un nouvel envahissement, ni Castle-House, une nouvelle aggression. Toutefois, combien il tardait à James Burbank que les fédéraux fussent maîtres du territoire! Dans l'état actuel des choses, on ne pouvait rien tenter directement contre Texar, ni le poursuivre devant la justice pour des faits qui ne sauraient être démentis, cette fois, ni l'obliger à révéler en quel lieu il retenait Dy et Zermah.

Par quelle série d'angoisses passèrent James Burbank et les siens en présence de ces retards si prolongés! Ils ne pouvaient croire, cependant, que les fédéraux songeassent à s'immobiliser sur la frontière. La dernière lettre de Gilbert disait formellement que l'expédition du commodore Dupont et de Sherman avait la Floride pour objectif. Depuis cette lettre, le gouvernement fédéral avait-il donc envoyé des ordres contraires à la baie d'Edisto où l'escadre attendait avant de reprendre la mer? Un succès des troupes confédérées, survenu en Virginie ou dans les Carolines, obligeait-il l'armée de l'Union à s'arrêter dans sa marche vers le Sud? Quelle série d'inquiétudes permanentes pour cette famille si éprouvée depuis le commencement de la guerre! A combien de catastrophes ne devait-elle pas s'attendre encore!

Ainsi s'écoulèrent les cinq jours qui suivirent l'envahissement de Camdless-Bay. Nulle nouvelle des dispositions prises par les fédéraux. Nulle nouvelle de Dy ni de Zermah, bien que James Burbank eût tout fait pour retrouver leurs traces, bien que pas une seule journée se fût écoulée, sans avoir été marquée par un nouvel effort!

On arriva au 9 mars. Edward Carrol était complètement guéri. Il allait pouvoir se joindre aux démarches qui seraient faites par ses amis.

Mme Burbank se trouvait toujours dans un état de faiblesse extrême. Il semblait que sa vie menaçait de s'en aller avec ses larmes. Dans son délire, elle appelait sa petite fille d'une voix déchirante, elle voulait courir à sa recherche. Ces crises étaient suivies de syncopes qui mettaient son existence en danger. Que de fois miss Alice put craindre que cette mère infortunée mourût entre ses bras!

Un seul bruit de la guerre arriva à Jacksonville dans la matinée du 9 mars. Malheureusement, il était de nature à donner une nouvelle force aux partisans de l'idée séparatiste.

D'après ce bruit, le général confédéré Van Dorn aurait repoussé les soldats de Curtis, le 6 mars, au combat de Bentonville, dans l'Arkansas, puis obligé les fédéraux à battre en retraite. En réalité, il n'y avait eu qu'un simple engagement avec l'arrière-garde d'un petit corps nordiste, et ce succès allait être bien autrement compensé, quelques jours après, par la victoire de Pea-Ridge. Cela suffit, cependant, à provoquer parmi les sudistes un redoublement d'insolence. Et, à Jacksonville, ils célébrèrent cette action sans importance comme un complet échec de l'armée fédérale. De là, de nouvelles fêtes et de nouvelles orgies, dont le bruit retentit douloureusement à Camdless-Bay.

Tels sont les faits qu'apprit James Burbank, vers six heures du soir, quand il revint après exploration sur la rive gauche du fleuve.

Un habitant du comté de Putnam croyait avoir trouvé des traces de l'enlèvement à l'intérieur d'un îlot du Saint-John, quelques milles au-dessus de la Crique-Noire. Pendant la nuit précédente, cet homme croyait avoir entendu comme un appel désespéré, et il était venu rapporter le fait à James Burbank. En outre, l'Indien Squambô, le confident de Texar, avait été vu, dans ces parages avec son squif. Qu'on eut aperçu l'Indien, rien de moins douteux, et ce détail fut même confirmé par un passager du *Shannon*, qui, revenant de Saint-Augustine, avait débarqué ce jour-là au pier de Camdless-Bay.

Il n'en fallait pas davantage pour que James Burbank voulut s'élancer sur cette piste. Edward Carrol et lui, accompagnés de deux noirs, s'étant jetés dans une embarcation, avaient remonté le fleuve. Après s'être rapidement portés vers l'îlot indiqué, ils l'avaient fouillé avec soin, avaient visité quelques cabanes de pêcheurs, qui ne leur semblèrent même pas avoir été récemment occupées. Sous les taillis presque impénétrables de l'intérieur, pas un seul vestige d'êtres humains. Rien sur les berges qui indiquât qu'une embarcation y eût accosté. Squambô ne fut aperçu nulle part; s'il était venu rôder autour de cet îlot, très probablement il n'y avait pas débarqué.

Cette expédition demeura donc sans résultat, comme tant d'autres. Il fallut revenir à la plantation, avec la certitude d'avoir, cette fois encore, suivi une fausse piste.

Or, ce soir là, James Burbank, Walter Stannard et Edward Carrol causaient de cette inutile recherche, au moment où ils étaient réunis dans le hall. Vers neuf heures après avoir laissé Mme Burbank assoupie plutôt qu'endormie dans sa chambre, miss Alice vint les rejoindre, et apprit que cette dernière tentative n'avait donné aucun résultat.

Cette nuit allait être assez obscure. La lune, dans son premier quartier, avait déjà disparu sous l'horizon. Un profond silence enveloppait Castle-House, la plantation, tout le lit du fleuve. Les quelques noirs, retirés dans les communs, commençaient à s'endormir. Lorsque le silence était troublé, c'est que des clameurs lointaines, des détonations de pièces d'artifices, venaient de Jacksonville, où l'on célébrait à grand fracas le succès des confédérés.

Chaque fois que ces bruits arrivaient jusque dans le hall, c'était un nouveau coup porté à la famille Burbank.

« Il faudrait pourtant savoir ce qui en est, dit Edward Carrol, et s'assurer si les fédéraux ont renoncé à leurs projets sur la Floride!

— Oui! il le faut! répondit M. Stannard. Nous ne pouvons vivre dans cette incertitude!...

— Eh bien, dit James Burbank, j'irai à Fernandina, dès demain... et là, je m'informerai.... »

En ce moment, on frappa légèrement à la porte principale de Castle House, du côté de l'avenue qui conduisait à la rive du Saint-John.

Un cri échappa à miss Alice, qui s'élança vers cette porte. James Burbank voulut en vain retenir la jeune fille. Et, comme on n'avait pas encore répondu, un nouveau coup fut frappé plus distinctement.

XIII

PENDANT QUELQUES HEURES

James Burbank s'avança vers le seuil. Il n'attendait personne. Peut-être quelque importante nouvelle lui arrivait-elle de Jacksonville, apportée par John Bruce de la part de son correspondant, M. Harvey?

On frappa une troisième fois d'une main plus impatiente.

« Qui est là? demanda James Burbank.

— Moi! fût-il répondu.

— Gilbert!... » s'écria miss Alice.

Elle ne s'était pas trompée. Gilbert à Camdless-Bay! Gilbert apparaissant au milieu des siens, heureux de venir passer quelques heures avec eux et sans rien savoir, sans doute, des désastres qui les avaient frappés!

En un instant, le jeune lieutenant fut dans les bras de son père, tandis qu'un homme, qui l'accompagnait, refermait la porte avec soin, après avoir jeté un dernier regard en arrière.

C'était Mars, le mari de Zermah, le dévoué matelot du jeune Gilbert Burbank.

Après avoir embrassé son père, Gilbert se retourna. Puis, apercevant miss Alice, il lui prit la main qu'il serra dans un irrésistible mouvement de tendresse.

« Ma mère! s'écria-t-il. Où est ma mère?... Est-il vrai qu'elle soit mourante?...

— Tu sais donc, mon fils?... répondit James Burbank.

— Je sais tout, la plantation dévastée par les bandits de Jacksonville, l'attaque de Castle-House, ma mère... morte peut-être!... »

La présence du jeune homme dans ce pays où il courait personnellement tant de dangers, s'expliquait maintenant.

Voici ce qui s'était passé :

Depuis la veille, plusieurs canonnières de l'escadre du commodore Dupont s'étaient portées au delà des bouches du Saint-John. Après avoir remonté le fleuve, elles durent s'arrêter devant la barre, à quatre milles au-dessous de Jacksonville. Quelques heures plus tard, un homme, se disant un des gardiens du phare de Pablo, vint à bord de la canonnière de Stevens, sur laquelle Gilbert remplissait les fonctions de second. Là, cet homme parla de tout ce qui s'était passé à Jacksonville, ainsi que de l'envahissement de Camdless-Bay, de la dispersion des noirs, de la situation désespérée de Mme Burbank. Que l'on juge de ce que dut éprouver Gilbert en entendant le récit de ces déplorables événements.

Alors, il fut pris d'un irrésistible désir de revoir sa mère. Avec l'autorisation du commandant Stevens, il quitta la flottille, il se jeta dans un de ces légers canots qu'on appelle « gigs ». Accompagné de son fidèle Mars, il put passer inaperçu au milieu des ténèbres — du moins il le croyait, — et prit terre à un demi-mille au-dessous de Camdless-Bay, afin d'éviter de débarquer au petit port qui pouvait être surveillé.

Mais, ce qu'il ignorait, ce qu'il ne pouvait savoir, c'est qu'il était tombé dans un piège tendu par Texar. A tout prix, l'Espagnol avait voulu se procurer cette preuve réclamée par les magistrats de Court-Justice, — cette preuve que James Burbank entretenait une correspondance avec l'ennemi. Aussi, pour attirer le jeune lieutenant à Camdless-Bay, un gardien du phare de Pablo, qui lui était dévoué, s'était-il chargé d'apprendre à Gilbert une partie des faits dont Castle-House venait d'être le théâtre, et plus particulièrement l'état de sa mère. Le jeune lieutenant, parti dans les conditions que l'on connaît, avait été espionné pendant qu'il remontait le cours du fleuve. Toutefois, en se glissant le long des roseaux qui bordent la haute grève du Saint-John, il était

ATTAQUE DE L'ILE 10 PAR LES FÉDÉRAUX. (Page 177.)

parvenu, sans le savoir, à dépister les gens de l'Espagnol, chargés de le suivre. Si ces espions ne l'avaient point vu débarquer sur la berge au-dessous de Camdless-Bay, du moins espéraient-ils s'emparer de lui à son retour, puisque toute cette partie de la rive se trouvait sous leur surveillance.

« Ma mère... ma mère!... reprit Gilbert. Où est-elle?

— Me voilà, mon fils ! » répondit Mme Burbank.

Elle venait d'apparaître sur le palier de l'escalier du hall, elle le descendit lentement, se retenant à la rampe, et tomba sur un divan, tandis que Gilbert la couvrait de baisers.

Dans son assoupissement, la malade avait entendu frapper à la porte de Castle-House. Aussitôt, reconnaissant la voix de son fils, elle avait retrouvé assez de forces pour se relever, pour rejoindre Gilbert, pour venir pleurer avec lui, avec tous les siens.

Le jeune homme la pressait dans ses bras.

« Mère!... mère!... disait-il. Je te revois donc!... Comme tu souffres!... Mais tu vis!... Ah! nous te guérirons!... Oui! Ces mauvais jours vont finir!... Nous serons réunis... bientôt!... Nous te rendrons la santé!... Ne crains rien pour moi, mère!... Personne ne saura que Mars et moi, nous sommes venus ici!... »

Et, tout en parlant, Gilbert, qui voyait sa mère faiblir, essayait de la ranimer par ses caresses.

Cependant Mars semblait avoir compris que Gilbert et lui ne connaissaient pas toute l'étendue du malheur qui les avait frappés. James Burbank, MM. Carrol et Stannard, silencieux, courbaient la tête. Miss Alice ne pouvait retenir ses larmes. En effet, la petite Dy n'était pas là, ni Zermah, qui aurait dû deviner que son mari venait d'arriver à Camdless-Bay, qu'il était dans l'habitation, qu'il l'attendait...

Aussi, le cœur étreint par l'angoisse, regardant dans tous les coins du hall, demanda-t-il à M. Burbank :

« Qu'y a-t-il donc, maître? »

En ce moment, Gilbert se releva.

« Et Dy?... s'écria-t-il. Est-ce que Dy est déjà couchée?... Où est ma petite sœur?

— Où est ma femme? » dit Mars.

Un instant après, le jeune officier et Mars savaient tout. En remontant la berge du Saint-John, depuis l'endroit où les attendait leur canot, ils avaient bien vu, dans l'ombre, les ruines accumulées sur la plantation. Mais ils pouvaient croire que tout se bornait à quelque désastre matériel, conséquence de l'affranchissement des noirs!... Maintenant, ils n'ignoraient rien. L'un ne retrouvait plus sa sœur à l'habitation. L'autre n'y retrouvait plus sa femme... Et personne pour leur dire en quel endroit Texar les avait entraînées depuis sept jours!

Gilbert revint s'agenouiller près de Mme Burbank. Il mêlait ses larmes aux siennes. Mars, la face injectée, la poitrine haletante, allait, venait, ne pouvait se contenir.

Enfin sa colère éclata.

« Je tuerai Texar! s'écria-t-il. J'irai à Jacksonville... demain... cette nuit... à l'instant...

— Oui, viens, Mars, viens!... » répondit Gilbert.

James Burbank les arrêta.

« Si cela eût été à faire, dit-il, je n'aurais pas attendu ton arrivée, mon fils! Oui! ce misérable eût déjà payé de sa vie le mal qu'il nous a causé! Mais, avant tout, il faut qu'il dise ce que lui seul peut dire! Et quand je te parle ainsi, Gilbert, quand je recommande à toi et à Mars d'attendre, c'est qu'il faut attendre!

— Soit, mon père! répondit le jeune homme. Du moins, je fouillerai le territoire, je chercherai...

— Eh! crois-tu donc que je ne l'aie pas fait? s'écria M. Burbank. Pas un jour ne s'est passé, sans que nous n'ayons exploré les rives du fleuve, les îlots qui peuvent servir de refuge à ce Texar! Et pas un seul indice, rien qui ait pu me mettre sur la trace de ta sœur, Gilbert, de ta femme, Mars! Carrol et Stannard ont tout tenté avec moi!... Jusqu'ici nos recherches ont été inutiles!...

— Pourquoi ne pas porter plainte à Jaksonville? demanda le jeune officier

Pourquoi ne pas poursuivre Texar comme coupable d'avoir provoqué le pillage de Camdless-Bay, d'avoir enlevé?...

— Pourquoi? répondit James Burbank. Parce que Texar est le maître maintenant, parce que tout ce qui est honnête tremble devant les coquins qui lui sont dévoués, parce que la populace est pour lui, et aussi les milices du comté!

— Je tuerai Texar! répétait Mars, comme s'il eut été sous l'obsession d'une idée fixe.

— Tu le tueras, quand il en sera temps! répondit James Burbank. A présent, ce serait aggraver la situation.

— Et quand sera-t-il temps?... demanda Gilbert.

— Quand les fédéraux seront les maîtres de la Floride, lorsqu'ils auront occupé Jacksonville!

— Et s'il est trop tard, alors?

— Mon fils!... Mon fils!... je t'en supplie... ne dis pas cela! s'écria Mme Burbank.

— Non, Gilbert, ne dites pas cela! » répéta miss Alice.

James Burbank prit la main de son fils.

« Gilbert, écoute-moi, dit-il. Nous voulions comme toi, comme Mars, faire justice immédiate de Texar, au cas où il aurait refusé de dire ce que sont devenues ses victimes. Mais, dans l'intérêt de ta sœur, Gilbert, dans l'intérêt de ta femme, Mars, notre colère a dû céder devant la prudence. Il y a tout lieu de croire, en effet, qu'entre les mains de Texar, Dy et Zermah sont des otages dont il se fera une sauvegarde, car ce misérable doit craindre d'être poursuivi pour avoir renversé les honnêtes magistrats de Jacksonville, pour avoir déchaîné une bande de malfaiteurs sur Camdless-Bay, pour avoir incendié et pillé la plantation d'un nordiste! Si je ne le croyais pas, Gilbert, est-ce que je te parlerais avec cette conviction? Est-ce que j'aurais eu l'énergie d'attendre?...

— Est-ce que je ne serais pas morte! » dit Mme Burbank.

La malheureuse femme avait compris que, s'il allait à Jacksonville, son fils se livrait à Texar. Et qui donc eût alors pu sauver un officier de l'armée fédérale, tombé au pouvoir des sudistes, au moment où les fédéraux menaçaient la Floride?

Cependant le jeune officier n'était plus maître de lui. Il s'obstinait à vouloir partir. Et, comme Mars répétait : « Je tuerai Texar :

« Viens donc! dit-il.

— Tu n'iras pas, Gilbert! »

Mme Burbank s'était levée dans un dernier effort. Elle était allée se placer devant la porte. Mais, épuisée par cet effort, ne pouvant plus se soutenir, elle s'affaissa.

« Ma mère!... ma mère! s'écria le jeune homme.

— Restez, Gilbert! » dit miss Alice.

Il fallut reporter Mme Burbank dans sa chambre, où la jeune fille demeura près d'elle. Puis, James Burbank rejoignit Edward Carrol et M. Stannard dans le hall. Gilbert était assis sur le divan, la tête dans les mains. Mars, à l'écart, se taisait.

« Maintenant, Gilbert, dit James Burbank, tu es en possession de toi-même. Parle donc. De ce que tu vas nous dire dépendront les résolutions que nous devrons prendre. Nous n'avons d'espoir que dans une prompte arrivée des fédéraux dans le comté. Ont-ils donc renoncé à leur projet d'occuper la Floride?

— Non, mon père.

— Où sont-ils?

— Une partie de l'escadre se dirige, en ce moment, vers Saint-Augustine, afin d'établir le blocus de la côte.

— Mais le commodore ne songe-t-il point à se rendre maître du Saint-John? demanda vivement Edward Carrol.

— Le bas cours du Saint-John nous appartient, répondit le jeune lieutenant. Nos canonnières sont déjà mouillées dans le fleuve, sous les ordres du commandant Stevens.

— Dans le fleuve! et elles n'ont pas encore cherché à s'emparer de Jacksonville?... s'écria M. Stannard.

— Non, car elles ont dû s'arrêter devant la barre, à quatre milles au-dessous du port.

— Les canonnières arrêtées... dit James Burbank, arrêtées par un obstacle infranchissable?...

— Oui, mon père, répondit Gilbert, arrêtées par le manque d'eau. Il faut que la marée soit assez forte pour permettre de passer cette barre, et encore sera-ce assez difficile. Mars connaît parfaitement le chenal, et c'est lui qui doit nous piloter.

— Attendre!... Toujours attendre! s'écria James Burbank. Et combien de jours?

— Trois jours au plus, et vingt-quatre heures seulement, si le vent du large pousse le flot dans l'estuaire. »

Trois jours ou vingt-quatre heures, que ce temps serait long pour les hôtes de Castle-House! Et, d'ici-là, si les confédérés comprenaient qu'ils ne pourraient défendre la ville, s'ils l'abandonnaient comme ils avaient abandonné Fernandina, le fort Clinch, les autres points de la Géorgie et de la Floride septentrionale, Texar ne s'enfuirait-il pas avec eux? Alors, en quel endroit irait-on le chercher?

Cependant, s'attaquer à lui, en ce moment où il faisait la loi à Jacksonville, où la populace le soutenait dans ses violences, c'était impossible. Il n'y avait pas à revenir là-dessus.

M. Stannard demanda alors à Gilbert s'il était vrai que les fédéraux eussent éprouvé quelque insuccès dans le Nord, et ce qu'on devait penser de la défaite de Bentonville.

« La victoire de Pea-Ridge, répondit le jeune lieutenant, a permis aux troupes de Curtis de reprendre le terrain qu'elles avaient un instant perdu. La situation des nordistes est excellente, leur succès assuré dans un délai qu'il est difficile de prévoir. Quand ils auront occupé les points principaux de la Floride, ils empêcheront la contrebande de guerre qui se fait par les passes du littoral, et les munitions comme les armes ne tarderont pas à manquer aux confédérés. Donc, avant peu, ce territoire aura retrouvé le calme et la sécurité sous la protection de notre escadre!... Oui... dans quelques jours!... Mais, d'ici-là... »

L'idée de sa sœur, exposée à tant de périls, lui revint avec une telle

James Burbank prit la main de son fils. (Page 173.)

force que M. Burbank dut détourner ce souvenir, en ramenant la conversation sur la question des belligérants. Gilbert ne pouvait-il lui apprendre encore bien des nouvelles, qui n'avaient pu arriver à Jacksonville, ou, du moins, à Camdless-Bay?

Il y en avait quelques-unes, en effet, et d'une grande importance pour les nordistes des territoires de la Floride.

On se rappelle qu'à la suite de la victoire de Donelson, l'Etat de Tennessee,

Ces deux formidables engins se canonnèrent. (Page 179.)

presque entièrement, était rentré sous la domination des fédéraux. Ceux-ci, en combinant une attaque simultanée de leur armée et de leur flotte, songeaient à se rendre maîtres de tout le cours du Mississipi. Ils l'avaient donc descendu jusqu'à l'île 10, où leurs troupes allaient prendre contact avec la division du général Beauregard, chargé de la défense du fleuve. Déjà, le 24 février, les brigades du général Pope, après avoir débarqué à Commerce, sur la rive droite du Mississipi, venaient de repousser le corps de J. Thomson. Arrivées à l'île 10 et au village de New-Madrid, il est vrai, elles avaient dû s'arrêter devant un formidable système de redoutes préparé par Beauregard. Si, depuis la chute de Donelson et de Nasheville, toutes les positions du fleuve au-dessus de Memphis devaient être considérées comme perdues pour les confédérés, on pouvait encore défendre celles qui se trouvaient au-dessous. C'était sur ce point qu'allait se livrer bientôt une bataille, décisive peut-être.

Mais, en attendant, la rade de Hampton-Road, à l'entrée du James-River, avait été le théâtre d'un combat mémorable. Ce combat venait de mettre aux prises les premiers échantillons de ces navires cuirassés, dont l'emploi a changé la tactique navale et modifié les marines de l'Ancien et du Nouveau-Monde.

A la date du 5 mars, le *Monitor*, cuirassé construit par l'ingénieur suédois Erikcson, et le *Virginia*, ancien *Merrimak* transformé, étaient prêts à prendre la mer, l'un à New-York, l'autre à Norfolk.

Vers cette époque, une division fédérale, réunie sous les ordres du capitaine Marston, se trouvait à l'ancre à Hampton-Road, près de Newport-News. Cette division se composait du *Congress*, du *Saint-Laurence*, du *Cumberland* et de deux frégates à vapeur.

Tout à coup, le 2 mars, dans la matinée, apparaît le *Virginia*, commandé par le capitaine confédéré Buchanan. Suivi de quelques autres navires de moindre importance, il vient se jeter d'abord sur le *Congress*, ensuite sur le *Cumberland* qu'il perce de son éperon et qu'il coule avec cent vingt hommes de son équipage. Revenant alors vers le *Congress*, échoué sur les vases, il le défonce à coups d'obus et le livre aux flammes. La nuit seule l'empêcha de détruire les trois autres bâtiments de l'escadre fédérale.

On s'imaginerait difficilement l'effet que produisit cette victoire d'un petit navire cuirassé contre les vaisseaux de haut bord de l'Union. Cette nouvelle s'était propagée avec une rapidité vraiment merveilleuse. De là, une consternation profonde chez les partisans du Nord, puisqu'un *Virginia* pouvait venir jusque dans l'Hudson couler les navires de New-York. De là aussi, une joie excessive pour le Sud, qui voyait déjà le blocus levé et le commerce redevenu libre sur toutes ses côtes.

C'est même ce succès maritime qui avait été si bruyamment célébré la veille à Jacksonville. Les confédérés pouvaient se croire maintenant à l'abri des bâtiments du gouvernement fédéral. Peut-être, même, à la suite de la victoire de Hampton-Road, l'escadre du commodore Dupont serait-elle immédiatement rappelée vers le Potomac ou la Chesapeake? Aucun débarquement ne menacerait plus alors la Floride. Les idées esclavagistes, appuyées par la partie la plus violente des populations du Sud, triompheraient sans conteste. Ce serait la consolidation de Texar et de ses partisans dans une situation où ils pouvaient faire tant de mal!

Toutefois, parmi les confédérés, on s'était hâté de triompher trop tôt. Et, ces nouvelles, déjà connues dans le nord de la Floride, Gilbert les compléta en rapportant les bruits qui circulaient, au moment où il avait quitté la canonnière du commandant Stevens.

La seconde journée du combat naval de Hampton-Road, en effet, avait été bien différente de la première. Le matin du 9 mars, au moment où le *Virginia* se disposait à attaquer le *Minnesota*, l'une des deux frégates fédérales, un ennemi, dont il ne soupçonnait même pas la présence, s'offrit à lui. Singulière machine, qui s'était détachée du flanc de la frégate, « une boîte à fromage posée sur un radeau », dirent les confédérés. Cette boîte à fromage, c'était le *Monitor*, commandé par le lieutenant Warden. Il avait été envoyé dans ces parages pour détruire les batteries du Potomac. Mais, arrivé à l'embouchure du James-River, le lieutenant Warden, ayant entendu le canon de Hampton-Road, pendant la nuit, avait conduit le *Monitor* sur le lieu du combat.

Placés à dix mètres l'un de l'autre, ces deux formidables engins de guerre se canonnèrent pendant quatre heures, et ils s'abordèrent, ce fut sans grand résultat. Enfin, le *Virginia*, atteint à sa ligne de flottaison et menacé de sombrer, dut fuir dans la direction de Norfolk. Le *Monitor*, qui devait couler lui-même neuf mois plus tard, avait complètement vaincu son rival. Grâce à lui, le gouvernement fédéral venait de reprendre toute sa supériorité sur les eaux de Hampton-Road.

« Non, mon père, dit Gilbert, en achevant son récit, notre escadre n'est point rappelée dans le nord. Les six canonnières de Stevens sont mouillées devant la barre du Saint-John. Je vous le répète, dans trois jours au plus tard, nous serons maîtres de Jacksonville!

— Tu vois bien, Gilbert, répondit M. Burbank, qu'il faut attendre et retourner à ton bord! Mais, pendant que tu te dirigeais vers Camdless-Bay, ne crains-tu pas d'avoir été suivi?...

— Non, mon père, répondit le jeune lieutenant. Mars et moi, nous avons dû échapper à tous les regards.

— Et cet homme, qui est venu t'apprendre ce qui s'était passé à la plantation, l'incendie, le pillage, la maladie de ta mère, qui est-il?

— Il m'a dit être un des gardiens qui ont été chassés du phare de Pablo, et il venait prévenir le commandant Stevens du danger que couraient les nordistes dans cette partie de la Floride.

— Il n'était pas instruit de ta présence à bord?

— Non, et il en a paru même fort surpris, répondit le jeune lieutenant. Mais pourquoi ces questions, mon père?

— C'est que je redoute toujours quelque piège de la part de Texar. Il fait plus que soupçonner, il sait que tu sers dans la marine fédérale. Il a pu apprendre que tu étais sous les ordres du commandant Stevens. S'il avait voulu t'attirer ici....

— Ne craignez rien, mon père. Nous sommes arrivés à Camdless-Bay, sans avoir été vus en remontant le fleuve, et il en sera de même lorsque nous le descendrons....

— Pour retourner à ton bord... non ailleurs!

— Je vous l'ai promis, mon père. C'est à notre bord que Mars et moi nous serons rentrés avant le jour.

— A quelle heure partirez-vous?

— Au renversement de la marée, c'est-à-dire, vers deux heures et demie du matin.

— Qui sait? reprit M. Carrol. Peut-être les canonnières de Stevens ne seront-elles pas retenues pendant trois jours encore devant la barre du Saint-John?

— Oui!.. il suffit que le vent du large fraîchisse pour donner assez d'eau sur la barre, répondit le jeune lieutenant. Ah! dût-il souffler en tem-

pête, qu'il souffle donc! Que nous ayons enfin raison de ces misérables!...
Et alors....

— Je tuerai Texar, » répéta Mars.

Il était un peu plus de minuit. Gilbert et Mars ne devaient pas quitter Castle-House avant deux heures, puisqu'il fallait attendre que la marée descendante leur permit de rejoindre la flottille du commandant Stevens. L'obscurité serait très profonde, et il y avait bien des chances pour qu'ils pussent passer inaperçus, quoique de nombreuses embarcations eussent pour mission de surveiller le cours du Saint-John, en aval de Camdless-Bay.

Le jeune officier remonta alors près de sa mère. Il trouva miss Alice assise à son chevet. Mme Burbank, brisée par le dernier effort qu'elle venait de faire, était tombée dans une sorte d'assoupissement très douloureux, à en juger par les sanglots qui s'échappaient de sa poitrine.

Ibert ne voulut pas troubler cet état de torpeur où il y avait plus d'abattement que de sommeil. Il s'assit près du lit, après que miss Alice lui eut fait signe de ne pas parler. Là, silencieusement, ils veillèrent ensemble cette pauvre femme que le malheur n'avait pas fini de frapper peut-être! Avaient-ils besoin de paroles pour échanger leurs pensées? Non! Ils souffraient de la même souffrance, ils se comprenaient sans se rien dire, ils se parlaient par le cœur.

Enfin l'heure de quitter Castle-House arriva. Gilbert tendit la main à miss Alice, et tous deux se penchèrent sur Mme Burbank, dont les yeux à demi fermés ne purent les voir.

Puis, Gilbert pressa de ses lèvres le front de sa mère que la jeune fille voulut baiser après lui. Mme Burbank éprouva comme un douloureux tressaillement; mais elle ne vit pas son fils se retirer, ni miss Alice le suivre pour lui donner un dernier adieu.

Gilbert et elle retrouvèrent James Burbank et ses amis qui n'avaient point quitté le hall.

Mars, après être allé observer les environs de Castle-House, y rentrait à ce moment.

« Il est l'heure de partir, dit-il.

— Oui, Gilbert, répondit James Burbank. Pars donc!... Nous ne nous reverrons plus qu'à Jacksonville...

— Oui!... à Jacksonville, et dès demain, si la marée nous permet de franchir la barre. Quant à Texar...

— C'est vivant qu'il nous le faut!... Ne l'oublie pas, Gilbert!

— Oui!... Vivant!... »

Le jeune homme embrassa son père, il serra les mains de son oncle Carrol et de M. Stannard :

« Viens, Mars, » dit-il.

Et tous deux, suivant la rive droite du fleuve, le long des berges de la plantation, marchèrent rapidement pendant une demi-heure. Ils ne rencontrèrent personne sur la route. Arrivés à l'endroit où ils avaient laissé leur gig, caché sous un amoncellement de roseaux, ils s'embarquèrent pour aller prendre le fil du courant qui devait les entraîner rapidement vers la barre du Saint-John.

XIV

SUR LE SAINT-JOHN

Le fleuve était alors désert dans cette partie de son cours. Pas une seule lueur n'apparaissait sur la rive opposée. Les lumières de Jacksonville se cachaient derrière le coude que fait la crique de Camdless, en s'arrondissant vers le nord. Leur reflet seul montait au-dessus et teintait la plus basse couche des nuages.

Bien que la nuit fût sombre, le gig pouvait facilement prendre direction sur la barre. Comme aucune vapeur ne se dégageait des eaux du Saint-

John, il aurait été facile de le suivre et de le poursuivre, si quelque embarcation confédérée l'eût attendu au passage — ce que Gilbert et son compagnon ne croyaient pas avoir lieu de craindre.

Tous deux gardaient un profond silence. Au lieu de descendre ce fleuve, ils auraient voulu le traverser pour aller chercher Texar jusque dans Jacksonville, pour se rencontrer face à face avec lui. Et alors, remontant le Saint-John, ils eussent fouillé toutes les forêts, toutes les criques de ses rives. Où M. James Burbank avait échoué, ils auraient réussi peut-être. Et pourtant, il n'était que sage d'attendre. Lorsque les fédéraux seraient maîtres de la Floride, Gilbert et Mars pourraient agir avec plus de chances de succès vis-à-vis de l'Espagnol. D'ailleurs, le devoir leur ordonnait de rejoindre avant le jour la flottille du commandant Stevens. Si la barre devenait praticable plus tôt qu'on ne l'espérait, ne fallait-il pas que le jeune lieutenant fût à son poste de combat, et Mars au sien, pour piloter les canonnières à travers ce chenal, dont il connaissait la profondeur à tout instant de la mer montante?

Mars, assis à l'arrière du gig, maniait sa pagaie avec vigueur. Devant lui, Gilbert observait soigneusement le cours du fleuve en amont, prêt à signaler tout obstacle ou tout danger qui se présenterait, barque ou tronc en dérive. Après s'être obliquement écartée de la rive droite, afin de prendre le milieu du chenal, la légère embarcation n'aurait plus qu'à suivre le fil du courant, où elle se maintiendrait d'elle-même. Jusque-là, il suffisait que, d'un mouvement de la main, Mars forçât sur bâbord ou sur tribord pour tenir une direction convenable.

Sans doute, mieux eût valu ne point s'éloigner de la sombre lisière d'arbres et de roseaux gigantesques, qui bordent la rive droite du Saint-John. A la longer sous la retombée des épaisses ramures, on risquait moins d'être aperçu. Mais, un peu au-dessous de la plantation, un coude très accusé de la rive renvoie le courant vers l'autre bord. Il s'est établi là un large remous, qui eût rendu la navigation du gig infiniment plus pénible tout en retardant sa marche. Aussi Mars, ne voyant rien de suspect en aval, cherchait-il plutôt à s'abandonner aux eaux vives du milieu qui descendent rapidement vers l'em-

Gilbert venait d'apercevoir une longue ligne de taches noires. (Page 186.)

bouchure. Du petit port de Camdless-Bay jusqu'à l'endroit où la flottille était mouillée au-dessous de la barre, on comptait de quatre à cinq milles, et, avec l'aide du jusant, sous la poussée des bras vigoureux de Mars, le gig ne pouvait être embarrassé de les enlever en deux heures. Il serait donc de retour, avant que les premières lueurs du jour eussent éclairé la surface du Saint-John.

Un quart d'heure après leur embarquement, Gilbert et Mars se trouvaient en

La fuite n'était plus possible. (Page 191.)

plein fleuve. Là, ils purent constater que, si leur rapidité était considérable, la direction du courant les portait vers Jacksonville. Peut-être même, inconsciemment, Mars appuyait-il de ce côté, comme s'il eût été sollicité par quelque irrésistible attraction. Cependant il fallait éviter ce lieu maudit, dont les abords devaient être gardés avec plus de soin que la partie centrale du Saint-John.

« Droit, Mars, droit! » se contenta de dire le jeune officier.

Et le gig dut se maintenir dans le fil du courant, à un quart de mille de la rive gauche.

Le port de Jacksonville ne se montrait ni sombre ni silencieux, cependant. De nombreuses lumières couraient sur les quais ou tremblotaient dans les embarcations, à la surface des eaux. Quelques-unes même se déplaçaient rapidement, comme si une active surveillance eût été organisée sur un assez large rayon.

En même temps, des chants, mêlés de cris, indiquaient que les scènes de plaisir ou d'orgie continuaient à troubler la ville. Texar et ses partisans croyaient-ils donc toujours à la défaite des nordistes en Virginie et à la retraite possible de la flottille fédérale ? Ou bien profitaient-ils de leurs derniers jours pour se livrer à tous les excès, au milieu d'une population ivre de wiskey et de gin ?

Quoiqu'il en soit, comme le gig filait toujours dans le lit du courant, Gilbert avait lieu de croire qu'il serait bientôt à l'abri des plus grands dangers, du moment qu'il aurait dépassé Jacksonville, quand, soudain, il fit signe à Mars de s'arrêter. A moins d'un mille au-dessous du port, il venait d'apercevoir une longue ligne de taches noires, semées comme une série d'écueils d'une rive à l'autre du fleuve.

C'était une ligne d'embarcations, embossées en cet endroit, qui barrait le Saint-John. Évidemment, si les canonnières parvenaient à franchir la barre, ces embarcations seraient impuissantes à les arrêter, et elles n'auraient plus qu'à battre en retraite ; mais, pour le cas où des chaloupes fédérales tenteraient de remonter le fleuve, elles seraient peut-être capables de s'opposer à leur passage. C'est pour cette raison qu'elles étaient venues former un barrage pendant la nuit. Toutes étaient immobiles en travers du Saint-John, soit qu'elles se maintinssent avec leurs avirons, soit qu'elles fussent mouillées sur leurs grappins. Bien qu'on ne pût le voir, nul doute qu'elles eussent à bord un assez grand nombre d'hommes, bien armés pour l'offensive comme pour la défensive.

Toutefois Gilbert fit cette remarque que le chapelet d'embarcations ne barrait pas encore le fleuve, lorsqu'il l'avait remonté pour atteindre Camdless-Bay.

Cette précaution n'avait donc été prise que depuis le passage du gig, et peut-être en prévision d'une attaque dont il n'était point question au moment où le jeune lieutenant venait de quitter la flottille de Stevens.

Il fallut, dès lors, abandonner le milieu du fleuve, afin de s'abriter le plus possible le long de la rive droite. Peut-être le canot resterait-il inaperçu, s'il manœuvrait à travers le fouillis des roseaux et dans l'ombre des arbres de la berge. En tout cas, il n'existait aucun autre moyen d'éviter le barrage du Saint-John.

« Mars, tâche de pagayer sans bruit jusqu'au moment où nous aurons dépassé cette ligne, dit le jeune lieutenant.

— Oui, monsieur Gib.

— Il y aura sans doute à lutter contre les remous, et s'il faut te venir en aide…

— J'y suffirai, » répondit Mars.

Et, faisant évoluer le gig, il le ramena rapidement du côté de la rive droite, lorsqu'il n'était déjà plus qu'à trois cents yards au dessus de la ligne d'embossage.

Puisque l'embarcation n'avait pas été aperçue pendant qu'elle traversait obliquement le fleuve — et elle aurait pu l'être — maintenant qu'elle se confondait avec les sombres masses de la berge, il était impossible qu'elle fût découverte. A moins que l'extrémité du barrage s'appuyât sur la rive, il était à peu près certain qu'elle pourrait le franchir. Dans le chenal même du Saint-John, il eût été plus qu'imprudent de le tenter.

Mars pagayait au milieu d'une obscurité que rendait plus profonde encore l'épais rideau des arbres. Il évitait soigneusement de heurter des souches, dont la tête émergeait çà et là, ou de frapper l'eau trop bruyamment, bien qu'il eût parfois à vaincre un contre-courant que certaines dérivations des remous rendaient assez rude. A dériver dans ces conditions, Gilbert éprouverait un retard d'une heure, sans doute. Mais peu importerait qu'il fît jour alors ; il serait assez près du mouillage des canonnières pour n'avoir plus rien à craindre de Jacksonville.

Vers quatre heures, le canot était arrivé à la hauteur des embarcations. Ainsi que l'avait prévu Gilbert, étant donné le peu de profondeur du fleuve en cet endroit du chenal, le passage avait été laissé libre le long de la rive. Quelques centaines de pieds au delà, une pointe, qui faisait saillie sur le Saint-John — pointe très boisée — s'abritait confusément sous un massif de palétuviers et d'énormes bambous.

Il s'agissait de contourner cette pointe, très sombre du côté de l'amont. En aval, au contraire, les masses de verdure cessaient brusquement. Le littoral, plus déclive aux approches de l'estuaire du Saint-John, se découpait en une suite de criques et de marécages, formant une grève très basse, très découverte. Là, plus un arbre, plus de rideau obscur, et, par conséquent, les eaux redevenaient assez claires. Il n'était donc pas impossible qu'un point noir et mouvant, comme le gig, trop petit pour que deux hommes pussent s'y coucher, fût aperçu de quelque embarcation rôdant au large de la pointe.

Au delà, il est vrai, le remous ne se faisait plus sentir. C'était un courant assez vif, qui longeait la rive sans chercher la direction du chenal. Si le canot doublait heureusement cette pointe, il serait rapidement entraîné vers la barre, et il arriverait en peu de temps au mouillage du commandant Stevens.

Mars se glissait donc le long de la rive avec une extrême prudence. Ses yeux essayaient de percer les ténèbres, observant le bas cours du fleuve. Il rasait la berge d'aussi près que possible, luttant contre le remous qui était encore très violent au revers de la pointe. La pagaie pliait sous ses bras vigoureux, pendant que Gilbert, le regard tourné vers l'amont, ne cessait de fouiller la surface du Saint-John.

Cependant le gig s'approchait peu à peu de la pointe. Quelques minutes encore, et il en aurait atteint l'extrémité, qui se prolongeait sous la forme d'une fine langue de sable. Il n'en était plus qu'à vingt-cinq ou trente yards, quand, soudain, Mars s'arrêta.

« Es-tu fatigué, demanda le jeune lieutenant, et veux-tu que je te remplace?...

— Pas un mot, monsieur Gilbert! » répondit Mars.

Et, en même temps, de deux violents coups de pagaie, il se lança obliquement, comme s'il eût voulu s'échouer contre la rive. Aussitôt, dès qu'il fut à portée, il saisit une des branches qui pendaient sur les eaux; puis, hâlant dessus, il fit disparaître l'embarcation sous un sombre berceau de verdure. Un instant après, leur amarre tournée à l'une des racines d'un palétuvier, Gilbert et Mars, immobiles, se trouvaient au milieu d'une obscurité telle qu'ils ne pouvaient plus se voir.

Cette manœuvre n'avait pas duré dix secondes.

Le jeune lieutenant saisit alors le bras de son compagnon, et il allait lui demander l'explication de cette manœuvre, lorsque Mars, tendant le bras à travers le feuillage, montra un point mouvant sur la partie moins sombre des eaux.

C'était une embarcation conduite par quatre hommes qui remontait le courant, après avoir doublé la langue de terre, et se dirigeait de manière à longer la berge au-dessus de la pointe.

Gilbert et Mars eurent alors la même pensée : avant tout et malgré tout, regagner leur bord. Si leur canot était découvert, ils n'hésiteraient pas à sauter sur la rive, ils fileraient entre les arbres, ils s'enfuiraient par la berge jusqu'à la hauteur de la barre. Là, le jour venu, soit qu'on aperçût leurs signaux de la plus rapprochée des canonnières, soit qu'ils dussent la rejoindre à la nage, ils feraient tout ce qu'il était humainement possible de faire pour revenir à leur poste.

Mais, presque aussitôt, ils allaient comprendre que toute retraite par terre leur serait coupée.

En effet, lorsque l'embarcation fut arrivée à vingt pieds au plus du berceau de verdure, une conversation s'établit entre les gens qui la montaient et une demi-douzaine d'autres, dont les ombres apparaissaient entre les arbres sur l'arête de la berge.

« Le plus difficile est fait? cria-t-on de terre.

— Oui, répondit-on du fleuve. Cette pointe à doubler avec marée descendante, c'est aussi dur que de remonter un rapide !

— Allez-vous mouiller en cet endroit, maintenant que nous voilà débarqués sur la pointe?

— Sans doute, au milieu du remous... Nous garderons mieux l'extrémité du barrage.

— Bien! Pendant ce temps, nous allons surveiller la berge, et, à moins de se jeter dans le marais, j'imagine que ces coquins auront quelque peine à nous échapper...

— Si ce n'est fait déjà?

— Non! Ce n'est pas possible! Évidemment, ils tenteront de revenir à leur bord avant le jour. Or, comme ils ne peuvent franchir la ligne des embarcations, ils essaieront de filer le long de la rive, et nous serons là pour les arrêter au passage. »

Ces quelques phrases suffisaient à faire comprendre ce qui était arrivé. Le départ de Gilbert et de Mars devait avoir été signalé, — nul doute à cet égard. Si, pendant qu'ils remontaient le fleuve pour atteindre le port de Camdless-Bay, ils avaient pu échapper aux embarcations chargées de leur couper la route, maintenant que le fleuve était barré et qu'on les guettait au retour, il leur serait bien difficile, sinon impossible, de regagner le mouillage des canonnières.

En somme, dans ces conditions, le gig se trouvait pris entre les hommes de l'embarcation et ceux de leurs compagnons qui venaient de prendre pied sur la pointe. Donc, si la fuite était devenue impraticable en descendant le fleuve, elle ne l'était pas moins par cette étroite berge, resserrée entre les eaux du Saint-John et les marais du littoral.

Ainsi Gilbert venait d'apprendre que son passage avait été signalé sur le Saint-John. Toutefois, peut-être, ignorait-on que son compagnon et lui eussent débarqué à Camdless-Bay, et que l'un d'eux fût le fils de James Burbank, et un officier de la marine fédérale; l'autre, un de ses matelots. Il n'en était rien, malheureusement. Le jeune lieutenant ne put plus douter du danger qui le menaçait, lorsqu'il entendit les dernières phrases que ces gens échangèrent entre eux.

« Ainsi veillez bien! dit-on de terre.

— Oui... Oui!... fut-il répondu. Un officier fédéral, c'est de bonne prise, d'autant plus que cet officier est le propre fils de l'un de ces damnés nordistes de la Floride!

— Et ça nous sera payé cher, puisque c'est Texar qui paye!

« — Il est possible, cependant, que nous ne réussissions pas à les enlever cette nuit, s'ils sont parvenus à se cacher dans quelque creux de la rive. Mais, au jour, nous en fouillerons si bien tous les trous qu'un rat d'eau ne nous échapperait pas!

— N'oublions pas qu'il y a recommandation expresse de les avoir vivants!

— Oui!... Convenu!... Convenu aussi que, dans le cas où ils se feraient arrêter sur la berge, nous n'aurons qu'à vous héler pour que vous veniez les prendre et les conduire à Jacksonville?

— D'ailleurs, à moins qu'il faille leur donner la chasse, nous resterons mouillés ici.

— Et nous, à notre poste, en travers de la berge.

— Allons! Bonne chance! En vérité, mieux aurait valu passer la nuit à boire dans les cabarets de Jacksonville...

— Oui, si ces deux coquins nous échappent! Non, si, demain, nous les amenons, pieds et poings liés, à Texar! »

Là-dessus, l'embarcation s'éloigna de deux longueurs d'avirons. Puis, le bruit d'une chaîne, qui se déroulait, indiqua bientôt que son ancre était par le fond. Quant aux hommes qui occupaient la lisière de la berge, s'ils ne parlaient plus, du moins entendait-on le bruit de leurs pas sur les feuilles tombées des arbres.

Du côté du fleuve, comme du côté de la terre, la fuite n'était donc plus possible.

C'est à quoi réfléchissaient Gilbert et Mars. L'un et l'autre n'avaient pas fait un seul mouvement ni prononcé une seule parole. Rien ne pouvait donc trahir la présence du gig enfoui sous le sombre berceau de verdure, berceau qui était une prison. Impossible d'en sortir. En admettant qu'il n'y fût point découvert pendant la nuit, comment Gilbert échapperait-il aux regards, lorsque le jour paraîtrait? Or, la capture du jeune lieutenant, c'était non seulement sa vie menacée — soldat, il en eût volontiers fait le sacrifice, — mais, si on parvenait à établir qu'il avait débarqué à Castle-House, c'était son père arrêté de nouveau par les partisans de Texar, c'était la connivence de James Burbank avec les fédéraux démontrée sans conteste. Que la preuve eût manqué à l'Espagnol, quand il accusait pour la première fois le propriétaire de Camdless-Bay, cette preuve ne lui ferait plus défaut, lorsque Gilbert serait en son pouvoir. Et alors, que deviendrait Mme Burbank? Que deviendraient Dy et Zermah, lorsque le père, le frère, le mari, ne seraient plus là pour continuer leurs recherches?

En un instant, toutes ces pensées se présentèrent à l'esprit du jeune officier, et il en avait entrevu les inévitables conséquences.

Ainsi, au cas où tous deux seraient pris, il ne resterait plus qu'une seule chance : c'est que les fédéraux s'empareraient de Jacksonville, avant que Texar eût été en état de nuire. Peut-être, alors, seraient-ils délivrés assez à temps pour que la condamnation à laquelle ils ne pouvaient échapper n'eût pas été suivie d'exécution. Oui! tout espoir était là et n'était plus que là. Mais, comment hâter l'arrivée du commandant Stevens et de ses canonnières en amont du fleuve? Comment franchir la barre du Saint-John, si l'eau manquait encore? Comment guider la flottille à travers les multiples sinuosités du chenal, si Mars, qui devait la piloter, tombait entre les mains des sudistes?

Gilbert devait donc risquer même l'impossible pour regagner son bord avant le jour, et il fallait partir sans perdre un instant. Était-ce impraticable? Mars ne pouvait-il, en lançant brusquement le gig à travers le remous, lui rendre sa liberté? Pendant que les gens de l'embarcation perdraient du temps, soit à lever leur ancre, soit à larguer leur chaîne, n'aurait-il pas pris assez d'avance pour se mettre hors d'atteinte?

Non! c'eût été tout compromettre. Le jeune lieutenant ne le savait que trop. La pagaie de Mars ne pouvait lutter avec avantage contre les quatre avirons de l'embarcation. Le canot ne tarderait pas à être rattrapé, pendant qu'il essaierait de filer le long de la rive. Agir de la sorte, ce serait courir à une perte certaine.

Que faire alors? Convenait-il d'attendre? Le jour allait bientôt paraître. Il était déjà quatre heures et demie du matin. Quelques blancheurs flottaient au-dessus de l'horizon dans l'est.

Cependant il importait de prendre un parti, et voici celui auquel s'arrêta Gilbert.

Divers couples d'oiseaux déployant une envergure démesurée. (Page 196.)

Après s'être courbé vers Mars, afin de lui parler à voix basse :

« Nous ne pouvons attendre plus longtemps, dit-il. Nous sommes armés chacun d'un revolver et d'un coutelas. Dans l'embarcation, il y a quatre hommes. Ce n'est que deux contre un. Nous aurons l'avantage de la surprise. Tu vas pousser vigoureusement le gig à travers le remous et le lancer contre l'embarcation en quelques coups de pagaie. Étant mouillée, elle ne pourra éviter l'abordage. Nous tomberons sur ces hommes, nous les frapperons, sans leur laisser le temps de se reconnaître, et nous tirerons au large. Puis, avant que ceux de la berge aient donné l'alarme, peut-être aurons-nous franchi le barrage et atteint la ligne des canonnières. — Est-ce compris, Mars? »

Mars répondit en prenant son coutelas qu'il passa tout ouvert à sa ceinture, près de son revolver. Cela fait, il largua doucement l'amarre du canot et saisit sa pagaie pour la pousser d'un coup vigoureux.

Mais, au moment où il allait commencer sa manœuvre, Gilbert l'arrêta d'un geste.

Une circonstance inattendue venait de lui faire immédiatement modifier ses projets.

Avec les premières lueurs du jour, un épais brouillard commençait à se lever sur les eaux. On eût dit d'une ouate humide qui se déroulait à leur surface en les effleurant de ses volutes mouvantes. Ces vapeurs, formées en mer, venaient de l'embouchure du fleuve, et, poussées par une légère brise, elles remontaient lentement le cours du Saint-John. Avant un quart d'heure, aussi bien Jacksonville, sur la rive gauche, que les massifs d'arbres de la berge, sur la rive droite, tout aurait disparu dans l'amoncellement de ces brumes un peu jaunâtres, dont l'odeur caractéristique emplissait déjà la vallée.

N'était-ce pas le salut qui s'offrait au jeune lieutenant et à son compagnon? Au lieu de risquer une lutte inégale, dans laquelle ils pouvaient succomber tous deux, pourquoi n'essaieraient-ils pas de se glisser à travers ce brouillard? Gilbert crut, du moins, que c'était ce qu'il y avait de mieux à faire. C'est pourquoi il retint Mars, au moment où celui-ci allait brusquement déborder de la rive. Il s'agissait, au contraire, de la ranger prudemment, silencieusement, en évitant l'embarcation, dont la silhouette, indécise déjà, allait s'effacer tout à fait.

Alors les voix recommencèrent à se héler dans l'ombre. Du fleuve on répondait à la berge.

« Attention au brouillard!

— Oui! Nous allons lever notre ancre et nous rapprocher davantage de la rive!

— C'est bien, mais restez aussi en communication avec les embarcations du barrage. S'il en passe près de vous, prévenez-les de croiser en tous sens jusqu'au lever des brumes.

— Oui!... Oui!... Ne craignez rien, et veillez bien au cas où ces coquins chercheraient à fuir par terre! »

Évidemment, cette précaution, tout indiquée, allait être prise. Un certain nombre d'embarcations s'appliqueraient à croiser d'une rive à l'autre du fleuve. Gilbert le savait; il n'hésita pas. Le gig, silencieusement manœuvré par Mars, abandonna le berceau de verdure et s'avança lentement à travers le remous.

Le brouillard tendait à s'épaissir, bien qu'il fût pénétré d'un demi-jour blafard, semblable à la lueur qui passe à travers la corne d'une lanterne. On ne voyait plus rien, même dans un rayon de quelques yards. Si, par bonheur, le canot n'abordait pas l'embarcation mouillée au large, il avait bien des chances de rester inaperçu. Et, en effet, il put l'éviter, pendant que les hommes s'occupaient à en relever l'ancre avec un bruit de chaîne, qui marquait à peu près la place dont il fallait s'écarter.

Le gig passa donc, et Mars put appuyer un peu plus vigoureusement sur sa pagaie.

Le difficile était alors de suivre une direction convenable, sans s'exposer à prendre le chenal au milieu du fleuve. Il fallait, au contraire, se tenir à une petite distance de la rive droite. Rien n'eût pu guider Mars à travers les brumes amoncelées, si ce n'est peut-être le grondement des eaux qui s'accentuait en rasant le pied de la berge. On sentait déjà venir le jour. Il grandissait au-dessus de la masse des vapeurs, bien que le brouillard restât très épais à la surface du Saint-John.

Pendant une demi-heure, le gig erra, pour ainsi dire, à l'aventure. Quelquefois, une vague silhouette apparaissait inopinément. On pouvait croire que ce fût une embarcation, démesurément agrandie par la réfraction — phénomène communément observé au milieu des brouillards en mer. En effet, tout objet s'y montre aux yeux avec une soudaineté vraiment fantastique, et l'impression est qu'il a des dimensions énormes. Cela se produisit fréquemment. Heureusement, ce que Gilbert prenait pour une chaloupe n'était qu'une bouée de balisage, une tête de roche émergeant des eaux, ou quelque pieu enfoncé dans le fleuve, dont la pointe se perdait dans le plafond des vapeurs.

Divers couples d'oiseaux passaient aussi, déployant une envergure démesurée. Si on les voyait à peine, on entendait, du moins, le cri perçant qu'ils jetaient à travers l'espace. D'autres s'envolaient du lit même du fleuve, au moment où l'approche du canot venait de les mettre en fuite. Il eût été impossible de reconnaître s'ils allaient se reposer sur la berge, à quelques pas seulement, ou s'ils se replongeaient sous les eaux du Saint-John.

En tout cas, puisque la marée descendait toujours, Gilbert était certain que le gig, entraîné par le jusant, gagnait vers le mouillage du commandant Stevens. Cependant, comme le courant avait beaucoup molli déjà, rien ne pouvait faire croire que le jeune lieutenant eût enfin dépassé la ligne d'embossage. Ne devait-il pas craindre, au contraire, d'être maintenant à sa hauteur et de tomber brusquement sur l'une des embarcations.

Ainsi, toute éventualité de grave danger n'avait pas disparu encore. Bientôt même, il fut manifeste que le gig se trouvait en plus grand péril que jamais. Aussi, à de courts intervalles, Mars s'arrêtait-il, laissant sa pagaie suspendue au-dessus des eaux. Des bruits d'aviron, éloignés ou proches, se faisaient incessamment entendre dans un rayon restreint. Divers cris se répondaient d'une embarcation à une autre. Quelques formes, dont les linéaments étaient à peine dessinés, s'estompaient tout à coup dans le vague du brouillard. C'étaient bien des bateaux en marche qu'il fallait éviter. Parfois, aussi, les vapeurs s'entr'ouvraient soudain, comme si un vaste souffle eût pénétré leur masse. La portée de la vue s'agrandissant jusqu'à une distance de quelques centaines de yards, Gilbert et Mars essayaient alors de reconnaître leur position sur le fleuve. Mais l'éclaircie se brouillait de nouveau, et le canot n'avait plus que la ressource de se laisser aller au courant.

Il était un peu plus de cinq heures. Gilbert calcula qu'il devait être alors à deux milles du mouillage. En effet, il n'avait pas encore atteint la barre du fleuve. Cette barre eût été aisément reconnaissable au bruit plus accentué du courant, aux nombreuses stries des eaux qui s'y entremêlent avec un fracas auquel des marins ne peuvent se tromper. Si la barre eût été déjà franchie, Gilbert se fût cru relativement en sûreté, car il n'était pas probable que les embarcations voulussent se hasarder à cette distance de Jacksonville sous le feu des canonnières.

Tous deux écoutaient donc, se penchant presque au ras de l'eau. Leur oreille si exercée n'avait encore rien pu percevoir. Il fallait qu'ils se fussent égarés, soit vers la droite, soit vers la gauche du fleuve. Maintenant, ne vaudrait-il pas mieux le prendre obliquement, de manière à rallier une des rives, et, s'il le fallait, attendre que le brouillard fût moins épais pour se remettre en bonne route?

C'était le meilleur parti à prendre, puisque les vapeurs commençaient à monter vers de plus hautes zones. Le soleil, que l'on sentait au-dessus, les enlevait en les échauffant. Visiblement, la surface du Saint-John allait réapparaître sur une vaste étendue, bien avant que le ciel fût redevenu distinct. Puis, le rideau se déchirerait d'un coup, les horizons sortiraient des brumes. Peut-être, alors, à un mille au delà de la barre, Gilbert apercevrait-il les canonnières, évitées de jusant, qu'il lui serait possible de rejoindre.

En ce moment, un bruit d'eaux entrechoquées se fit entendre. Presque aussitôt le gig commença à tournoyer comme s'il eût été emporté dans une sorte de tourbillon. On ne pouvait s'y tromper.

« La barre ! s'écria Gilbert.

— Oui ! la barre, répondit Mars, et, une fois franchie, nous serons au mouillage. »

Mars avait repris sa pagaie et cherchait maintenant à se tenir en bonne direction.

Soudain, Gilbert l'arrêta. Dans un recul des vapeurs, il venait d'apercevoir une embarcation, rapidement menée, suivant la même route. Les hommes qui la montaient avaient-ils vu le canot ? Voulaient-ils lui barrer le passage ?

« Revirons sur babord, » dit le jeune lieutenant.

Mars évolua, et quelques coups de pagaie l'eurent bientôt rejeté dans un sens contraire.

Mais, de ce côté, des voix se firent entendre. Elles se hélaient bruyamment. Il y avait certainement sur cette partie du fleuve plusieurs embarcations qui croisaient de conserve.

Tout d'un coup, et comme si une immense houppe eût largement balayé l'espace, les vapeurs retombèrent en eau pulvérisée à la surface du Saint-John.

Gilbert ne put retenir un cri.

Le gig était au milieu d'une douzaine d'embarcations, chargées de surveiller cette partie du chenal, dont la barre coupait le sinueux passage après une longue ligne oblique.

« Les voilà !... Les voilà ! »

Telles furent les exclamations que se renvoyèrent les bateaux de l'un à l'autre.

« Oui, nous voilà ! répondit le jeune lieutenant. Revolver et coutelas aux mains, Mars, et défendons-nous ! »

Se défendre à deux contre une trentaine d'hommes !

En un instant, trois ou quatre embarcations avaient abordé le gig. Des détonations éclatèrent. Seuls, les revolvers de Gilbert et de Mars, que l'on voulait prendre vivants, avaient fait feu. Trois ou quatre marins furent tués ou blessés. Mais, dans cette lutte inégale, comment Gilbert et son compagnon n'auraient-ils pas succombé ?

Le jeune lieutenant fut garrotté, malgré son énergique résistance, puis transporté dans une des embarcations.

« Fuis... Mars !... Fuis !.., » cria-t-il une dernière fois.

D'un coup de son coutelas, Mars se débarrassa de l'homme qui le tenait. Avant qu'on eût pu le ressaisir, l'intrépide mari de Zermah s'était précipité dans le fleuve. En vain chercha-t-on à le reprendre. Il venait de disparaître au milieu des tourbillons de la barre, dont les eaux tumultueuses se changent en torrents au retour de la marée montante.

XV

JUGEMENT

Une heure plus tard, Gilbert accostait le quai de Jacksonville. On avait entendu les coups de revolver tirés en aval. S'agissait-il là d'un engagement entre les embarcations confédérées et la flottille fédérale? Ne devait-on pas craindre, même, que les canonnières du commandant Stevens eussent franchi le chenal en cet endroit? Cela n'avait pas laissé de causer une très sérieuse émotion parmi la population de la ville. Une partie des habitants s'était rapidement portée vers les estacades. Les autorités civiles, représentées par Texar et les plus déterminés de ses partisans n'avaient point tardé à les suivre. Tous regardaient dans la direction de la barre, maintenant dégagée des brumes. Lorgnettes et longues-vues fonctionnaient incessamment. Mais la distance était trop grande — environ trois milles — pour que l'on pût être fixé sur l'importance de l'engagement et de ses résultats.

En tout cas, la flottille se tenait toujours au poste de mouillage qu'elle occupait la veille, et Jacksonville ne devait encore rien redouter d'une attaque immédiate des canonnières. Les plus compromis de ses habitants auraient le temps de se préparer à fuir vers l'intérieur de la Floride.

D'ailleurs, si Texar et deux ou trois de ses compagnons avaient, plus que tous autres, quelques raisons de craindre pour leur propre sécurité, il ne leur parut pas qu'il y eût lieu de s'inquiéter de l'incident. L'Espagnol se doutait bien qu'il s'agissait de la capture de ce canot, dont il voulait s'emparer à tout prix.

« Oui, à tout prix! répétait Texar, en cherchant à reconnaître l'embarcation

Le jeune lieutenant fut garrotté. (Page 198.)

qui s'avançait vers le port. A tout prix, ce fils de Burbank, qui est tombé dans le piège que je lui ai tendu! Je la tiens, enfin, cette preuve que James Burbank est en communication avec les fédéraux! Sang-Dieu! quand j'aurai fait fusiller le fils, vingt-quatre heures ne se passeront pas sans que j'aie fait fusiller le père! »

En effet, bien que son parti fût maître de Jacksonville, Texar, après le renvoi prononcé en faveur de James Burbank, avait voulu attendre une

La foule accompagna Gilbert de ses hurlements. (Page 201.)

occasion propice pour le faire arrêter de nouveau. L'occasion s'était présentée d'attirer Gilbert dans un piège. Gilbert, reconnu comme officier fédéral, arrêté en pays ennemi, condamné comme espion, l'Espagnol pourrait accomplir jusqu'au bout sa vengeance.

Il ne fut que trop servi par les circonstances. C'était bien le fils du colon de Camdless-Bay, de James Burbank, qui était ramené au port de Jacksonville.

Que Gilbert fût seul, que son compagnon se fût noyé ou sauvé, peu importait puisque le jeune officier était pris. Il n'y aurait plus qu'à le traduire devant un comité, composé des partisans de Texar, que celui-ci présiderait en personne.

Gilbert fut accueilli par les huées et les menaces de ce populaire qui le connaissait bien. Il reçut avec dédain toutes ces clameurs. Son attitude ne décela aucune crainte, bien qu'une escouade de soldats eût dû être appelée pour protéger sa vie contre les violences de la foule. Mais, lorsqu'il aperçut Texar, il ne fut pas maître de lui et se serait jeté sur l'Espagnol, s'il n'eût été retenu par ses gardiens.

Texar ne fit pas un mouvement, il ne prononça pas une parole, il affecta même de ne point voir le jeune officier, et il le laissa s'éloigner avec la plus parfaite indifférence.

Quelques instants après, Gilbert Burbank était enfermé dans la prison de Jacksonville. On ne pouvait se faire illusion sur le sort que lui réservaient les sudistes.

Vers midi, M. Harvey, le correspondant de James Burbank, se présentait à la prison et tentait de voir Gilbert. Il fut éconduit. Par ordre de Texar, le jeune lieutenant était mis au secret le plus absolu. Cette démarche eut même pour résultat que M. Harvey allait être surveillé très sévèrement.

En effet, on n'ignorait pas ses rapports avec la famille Burbank, et il entrait dans les projets de l'Espagnol que l'arrestation de Gilbert ne fut pas immédiatement connue à Camdless-Bay. Une fois le jugement rendu, la condamnation prononcée, il serait temps d'apprendre à James Burbank ce qui s'était passé, et, lorsqu'il l'apprendrait, il n'aurait plus le temps de fuir Castle-House afin d'échapper à Texar.

Il s'ensuivit que M. Harvey ne put envoyer un messager à Camdless-Bay. L'embargo avait été mis sur les embarcations du port. Toute communication étant interrompue entre la rive gauche et la rive droite du fleuve, la famille Burbank ne devait rien savoir de l'arrestation de Gilbert. Pendant qu'elle le croyait à bord de la canonnière de Stevens, le jeune officier était détenu dans la prison de Jacksonville.

JUGEMENT

A Castle-House, avec quelle émotion on écoutait si quelque détonation lointaine n'annonçait pas l'arrivée des fédéraux au delà de la barre. Jacksonville aux mains des nordistes, c'était Texar aux mains de James Burbank! C'était celui-ci libre de reprendre, avec son fils, avec ses amis, ces recherches qui n'avaient point abouti encore!

Rien ne se faisait entendre en aval du fleuve. Le régisseur Perry, qui vint explorer le Saint-John jusqu'à la ligne du barrage, Pyg et un des sous-régisseurs, envoyés par la berge à trois milles au-dessous de la plantation, firent le même rapport. La flottille était toujours au mouillage. Il ne semblait pas qu'elle fit aucun préparatif pour appareiller et remonter à la hauteur de Jacksonville.

Et, d'ailleurs, comment aurait-elle pu franchir la barre? En admettant que la marée l'eût rendue praticable plus tôt qu'on ne l'espérait, comment se hasarderait-elle à travers les passes du chenal, maintenant que le seul pilote qui en connût toutes les sinuosités n'était plus là? En effet, Mars n'avait pas reparu.

Et, si James Burbank eût su ce qui s'était passé après la capture du gig, qu'aurait-il pu croire, sinon que le courageux compagnon de Gilbert avait péri dans les tourbillons du fleuve? Au cas où Mars se serait sauvé en regagnant la rive droite du Saint-John, est-ce que son premier soin n'eût pas été de revenir à Camdless-Bay, puisqu'il lui était impossible de retourner à son bord?

Mars ne reparut point à la plantation.

Le lendemain, 11 mars, vers onze heures, le Comité était assemblé, sous la présidence de Texar, dans cette même salle de Court-Justice, où l'Espagnol s'était déjà fait l'accusateur de James Burbank. Cette fois, les charges qui pesaient sur le jeune officier étaient suffisamment graves pour qu'il ne pût échapper à son sort. Il était condamné d'avance. La question du fils une fois réglée, Texar s'occuperait de la question du père. La petite Dy entre ses mains, Mᵐᵉ Burbank succombant à ces coups successifs que sa main avait dirigés, il serait bien vengé! Ne semblait-il pas que tout vînt le servir à souhait dans son implacable haine?

Gilbert fut extrait de sa prison. La foule l'accompagna de ses hurlements, comme la veille. Lorsqu'il entra dans la salle du Comité, où se trouvaient déjà les plus forcenés partisans de l'Espagnol, ce fut au milieu des plus violentes clameurs.

« A mort, l'espion!... A mort! »

C'était l'accusation que lui jetait cette vile populace, accusation inspirée par Texar.

Gilbert, cependant, avait repris tout son sang-froid, et il parvint à se maîtriser, même en face de l'Espagnol, qui n'avait pas eu la pudeur de se récuser dans une pareille affaire.

« Vous vous nommez Gilbert Burbank, dit Texar, et vous êtes officier de la marine fédérale?

— Oui.

— Et maintenant lieutenant à bord de l'une des canonnières du commandant Stevens?

— Oui.

— Vous êtes le fils de James Burbank, un Américain du Nord, propriétaire de la plantation de Camdless-Bay?

— Oui.

— Avouez-vous avoir quitté la flottille mouillée sous la barre, dans la nuit du 10 mars?

— Oui.

— Avouez-vous avoir été capturé, alors que vous cherchiez à regagner la flottille, en compagnie d'un matelot de votre bord?

— Oui.

— Voulez-vous dire ce que vous êtes venu faire dans les eaux du Saint-John?

— Un homme s'est présenté à bord de la canonnière dont je suis le second. Il m'a appris que la plantation de mon père venait d'être dévastée par une troupe de malfaiteurs, que Castle-House avait été assiégée par des bandits. Je n'ai pas à dire au président du Comité qui me juge, à qui incombe la responsabilité de ces crimes.

— Et moi, répondit Texar, j'ai à dire à Gilbert Burbank que son père avait bravé l'opinion publique en affranchissant ses esclaves, qu'un arrêté ordonnait la dispersion des nouveaux affranchis, que cet arrêté devait être mis à exécution...

— Avec incendie et pillage, répliqua Gilbert, avec un rapt dont Texar est personnellement l'auteur !

— Quand je serai devant des juges, je répondrai, répliqua froidement l'Espagnol. Gilbert Burbank, n'essayez pas d'intervertir les rôles. Vous êtes un accusé, non un accusateur !

— Oui... un accusé... en ce moment, du moins, répondit le jeune officier. Mais les canonnières fédérales n'ont plus que la barre du Saint-John à franchir pour s'emparer de Jacksonville, et alors... »

Des cris éclatèrent aussitôt, des menaces contre le jeune officier, qui osait braver les sudistes en face.

« A mort!... A mort! » cria-t-on de toutes parts.

L'Espagnol ne parvint pas sans peine à calmer cette colère de la foule. Puis, reprenant l'interrogatoire :

« Nous direz-vous, Gilbert Burbank, pourquoi, la nuit dernière, vous avez quitté votre bord ?

— Je l'ai quitté pour venir voir ma mère mourante.

— Vous avouez alors que vous avez débarqué à Camdless-Bay ?

— Je n'ai pas à m'en cacher.

— Et c'était uniquement pour voir votre mère ?

— Uniquement.

— Nous avons pourtant raison de penser, reprit Texar, que vous aviez un autre but.

— Lequel ?

— Celui de correspondre avec votre père, James Burbank, ce nordiste soupçonné, depuis trop longtemps déjà, d'entretenir des intelligences avec l'armée fédérale.

— Vous savez que cela n'est pas, répondit Gilbert, emporté par une indignation bien naturelle. Si je suis venu à Camdless-Bay, ce n'est pas comme un officier, mais comme un fils...

— Ou comme un espion! » répliqua Texar.

Les cris redoublèrent : « A mort, l'espion!... A mort!... »

Gilbert vit bien qu'il était perdu, et, ce qui lui porta un coup terrible, il comprit que son père allait être perdu avec lui.

« Oui, reprit Texar, la maladie de votre mère n'était qu'un prétexte! Vous êtes venu comme espion à Camdless-Bay, pour rendre compte aux fédéraux de l'état des défenses du Saint-John! »

Gilbert se leva.

« Je suis venu pour voir ma mère mourante, répondit-il, et vous le savez bien! Jamais je n'aurais cru que, dans un pays civilisé, il se trouverait des juges qui fissent un crime à un soldat d'être venu au lit de mort de sa mère, alors même qu'elle était sur le territoire ennemi! Que celui qui blâme ma conduite et qui n'en aurait pas fait autant, ose le dire! »

Un auditoire, composé d'hommes en qui la haine n'eût pas éteint toute sensibilité, n'aurait pu qu'applaudir à cette déclaration si noble et si franche. Il n'en fut rien. Des vociférations l'accueillirent, puis des applaudissements à l'adresse de l'Espagnol, lorsque celui-ci fit valoir qu'en recevant un officier ennemi en temps de guerre, James Burbank ne s'était pas rendu moins coupable que cet officier. Elle existait, enfin, cette preuve que Texar avait promis de produire, cette preuve de la connivence de James Burbank avec l'armée du Nord.

Aussi, le Comité, retenant les aveux faits au cours de l'interrogatoire relativement à son père, condamna-t-il à mort Gilbert Burbank, lieutenant de la marine fédérale.

Le condamné fut aussitôt reconduit dans sa prison au milieu des huées de cette populace, qui le poursuivait toujours de ces cris: « A mort, l'espion!... A mort! »

Le soir, un détachement de la milice de Jacksonville arrivait à Camdless-Bay.

L'officier qui le commandait demanda M. Burbank.

James Burbank se présenta. Edward Carrol et Walter Stannard l'accompagnaient.

« Que me veut-on? dit James Burbank.

— Lisez cet ordre! » répondit l'officier.

C'était l'ordre d'arrêter James Burbank comme complice de Gilbert Burbank, condamné à mort pour espionnage par le Comité de Jacksonville, et qui devait être fusillé dans les quarante-huit heures.

FIN DE LA PREMIÈRE PARTIE.

NORD CONTRE SUD

Texar était venu surveiller cet endroit. (Page 210.)

SECONDE PARTIE

I

APRÈS L'ENLÈVEMENT.

« Texar!... » tel était bien le nom détesté que Zermah avait jeté dans l'ombre, au moment où Mme Burbank et miss Alice arrivaient sur la berge de la crique Marino. La jeune fille avait reconnu le misérable Espagnol. On ne pouvait donc mettre en doute qu'il fût l'auteur de l'enlèvement auquel il avait présidé en personne.

C'était Texar, en effet, accompagné d'une demi-douzaine de gens à lui, ses complices.

De longue main, l'Espagnol avait préparé cette expédition qui devait entraîner la dévastation de Camdless-Bay, le pillage de Castle-House, la ruine de la famille Burbank, la capture ou la mort de son chef. C'est dans ce but qu'il venait de lancer ses hordes de pillards sur la plantation. Mais il ne s'était pas mis à leur tête, laissant aux plus forcenés de ses partisans le soin de les diriger. Ainsi s'expliquera-t-on que John Bruce, mêlé à la bande des assaillants, eût pu affirmer à James Burbank que Texar ne se trouvait pas avec eux.

Pour le rencontrer, il eût fallu venir à la crique Marino, que le tunnel mettait en communication avec Castle-House. Dans le cas où l'habitation eut été forcée, c'est par là que ses derniers défenseurs auraient essayé de battre en retraite. Texar connaissait l'existence de ce tunnel. Aussi, montant une embarcation de Jacksonville, qu'une autre embarcation suivait avec Squambô et deux de ses esclaves, était-il venu surveiller cet endroit, tout indiqué pour la fuite de James Burbank. Il ne s'était pas trompé. Il le comprit bien, lorsqu'il vit un des canots de Camdless-Bay stationner derrière les roseaux de la crique. Les noirs qui le gardaient furent surpris, attaqués, égorgés. Il n'y eut plus qu'à attendre. Bientôt Zermah se présenta, accompagnée de la petite fille. Aux cris que la métisse fit entendre, l'Espagnol, craignant qu'on ne vînt à son secours, la fit aussitôt jeter dans les bras de Squambô. Et, lorsque Mme Burbank et miss Alice parurent sur la berge, ce ne fut qu'au moment où la métisse était emportée au milieu du fleuve dans l'embarcation de l'Indien.

On sait le reste.

Toutefois, le rapt accompli, Texar n'avait pas jugé à propos de rejoindre Squambô.

Cet homme, qui lui était entièrement dévoué, savait en quel impénétrable repaire Zermah et la petite Dy devaient être conduites. Aussi l'Espagnol, à l'instant où les trois coups de canon rappelaient les assaillants prêts à forcer Castle-House, avait-il disparu en coupant obliquement le cours du Saint-John.

Où alla-t-il? on ne sait. En tout cas, il ne rentra pas à Jacksonville pendant cette nuit du 3 au 4 mars. On ne l'y revit que vingt-quatre heures après. Que devint-il pendant cette absence inexplicable — qu'il ne se donna même pas la peine d'expliquer? Nul n'eut pu le dire. C'était de nature, cependant, à le compromettre, quand il serait accusé d'avoir pris part à l'enlèvement de Dy et de Zermah. La coïncidence entre cet enlèvement et sa disparition ne pouvait que tourner contre lui. Quoi qu'il en soit, il ne revint à Jacksonville que dans la matinée du 5, afin de prendre les mesures nécessaires à la défense des sudistes, — assez à temps, on l'a vu, pour tendre un piège à Gilbert Burbank et présider le Comité qui allait condamner à mort le jeune officier.

Ce qui est certain, c'est que Texar n'était point à bord de cette embarcation, conduite par Squambô, entraînée dans l'ombre par la marée montante, en amont de Camdless-Bay.

Zermah, comprenant que ses cris ne pouvaient plus être entendus des rives désertes du Saint-John, s'était tue. Assise à l'arrière, elle serrait Dy dans ses bras.

La petite fille, épouvantée, ne laissait pas échapper une seule plainte. Elle se pressait contre la poitrine de la métisse, elle se cachait dans les plis de sa mante. Une ou deux fois, seulement, quelques mots entr'ouvrirent ses lèvres :

« Maman !... maman !... Bonne Zermah !... J'ai peur !... J'ai peur !... Je veux revoir maman !...

— Oui... ma chérie !... répondit Zermah. Nous allons la revoir !... Ne crains rien !... Je suis près de toi ! »

Au même moment, M⁽ᵐᵉ⁾ Burbank, affolée, remontait la berge droite du fleuve, cherchant en vain à suivre l'embarcation qui emportait sa fille vers l'autre rive.

L'obscurité était profonde alors. Les incendies, allumés sur le domaine, commençaient à s'éteindre avec le fracas des détonations. De ces fumées accumulées vers le nord, il ne sortait plus que de rares poussées de flammes que la surface du fleuve réverbérait comme un rapide éclair. Puis, tout devint silencieux et sombre. L'embarcation suivait le chenal du fleuve, dont on ne pouvait même plus voir les bords. Elle n'eût pas été plus isolée, plus seule, en pleine mer.

Vers quelle crique se dirigeait l'embarcation dont Squambô tenait la barre? C'est ce qu'il importait de savoir avant tout. Interroger l'Indien eût été inutile. Aussi Zermah cherchait-elle à s'orienter — chose difficile dans ces profondes ténèbres, tant que Squambô n'abandonnerait pas le milieu du Saint-John.

Le flot montait, et, sous la pagaie des deux noirs, on gagnait rapidement vers le sud.

Pourtant, combien il eût été nécessaire que Zermah laissât une trace de son passage, afin de faciliter les recherches de son maître! Or, sur ce fleuve, c'était impossible. A terre, un lambeau de sa mante, abandonné à quelque buisson, aurait pu devenir le premier jalon d'une piste, qui, une fois reconnue, serait suivie jusqu'au bout. Mais à quoi eût servi de livrer au courant un objet appartenant à la petite fille ou à elle? Pouvait-on espérer que le hasard le ferait arriver entre les mains de James Burbank? Il fallait y renoncer, et se borner à reconnaître en quel point du Saint-John l'embarcation viendrait atterrir.

Une heure s'écoula dans ces conditions. Squambô n'avait pas prononcé une parole.

Les deux noirs pagayaient silencieusement. Aucune lumière n'apparaissait sur les berges, ni dans les maisons ni sous les arbres, dont la masse se dessinait confusément dans l'ombre.

En même temps que Zermah regardait à droite, à gauche, prête à saisir le moindre indice, elle songeait seulement aux dangers que courait la petite fille. De ceux qui pouvaient la menacer personnellement, elle ne se préoccupait même pas. Toutes ses craintes se concentraient sur cette enfant. C'était bien Texar qui l'avait fait enlever. A ce sujet, pas de doute possible. Elle avait reconnu l'Espagnol, qui s'était posté à la crique Marino, soit qu'il eût l'intention de pénétrer dans Castle-House en franchissant le tunnel, soit qu'il attendît ses défenseurs au moment où ils tenteraient de s'échapper par cette issue. Si Texar se fût moins pressé d'agir, Mme Burbank et Alice Stannard, comme Dy et Zermah, eussent été maintenant en son pouvoir. S'il n'avait pas dirigé en personne les hommes de la milice et la bande des pillards, c'est qu'il se croyait plus certain d'atteindre la famille Burbank à la crique Marino.

En tout cas, Texar ne pourrait pas nier qu'il eût directement pris part au rapt. Zermah avait jeté, crié son nom. Mme Burbank et miss Alice devaient l'avoir entendu.

Plus tard, lorsque l'heure de la justice serait venue, quand l'Espagnol aurait à répondre de ses crimes, il n'aurait pas la ressource, cette fois, d'invoquer un de ces inexplicables alibis qui ne lui avaient que trop réussi jusqu'alors.

A présent, quel sort réservait-il à ses deux victimes ? Allait-il les reléguer dans les marécageuses Everglades, au delà des sources du Saint-John? Se déferait-il de Zermah comme d'un témoin dangereux, dont la déposition pourrait l'accabler un jour? C'est ce que se demandait la métisse. Elle eût volontiers fait le sacrifice de sa vie pour sauver l'enfant enlevée avec elle. Mais, elle morte, que deviendrait Dy entre les mains de Texar et de ses compagnons? Cette pensée la torturait, et alors elle pressait plus fortement la petite fille sur sa poitrine, comme si Squambô eût manifesté l'intention de la lui arracher.

En ce moment, Zermah put constater que l'embarcation se rapprochait de la rive gauche du fleuve. Cela pouvait-il lui servir d'indice? Non, car elle ignorait que l'Espagnol demeurât au fond de la Crique-Noire, dans un des îlots de cette lagune, comme l'ignoraient même les partisans de Texar, puisque personne n'avait jamais été reçu au blockhaus qu'il occupait avec Squambô et ses noirs.

C'était là, en effet, que l'Indien allait déposer Dy et Zermah. Dans les profondeurs de cette région mystérieuse, elles seraient à l'abri de toutes recherches.

La crique était, pour ainsi dire, impénétrable à qui ne connaissait pas l'orientation de ses passes, la disposition de ses îlots. Elle offrait mille retraites où des prisonniers pouvaient être si bien cachés qu'il serait impossible d'en reconnaître les traces. Au cas où James Burbank essaierait d'explorer cet inextricable fouillis, il serait temps de transporter la métisse et l'enfant jusqu'au sud de la péninsule. Alors s'évanouirait toute chance de les retrouver au milieu de ces vastes espaces que les pionniers floridiens fréquentaient à peine, et dont quelques bandes d'Indiens parcourent seules les plaines insalubres.

Les quarante-cinq milles, qui séparent Camdless-Bay de la Crique-Noire, furent rapidement franchis. Vers onze heures, l'embarcation dépassait le coude que fait le Saint-John à deux cents yards en aval. Il ne s'agissait plus que de reconnaître l'entrée de la lagune. Manœuvre embarrassante à travers cette obscurité profonde dont s'enveloppait la rive gauche du fleuve. Aussi, quelque habitude que Squambô eût de ces parages, ne laissa-t-il pas d'hésiter, lorsqu'il fallut donner un coup de barre pour obliquer à travers le courant.

Sans doute, l'opération eût été plus aisée, si l'embarcation avait pu longer cette rive qui se creuse en une infinité de petites anses, hérissées de roseaux ou d'herbes aquatiques. Mais, l'Indien craignait de s'échouer. Or, comme le jusant ne devait pas tarder à ramener les eaux du Saint-John vers son embouchure, il se serait trouvé fort gêné en cas d'échouage. Forcé d'attendre la marée suivante, c'est-à-dire près de onze heures, comment aurait-il pu éviter d'être aperçu, lorsqu'il ferait grand jour? Le plus ordinairement, de nombreuses embarcations parcouraient le fleuve. Les événements actuels provoquaient même un incessant échange de correspondances entre Jacksonville et Saint-Augustine. Indubitablement, s'ils n'avaient pas péri dans l'attaque de Castle-House, les membres de la famille Burbank entreprendraient dès le lendemain les plus actives recherches. Squambô, engravé au pied d'une des berges, ne pourrait échapper aux poursuites dont il serait l'objet. La situation deviendrait très périlleuse. Pour toutes ces raisons, il voulut rester dans le chenal du Saint-John. Et même, s'il le fallait, il mouillerait au milieu du courant. Puis, au petit jour, il se hâterait de reconnaître les passes de la Crique-Noire, à travers lesquelles il serait impossible de le suivre.

Cependant, l'embarcation continuait à remonter avec le flux. Par le temps écoulé, Squambô estimait qu'il ne devait pas encore être à la hauteur de la lagune.

Il cherchait donc à s'élever davantage, quand un bruit peu éloigné se fit entendre. C'était un sourd battement de roues qui se propageait à la surface du fleuve. Presque aussitôt, au coude de la rive gauche, apparut une masse en mouvement.

Un steam-boat s'avançait sous petite vapeur, lançant dans l'ombre le feu blanc de son fanal. En moins d'une minute, il devait être arrivé sur l'embarcation.

D'un geste, Squambô arrêta la pagaie des deux noirs, et, d'un coup de barre, il piqua vers la rive droite, autant pour ne pas se trouver sur le passage du steam-boat que pour éviter d'être aperçu.

Mais l'embarcation avait été signalée par les vigies du bord. Elle fut hêlée avec ordre d'accoster.

Squambô laissa échapper un formidable juron. Toutefois, ne pouvant se soustraire par la fuite à l'invitation qui lui avait été faite en termes formels, il dut obéir.

Un instant après, il rangeait le flanc droit du steam-boat, qui avait stoppé pour l'attendre.

Zermah se releva aussitôt.

Dans ces conditions, elle venait d'entrevoir une chance de salut. Ne pouvait-elle appeler, se faire connaître, demander du secours, réchappe à Squambô?

L'Indien se dressa près d'elle. Il tenait un large bowie-knife d'une main. De l'autre, il avait saisi la petite fille que Zermah essayait en vain de lui arracher.

« Un cri, dit-il, et je la tue! »

L'embarcation fut hélée avec ordre d'accoster. (Page 215.)

S'il n'y avait eu que sa vie à sacrifier, Zermah n'eût pas hésité. Comme c'était l'enfant que menaçait le couteau de l'Indien, elle garda le silence Du pont du steam-boat, d'ailleurs, on ne pouvait rien voir de ce qui se passait dans l'embarcation.

Le steam-boat venait de Picolata, où il avait embarqué un détachement de la milice à destination de Jacksonville, afin de renforcer les troupes sudistes qui devaient empêcher l'occupation du fleuve.

Une branche résineuse fut allumée. (Page 221.)

Un officier, se penchant alors en dehors de la passerelle, interpella l'Indien. Voici les paroles qui furent échangées entr'eux :

« Où allez-vous ?

— A Picolata. »

Zermah retint ce nom, tout en se disant que Squambô avait intérêt à ne point faire connaître sa destination véritable

« D'où venez-vous ?

— De Jacksonville.

— Y a-t-il du nouveau?

— Non.

— Rien de la flottille de Dupont?

— Rien.

— On n'en a pas eu de nouvelles depuis l'attaque de Fernandina et du fort Clinch?

— Non.

— Pas une canonnière n'a donné dans les passes du Saint-John?

— Pas une.

— D'où viennent ces lueurs que nous avons entrevues, ces détonations qui se sont fait entendre dans le nord, pendant que nous étions mouillés, en attendant le flot?

— C'est une attaque qui a été faite, cette nuit, contre la plantation de Camdless-Bay.

— Par les nordistes?..

— Non!... Par la milice de Jacksonville. Le propriétaire avait voulu résister aux ordres du comité...

— Bien!... Bien!... Il s'agit de ce James Burbank... un enragé abolitionniste!...

— Précisément.

— Et qu'en est-il résulté?

— Je ne sais.. Je n'ai vu cela qu'en passant... Il m'a semblé que tout était en flammes! »

En cet instant, un faible cri s'échappa des lèvres de l'enfant... Zermah lui mit la main sur la bouche, au moment où les doigts de l'Indien s'approchaient de son cou. L'officier, juché sur la passerelle du steam-boat, n'avait rien entendu.

« Est-ce que Camdless-Bay a été attaquée à coups de canon? demanda-t-il.

— Je ne le pense pas.

— Pourquoi donc ces trois détonations que nous avons entendues et qui semblaient venir du côté de Jacksonville?

— Je ne puis le dire.

— Ainsi, le Saint-John est libre encore depuis Picolata jusqu'à son embouchure?

— Entièrement libre, et vous pouvez le descendre sans avoir rien à craindre des canonnières.

— C'est bon. — Au large! »

Un ordre fut envoyé à la machine, et le steam-boat allait se remettre en marche.

« Un renseignement? demanda Squambô à l'officier.

— Lequel?

— La nuit est très noire... Je ne m'y reconnais guère... Pouvez-vous me dire où je suis?

— A la hauteur de la Crique-Noire.

— Merci. »

Les aubes battirent la surface du fleuve, après que l'embarcation se fut écartée de quelques brasses. Le steam-boat s'effaça peu à peu dans la nuit, laissant derrière lui une eau profondément troublée par le choc de ses roues puissantes.

Squambô, maintenant seul au milieu du fleuve, se rassit à l'arrière du canot et donna l'ordre de pagayer. Il connaissait sa position, et, revenant sur tribord, il se lança vers l'échancrure au fond de laquelle s'ouvrait la Crique-Noire.

Que ce fût en ce lieu d'un si difficile accès que l'Indien allait se réfugier, Zermah n'en pouvait plus douter, et peu importait qu'elle en fût instruite.

Comment eût-elle pu le faire savoir à son maître, et comment organiser des recherches au milieu de cet impénétrable labyrinthe? Au delà de la crique, d'ailleurs, les forêts du comté de Duval n'offraient-elles pas toutes facilités de déjouer les poursuites, dans le cas où James Burbank et les siens fussent parvenus à se jeter à travers la lagune? Il en était encore de cette partie occidentale de la Floride comme d'un pays perdu, sur lequel il eût été presque impossible de relever une piste. En outre, il n'était pas prudent de s'y aventurer.

Les Séminoles, errant sur ces territoires forestiers ou marécageux, ne laissaient pas d'être redoutables. Ils pillaient volontiers les voyageurs qui tombaient entre leurs mains et les massacraient, lorsque ceux-ci essayaient de se défendre.

Une affaire singulière, dont on avait beaucoup parlé, s'était même passée dernièrement dans la partie supérieure du comté, un peu au nord-ouest de Jacksonville.

Une douzaine de Floridiens, qui se rendaient au littoral sur le golfe de Mexique, avaient été surpris par une tribu de Séminoles. S'ils ne furent pas mis à mort jusqu'au dernier, c'est qu'ils ne firent aucune résistance, et d'ailleurs à dix contre un, c'eût été inutile.

Ces braves gens furent donc consciencieusement fouillés et volés de tout ce qu'ils possédaient, même de leurs habits. De plus, sous menace de mort, défense leur fut faite de jamais reparaître sur ces territoires dont les Indiens revendiquent encore l'entière propriété. Et, pour les reconnaître, dans le cas où ils enfreindraient cet ordre, le chef de la bande employa un procédé très simple. Il les fit tatouer au bras d'un signe bizarre, d'une marque faite avec le suc d'une plante tinctoriale au moyen d'une pointe d'aiguille, et qui ne pouvait plus s'effacer. Puis, les Floridiens furent renvoyés, sans autre mauvais traitement. Ils ne rentrèrent dans les plantations du nord qu'en assez piteux état, — poinçonnés, pour ainsi dire, aux armes de la tribu indienne et peu désireux, on le comprend, de retomber entre les mains de ces Séminoles, qui, cette fois, les massacreraient sans pitié pour faire honneur à leur signature.

En tout autre temps, les milices du comté de Duval n'eussent pas laissé impuni un tel attentat. Elles se seraient jetées à la poursuite des Indiens. Mais, à cette époque, il y avait autre chose à faire que de recommencer une expédition contre ces nomades. La crainte de voir le pays envahi par les troupes fédérales dominait tout. Ce qui importait, c'était d'empêcher qu'elles devinssent maîtresses du Saint-John, et, avec lui, des régions qu'il arrose.

Or, on ne pouvait rien distraire des forces sudistes, disposées depuis

Jacksonville jusqu'à la frontière géorgienne. Il serait temps, plus tard, de se mettre en campagne contre les Séminoles, enhardis par la guerre civile au point qu'ils se hasardaient sur ces territoires du nord, dont on croyait les avoir pour jamais chassés. On ne se contenterait plus alors de les refouler dans les marais des Everglades, on tenterait de les détruire jusqu'au dernier.

En attendant, il était dangereux de s'aventurer sur les territoires situés dans l'ouest de la Floride, et, si jamais James Burbank devait porter de ce côté ses recherches, ce serait un nouveau danger ajouté à tous ceux que comportait une expédition de ce genre.

Cependant l'embarcation avait rallié la rive gauche du fleuve. Squambô, se sachant à la hauteur de la Crique-Noire qui donne accès aux eaux du Saint-John, ne craignait plus de s'échouer sur quelque haut-fond.

Aussi, cinq minutes après, l'embarcation s'était elle engagée sous le sombre dôme des arbres, au milieu d'une obscurité plus profonde qu'elle ne l'était à la surface du fleuve. Quelque habitude qu'eût Squambô de se diriger à travers les lacets de cette lagune, il n'aurait pu y réussir dans ces conditions. Mais, ne pouvant plus être aperçu, pourquoi se serait-il interdit d'éclairer sa route? Une branche résineuse fut coupée à un arbre des berges, puis allumée à l'avant de l'embarcation. Sa lueur fuligineuse devait suffire à l'œil exercé de l'Indien pour reconnaître les passes. Pendant une demi-heure environ, il s'enfonça à travers les méandres de la crique, et il arriva enfin à l'îlot du blockhaus.

Zermah dut débarquer alors. Accablée de fatigue, la petite fille dormait entre ses bras. Elle ne se réveilla pas, même quand la métisse franchit la poterne du fortin et qu'elle eut été enfermée dans une des chambres attenant au réduit central.

Dy, enveloppée d'une couverture qui traînait dans un coin, fut couchée sur une sorte de grabat. Zermah veilla près d'elle.

II

SINGULIÈRE OPÉRATION

Le lendemain, 3 mars, à huit heures du matin, Squambô entra dans la chambre où Zermah avait passé la nuit. Il apportait quelque nourriture, — du pain, un morceau de venaison froide, des fruits, un broc de bière assez forte, une cruche d'eau, et aussi différents ustensiles de table. En même temps, un des noirs plaçait dans un coin un vieux meuble, pour servir de toilette et de commode, avec un peu de linge, draps, serviettes, et autres menus objets, dont la métisse pourrait faire usage pour la petite fille et pour elle-même.

Dy dormait encore. D'un geste, Zermah avait supplié Squambô de ne point la réveiller.

Lorsque le noir fut sorti, Zermah, s'adressant à l'Indien, dit à voix basse :
« Que veut-on faire de nous ?

— Je ne sais, répondit Squambô.

— Quels ordres avez-vous reçus de Texar ?

— Qu'ils soient venus de Texar ou de tout autre, répliqua l'Indien, les voici, et vous ferez bien de vous y conformer. Tant que vous serez ici, cette chambre sera la vôtre, et vous serez renfermée durant la nuit dans le réduit du fortin.

— Et le jour?..

— Vous pourrez aller et venir à l'intérieur de l'enclos.

— Tant que nous serons ici?... répondit Zermah. Puis-je savoir où nous sommes ?

— Là où j'avais ordre de vous conduire.

— Et nous y resterons?...

— J'ai dit ce que j'avais à dire, répliqua l'Indien. Inutile maintenant de me parler. Je ne répondrai plus. »

Et Squambô, qui devait effectivement s'en tenir à ce court échange de paroles, quitta la chambre, laissant la métisse seule auprès de l'enfant.

Zermah regarda la petite fille.

Quelques larmes lui vinrent aux yeux, larmes qu'elle essuya aussitôt. A son réveil, il ne fallait pas que Dy s'aperçût qu'elle eût pleuré. Il importait que l'enfant s'accoutumât peu à peu à sa nouvelle situation — très menacée, peut-être, car on pouvait s'attendre à tout de la part de l'Espagnol.

Zermah réfléchissait à ce qui s'était passé depuis la veille. Elle avait bien vu Mme Burbank et miss Alice remonter la rive, pendant que l'embarcation s'en éloignait. Leurs appels désespérés, leurs cris déchirants, étaient arrivés jusqu'à elles. Mais, avaient-elles pu regagner Castle-House, reprendre le tunnel, pénétrer dans l'habitation assiégée, faire connaître à James Burbank et à ses compagnons quel nouveau malheur venait de les frapper? Ne pouvaient-elles avoir été prises par les gens de l'Espagnol, entraînées loin de Camdless-Bay, tuées peut-être? S'il en était ainsi, James Burbank ignorerait que la petite fille eût été enlevée avec Zermah. Il croirait que sa femme, miss Alice, l'enfant, la métisse, avaient pu s'embarquer à la crique Marino, atteindre le refuge du Roc-des-Cèdres, où elles devaient être en sûreté. Il ne ferait alors aucune recherche immédiate pour les retrouver!...

Et, en admettant que Mme Burbank et miss Alice eussent pu rentrer à Castle-House, que James Burbank fût instruit de tout, n'était-il pas à craindre que l'habitation eût été envahie par les assaillants, pillée, incendiée, détruite? Dans ce cas, qu'étaient devenus ses défenseurs? Prisonniers ou morts dans la lutte, Zermah ne pouvait plus attendre aucune assistance de leur part.

Quand même les nordistes seraient devenus maîtres du Saint-John, elle était perdue. Gilbert Burbank ni Mars n'apprendraient, l'un que sa

« Que veut-on faire de nous? » (Page 222.)

sœur, l'autre que sa femme, étaient gardées dans cet îlot de la Crique-Noire!

Et bien, si cela était, si Zermah ne devait plus compter que sur elle, son énergie ne l'abandonnerait pas. Elle ferait tout pour sauver cette enfant, qui n'avait peut-être plus qu'elle au monde. Sa vie se concentrerait sur cette idée : fuir! Pas une heure ne s'écoulerait sans qu'elle s'occupât d'en préparer les moyens.

SINGULIÈRE OPÉRATION.

Elles se promenaient en pleine lumière. (Page 227.)

Et pourtant, était-il possible de sortir du fortin, surveillé par Squambô et ses compagnons, d'échapper aux deux féroces limiers qui rôdaient autour de l'enclos, de fuir cet îlot perdu dans les mille détours de la lagune?

Oui, on le pouvait, mais à la condition d'y être secrètement aidé par un des esclaves de l'Espagnol, qui connût parfaitement les passes de la Crique-Noire.

Pourquoi l'appât d'une forte récompense ne déciderait-il pas l'un de ces hommes à seconder Zermah dans cette évasion?... C'est à cela qu'allaient tendre tous les efforts de la métisse.

Cependant la petite Dy venait de se réveiller. Le premier mot qu'elle prononça fut pour appeler sa mère. Ses regards se portèrent ensuite autour de la chambre.

Le souvenir des événements de la veille lui revint. Elle aperçut la métisse et accourut près d'elle.

« Bonne Zermah!... Bonne Zermah!... murmurait la petite fille. J'ai peur... j'ai peur!...

— Il ne faut pas avoir peur, ma chérie!

— Où est maman?...

— Elle viendra... bientôt!... Nous avons été obligées de nous sauver... tu sais bien!... Nous sommes à l'abri maintenant!... Ici, il n'y a plus rien à craindre!... Dès qu'on aura secouru monsieur Burbank, il se hâtera de nous rejoindre!... »

Dy regardait Zermah comme pour lui dire :

« Est-ce bien vrai?

— Oui! répondit Zermah qui voulait à tout prix rassurer l'enfant. Oui! monsieur Burbank nous a dit de l'attendre ici!...

— Mais ces hommes qui nous ont emportées dans leur bateau?... reprit la petite fille.

— Ce sont les serviteurs de monsieur Harvey, ma chérie!.. Tu sais, monsieur Harvey, l'ami de ton papa, qui demeure à Jacksonville!... Nous sommes dans son cottage de Hampton-Red!

— Et maman, et Alice, qui étaient avec nous, pourquoi ne sont-elles pas ici?...

— Monsieur Burbank les a rappelées au moment où elles allaient s'embarquer... souviens-toi bien!... Dès que ces mauvaises gens auront été chassées de Camdless-Bay, on viendra nous chercher!... Voyons!... Ne pleure pas!... N'aie plus peur, ma chérie, même si nous restons ici pendant quelques jours!... Nous y sommes bien cachées, va!... Et, maintenant, viens que je fasse ta petite toilette! »

Dy ne cessait de regarder obstinément Zermah, et, quoique la métisse eût dit cela, un gros soupir s'échappa de ses lèvres. Elle n'avait pu, comme d'habitude, sourire à son réveil.

Il importait donc, avant tout, de l'occuper, de la distraire.

C'est à quoi Zermah s'appliqua, avec la plus tendre sollicitude. Elle lui fit sa toilette avec autant de soin que si l'enfant eût été dans sa jolie chambre de Castle-House, en même temps qu'elle essayait de l'amuser par ses histoires.

Puis, Dy mangea un peu, et Zermah partagea ce premier déjeuner avec elle.

« Maintenant, ma chérie, si tu le veux, nous allons faire un tour au dehors... dans l'enclos...

— Est-ce que c'est bien beau, le cottage de monsieur Harvey? demanda l'enfant.

— Beau?... Non!... répondit Zermah. C'est, je crois, une vieille bicoque! Pourtant, il y a des arbres, des cours d'eau, de quoi nous promener enfin!... Nous n'y resterons que quelques jours, d'ailleurs, et, si tu ne t'y es pas trop ennuyée, si tu as été bien sage, ta maman sera contente!

— Oui, bonne Zermah... oui!... » répondit la petite fille.

La porte de la chambre n'était point fermée à clef. Zermah prit la main de l'enfant, et toutes deux sortirent. Elles se trouvèrent d'abord dans le réduit central, qui était sombre. Un instant après, elles se promenaient en pleine lumière, à l'abri du feuillage des grands arbres que perçaient les rayons du soleil.

L'enclos n'était pas vaste — un acre environ, dont le blockhaus occupait la plus grande portion.

La palissade qui l'entourait ne permit pas à Zermah d'aller reconnaître la disposition de l'îlot au milieu de cette lagune. Tout ce qu'elle put observer à travers la vieille poterne, c'est qu'un assez large canal, aux eaux troubles, le séparait des îlots voisins. Une femme et un enfant ne pourraient donc que très difficilement s'en échapper.

Au cas même où Zermah eût pu s'emparer d'une embarcation, comment fût-elle sortie de ces interminables détours? Ce qu'elle ignorait aussi, c'est que Texar et Squambô en connaissaient seuls les passes.

Les noirs, au service de l'Espagnol, ne quittaient pas le fortin. Ils n'en étaient jamais sortis. Ils ne savaient même pas où les gardait leur maître. Pour retrouver la rive du Saint-John, comme pour atteindre les marais qui confinent à la crique dans l'ouest, il eût fallu se fier au hasard. Or, s'en remettre à lui, n'était-ce pas courir à une perte certaine?

D'ailleurs, pendant les jours suivants, Zermah, se rendant compte de la situation, vit bien qu'elle n'aurait probablement aucune aide à espérer des esclaves de Texar.

C'étaient pour la plupart des nègres à demi-abrutis, d'aspect peu rassurant. Si l'Espagnol ne les tenait pas à la chaîne, ils n'en étaient pas plus libres pour cela. Suffisamment nourris des produits de l'îlot, adonnés aux liqueurs fortes dont Squambô ne leur ménageait pas trop parcimonieusement la ration, plus spécialement destinés à la garde du blockhaus et à sa défense le cas échéant, ils n'auraient eu aucun intérêt à changer cette existence pour une autre.

La question de l'esclavage, qui se débattait à quelques milles de la Crique-Noire, n'était pas pour les passionner. Recouvrer leur liberté? A quoi bon, et qu'en eussent-ils fait? Texar leur assurait l'existence. Squambô ne les maltraitait point, bien qu'il fût homme à casser la tête au premier qui s'aviserait de la relever. Ils n'y songeaient même pas. C'étaient des brutes, inférieures aux deux limiers qui rôdaient autour du fortin. Il n'y a aucune exagération, en effet, à dire que ces animaux les dépassaient en intelligence. Ils connaissaient, eux, tout l'ensemble de la crique. Ils en traversaient à la nage les passes multiples. Ils couraient d'un îlot à un autre, servis par un instinct merveilleux qui les empêchait de s'égarer. Leurs aboiements retentissaient parfois jusque sur la rive gauche du fleuve, et, d'eux-mêmes, ils rentraient au blockhaus dès la tombée de la nuit. Nulle embarcation n'aurait pu pénétrer dans la Crique-Noire, sans être immédiatement signalée par ces gardiens redoutables. Sauf Squambô et Texar, personne n'aurait pu quitter le fortin, sans risquer d'être dévoré par ces sauvages descendants des chiens caraïbes.

Lorsque Zermah eut observé comment la surveillance s'exerçait autour de l'enclos, quand elle vit qu'elle ne devait attendre aucun secours de ceux qui la gardaient, toute autre, moins courageuse qu'elle, moins énergique, eût désespéré. Il n'en fut rien. Ou les secours lui arriveraient du dehors, et, dans ce cas, ils ne pouvaient venir que de James Burbank, s'il était libre d'agir ou, de Mars, si le métis apprenait dans quelles conditions sa femme avait disparu.

A leur défaut, elle ne devait compter que sur elle-même pour le salut de la petite-fille. Elle ne faillirait pas à cette tâche.

Zermah, absolument isolée au fond de cette lagune, ne se voyait entourée que de figures farouches. Toutefois, elle crut remarquer qu'un des noirs, jeune encore, la regardait avec quelque commisération. Y avait-il là un espoir?

Pourrait-elle se confier à lui, lui indiquer la situation de Camdless-Bay, l'engager à s'échapper pour se rendre à Castle-House? C'était douteux. D'ailleurs, Squambô surprit sans doute ces marques d'intérêt de la part de l'esclave, car celui-ci fut tenu à l'écart. Zermah ne le rencontra plus pendant ses promenades à travers l'enclos.

Plusieurs jours se passèrent sans amener aucun changement dans la situation.

Du matin au soir, Zermah et Dy avaient toute liberté d'aller et venir. La nuit, bien que Squambô ne les enfermât pas dans leur chambre, elles n'auraient pu quitter le réduit central. L'Indien ne leur parlait jamais. Aussi Zermah avait-elle dû renoncer à l'interroger. Pas un seul instant il ne quittait l'îlot.

On sentait que sa surveillance s'exerçait à toute heure. Les soins de Zermah se reportèrent donc sur l'enfant, qui demandait instamment à revoir sa mère.

« Elle viendra!... lui répondait Zermah. J'ai eu de ses nouvelles!... Ton père doit venir aussi, ma chérie, avec miss Alice... »

Et, quand elle avait ainsi répondu, la pauvre créature ne savait plus qu'imaginer.

Alors elle s'ingéniait à distraire la petite fille, qui montrait plus de raison que n'en comportait son âge.

Le 4, le 5, le 6 mars s'étaient écoulés, cependant. Bien que Zermah eût cherché à entendre si quelque détonation lointaine n'annonçait pas la présence de la flottille fédérale sur les eaux du Saint-John, aucun bruit n'était arrivé jusqu'à elle. Tout était silence au milieu de la Crique-Noire. Il fallait en conclure que la Floride n'appartenait pas encore aux soldats de l'Union. Cela inquiétait la métisse au plus haut point. A défaut de James Burbank et des siens, pour le cas où ils auraient été mis dans l'impossibilité d'agir, ne pouvait-elle au moins attendre l'intervention de Gilbert et de Mars? Si leurs canonnières eussent été maîtresses du fleuve, ils en auraient fouillé les rives, ils auraient su arriver jusqu'à l'îlot. N'importe qui, du personnel de Camdless-Bay, les eût instruits de ce qui s'était passé. Et rien n'indiquait un combat sur les eaux du fleuve.

Ce qui était singulier, aussi, c'est que l'Espagnol ne s'était pas encore montré une seule fois au fortin, ni de jour ni de nuit. Du moins, Zermah n'avait rien observé qui fût de nature à le faire supposer. Pourtant, à peine dormait-elle, et ces longues heures d'insomnie, elle les passait à écouter — inutilement jusqu'alors.

D'ailleurs, qu'aurait-elle pu faire, si Texar fût venu à la Crique-Noire, s'il l'eût fait comparaître devant lui? Est-ce qu'il aurait écouté ses supplications ou ses menaces? La présence de l'Espagnol n'était-elle pas plus à craindre que son absence?

Or, pour la millième fois, Zermah songeait à tout cela dans la soirée du 6 mars. Il était environ onze heures. La petite Dy dormait d'un sommeil assez paisible.

La chambre, qui leur servait de cellule à toutes deux, était plongée dans une obscurité profonde. Aucun bruit ne se propageait au dedans, si ce n'est, parfois, le sifflement de la brise à travers les ais vermoulus du blockhaus.

A ce moment, la métisse crut entendre marcher à l'intérieur du réduit. Elle supposa d'abord que ce devait être l'Indien qui regagnait sa chambre, située en face de la sienne, après avoir fait sa ronde habituelle autour de l'enclos.

Zermah surprit alors quelques paroles que deux individus échangeaient. Elle s'approcha de la porte, elle prêta l'oreille, elle reconnut la voix de Squambô, et presque aussitôt la voix de Texar.

Un frisson la saisit. Que venait faire l'Espagnol au fortin à cette heure? S'agissait-il de quelque nouvelle machination contre la métisse et l'enfant? Allaient-elles être arrachées de leur chambre, transportées en quelque autre retraite plus ignorée, plus impénétrable encore que cette Crique-Noire?

Toutes ces suppositions se présentèrent en un instant à l'esprit de Zermah...

Puis, son énergie reprenant le dessus, elle s'appuya près de la porte, elle écouta.

« Rien de nouveau? disait Texar.

— Rien, maître, répliquait Squambô.

— Et Zermah?

— J'ai refusé de répondre à ses demandes.

— Des tentatives ont-elles été faites pour arriver jusqu'à elle depuis l'affaire de Camdless-Bay?

— Oui, mais aucune n'a réussi. »

A cette réponse, Zermah comprit que l'on s'était mis à sa recherche. Qui donc?

« Comment l'as-tu appris? demanda Texar.

— Je suis allé plusieurs fois jusqu'à la rive du Saint-John, répondit l'Indien, et, il y a quelques jours, j'ai observé qu'une barque rôdait à l'ouvert de la Crique-Noire. Il est même arrivé que deux hommes ont débarqué sur l'un des îlots de la rive.

— Quels étaient ces hommes?

— James Burbank et Walter Stannard! »

Zermah pouvait à peine contenir son émotion. C'étaient James Burbank et Stannard. Ainsi les défenseurs de Castle-House n'avaient pas tous péri dans l'attaque de la plantation. Et, s'ils avaient commencé leurs recherches, c'est qu'ils connaissaient l'enlèvement de l'enfant et de la métisse. Et, s'ils le connaissaient, c'est que Mᵐᵉ Burbank et miss Alice avaient pu le leur dire. Toutes deux vivaient aussi. Toutes deux avaient pu rentrer à Castle-House, après avoir entendu le dernier cri jeté par Zermah, qui appelait à son secours contre Texar.

James Burbank était donc au courant de ce qui s'était passé. Il savait le nom du misérable. Peut-être même soupçonnait-il quel endroit servait de retraite à ses victimes? Il saurait enfin parvenir jusqu'à elles!

Cet enchaînement de faits se fit instantanément dans l'esprit de Zermah. Elle fut pénétrée d'un espoir immense — espoir qui s'évanouit presque aussitôt, quand elle entendit l'Espagnol répondre:

« Oui! Qu'ils cherchent, ils ne trouveront pas! Dans quelques jours, du reste, James Burbank ne sera plus à craindre! »

Ce que signifiaient ces paroles, la métisse ne pouvait le comprendre. En tout cas, de la part de l'homme auquel obéissait le Comité de Jacksonville, ce devait être une redoutable menace.

« Et maintenant, Squambô, j'ai besoin de toi pour une heure, dit alors l'Espagnol.

— A vos ordres, maître.

— Suis-moi! »

Un instant après, tous deux s'étaient retirés dans la chambre occupée par l'Indien.

Qu'allaient-ils y faire? N'y avait-il pas là quelque secret dont Zermah aurait à profiter?

Dans sa situation, elle ne devait rien négliger de ce qui pourrait la servir.

On le sait, la porte de la chambre de la métisse n'était point fermée, même pendant la nuit. Cette précaution eût été inutile d'ailleurs, car le réduit était clos intérieurement, et Squambô en gardait la clef sur lui. Il était donc impossible de sortir du blockhaus, et, par conséquent, de tenter une évasion.

Le commodore Dupont venait de paraitre. (Page 238.)

Ainsi Zermah put ouvrir la porte de sa chambre et s'avancer en retenant sa respiration.

L'obscurité était profonde. Quelques lueurs seulement venaient de la chambre de l'Indien.

Zermah s'approcha de la porte, et regarda par l'interstice des ais disjoints.

Or, ce qu'elle vit était assez singulier pour qu'il lui fût impossible d'en comprendre la signification.

Bien que la chambre ne fût éclairée que par un bout de chandelle résineuse, cette lumière suffisait à l'Indien, occupé alors d'un travail assez délicat.

Texar était assis devant lui, sa casaque de cuir retirée, son bras gauche mis à nu, étendu sur une petite table, sous la clarté même de la résine. Un papier, de forme bizarre, percé de petits trous, avait été placé sur la partie interne de son avant-bras. Au moyen d'une fine aiguille, Squambô lui piquait la peau à chaque place marquée par les trous du papier. C'était une opération de tatouage que pratiquait l'Indien — opération à laquelle il devait être fort expert en sa qualité de Séminole. Et, en effet, il la faisait avec assez d'adresse et de légèreté de main pour que l'épiderme fût seulement touché par la pointe de l'aiguille, sans que l'Espagnol éprouvât la moindre douleur.

Lorsque cela fut achevé, Squambô enleva le papier; puis, prenant quelques feuilles d'une plante que Texar avait apportée, il en frotta l'avant-bras de son maître.

Le suc de cette plante, introduit dans les piqûres d'aiguille, ne laissa pas de causer une vive démangeaison à l'Espagnol, qui n'était pas homme à se plaindre pour si peu.

L'opération terminée, Squambô rapprocha la résine de la partie tatouée. Un dessin rougeâtre apparut nettement alors sur la peau de l'avant-bras de Texar.

Ce dessin reproduisait exactement celui que les trous d'aiguille formaient sur le papier. Le décalque avait été fait avec une exactitude parfaite. C'étaient une série de lignes entrecroisées, représentant une des figures symboliques des croyances séminoles.

Cette marque ne devait plus s'effacer du bras sur lequel Squambô venait de l'imprimer.

Zermah avait tout vu, et, comme il a été dit, sans y rien comprendre. Quel intérêt pouvait avoir Texar à s'orner de ce tatouage? Pourquoi ce « signe particulier », pour emprunter un mot au libellé des passeports? Voulait-il donc passer pour un Indien? Ni son teint ni le caractère de sa personne ne l'eussent permis. Ne fallait-il pas plutôt voir une corrélation entre cette marque et celle qui avait été dernièrement imposée à ces quelques voyageurs floridiens tombés dans un parti de Séminoles vers le nord du comté? Et, par là, Texar voulait-il encore avoir la possibilité d'établir un de ces inexplicables alibis dont il avait tiré si bon parti jusqu'alors?

Peut-être, en effet, était-ce un de ces secrets inhérents à sa vie privée et que révélerait l'avenir?

Autre question qui se présenta à l'esprit de Zermah.

L'Espagnol n'était-il donc venu au blockhaus que pour mettre à profit l'habileté de Squambô en matière de tatouage? Cette opération achevée, allait-il quitter la Crique-Noire pour retourner dans le nord de la Floride et sans doute à Jacksonville, où ses partisans étaient encore les maîtres? Son intention n'était-elle pas plutôt de rester au blockhaus jusqu'au jour, de faire comparaître la métisse devant lui, de prendre quelque nouvelle décision relative à ses prisonnières?

A cet égard Zermah fut promptement rassurée. Elle avait rapidement regagné sa chambre, au moment où l'Espagnol se levait pour rentrer dans le réduit.

Là, blottie contre la porte, elle écoutait les quelques paroles qui s'échangeaient entre l'Indien et son maître.

« Veille avec plus de soin que jamais, disait Texar.

— Oui, répondit Squambô. Cependant, si nous étions serrés de près à la Crique-Noire par James Burbank...

— James Burbank, je te le répète, ne sera plus à redouter dans quelques jours. D'ailleurs, s'il le fallait, tu sais où la métisse et l'enfant devraient être conduites... là où j'aurais à te rejoindre?

— Oui, maître, reprit Squambô, car il faut aussi prévoir le cas où Gilbert, le fils de James Burbank, et Mars, le mari de Zermah...

— Avant quarante-huit heures, ils seront en mon pouvoir, répondit Texar, et quand je les tiendrai... »

Zermah n'entendit pas la fin de cette phrase si menaçante pour son mari, pour Gilbert.

Texar et Squambô sortirent alors du fortin, dont la porte se referma sur eux.

Quelques instants plus tard, le squif, conduit par l'Indien, quittait l'îlot, se dirigeait à travers les sombres sinuosités de la lagune, rejoignait une embarcation qui attendait l'Espagnol à l'ouverture de la crique sur le Saint-John. Squambô et son maître se séparèrent alors, après dernières recommandations faites. Puis Texar, emporté par le jusant, descendit rapidement dans la direction de Jacksonville.

Ce fut là qu'il arriva au petit jour, et à temps pour mettre ses projets à exécution. En effet, à quelques jours de là, Mars disparaissait sous les eaux du Saint-John et Gilbert Burbank était condamné à mort.

III

LA VEILLE

C'était le 11 mars, dans la matinée, que Gilbert Burbank avait été jugé par le Comité de Jacksonville. C'était le soir même que son père venait d'être mis en état d'arrestation par ordre dudit Comité. C'était le surlendemain que le jeune officier devait être passé par les armes, et, sans doute, James Burbank, accusé d'être son complice, condamné à la même peine, mourrait avec lui!

On le sait, Texar tenait le Comité dans sa main. Sa volonté seule y faisait loi.

L'exécution du père et du fils ne serait que le prélude des sanglants excès auxquels allaient se porter les petits blancs, soutenus par la populace, contre les nordistes de l'État de Floride et ceux qui partageaient leurs idées sur la question de l'esclavage. Que de vengeances personnelles s'assouviraient ainsi sous le voile de la guerre civile! Rien que la présence des troupes fédérales pourrait les arrêter. Mais arriveraient-elles, et surtout arriveraient-elles avant que ces premières victimes eussent été sacrifiées à la haine de l'Espagnol?

Malheureusement, il y avait lieu d'en douter.

Et, ces retards se prolongeant, on comprendra dans quelles angoisses vivaient les hôtes de Castle-House!

Or, il semblait que ce projet de remonter le Saint-John eût été momentanément abandonné par le commandant Stevens. Les canonnières ne faisaient aucun mouvement pour quitter leur ligne d'embossage. N'osaient-elles donc franchir la barre du fleuve, maintenant que Mars n'était plus là pour les piloter à travers le chenal? Renonçaient-elles à s'emparer de Jacksonville, et, par cette prise, à garantir la sécurité des plantations en amont du Saint-John?

Quels nouveaux faits de guerre avaient pu modifier les projets du commodore Dupont?

C'était ce que se demandaient M. Stannard et le régisseur Perry pendant cette interminable journée du 12 mars.

A cette date, en effet, suivant les nouvelles qui couraient le pays dans la partie de la Floride comprise entre le fleuve et la mer, les efforts des nordistes semblaient se concentrer principalement sur le littoral. Le commodore Dupont, montant le *Wabash*, et suivi des plus fortes canonnières de son escadre, venait de paraître dans la baie de Saint-Augustine. On disait même que les milices se préparaient à abandonner la ville, sans plus essayer de défendre le fort Marion que n'avait été défendu le fort Clinch, lors de la reddition de Fernandina.

Telles furent du moins les nouvelles que le régisseur apporta à Castle-House dans la matinée. On les communiqua aussitôt à M. Stannard et à Edward Carrol que sa blessure, non cicatrisée, obligeait à rester étendu sur un des divans du hall.

« Les fédéraux à Saint-Augustine! s'écria ce dernier. Et pourquoi ne vont-ils pas à Jacksonville?

— Peut-être ne veulent-ils que barrer le fleuve en aval, sans en prendre possession, répondit M. Perry.

— James et Gilbert sont perdus, si Jacksonville reste aux mains de Texar! dit M. Stannard.

— Ne puis-je, répondit Perry, aller prévenir le commodore Dupont du danger que courent monsieur Burbank et son fils?

— Il faudrait une journée pour atteindre Saint-Augustine, répondit M. Carrol, en admettant que l'on ne soit pas arrêté par les milices qui battent en retraite! Et, avant que le commodore Dupont ait pu faire parvenir à Stevens l'ordre d'occuper Jacksonville, il se sera écoulé trop de temps! D'ailleurs, cette barre... cette barre du fleuve, si les canonnières ne peuvent s'avancer au-delà, comment sauver notre pauvre Gilbert qui doit être exécuté demain? Non!... Ce n'est pas à Saint-Augustine qu'il faut aller, c'est à Jacksonville même!... Ce n'est pas au commodore Dupont qu'il faut s'adresser... c'est à Texar..,

— Monsieur Carrol a raison, mon père... et j'irai! » dit miss Alice, qui venait d'entendre les dernières paroles prononcées par M. Carrol.

La courageuse jeune fille était prête à tout tenter comme à tout braver pour le salut de Gilbert.

La veille, en quittant Camdless-Bay, James Burbank avait surtout recommandé que sa femme ne fût point instruite de son départ pour Jacksonville. Il importait de lui cacher que le Comité eût donné l'ordre de le mettre en état d'arrestation. Mme Burbank l'ignorait donc, comme elle ignorait le sort de son fils, qu'elle devait croire à bord de la flottille. Comment la malheureuse femme eût-elle pu supporter ce double coup qui la frappait? Son mari au pouvoir de Texar, son fils à la veille d'être exécuté! Elle n'y eût point survécu. Lorsqu'elle avait demandé à voir James Burbank, miss Alice s'était contentée de répondre qu'il avait quitté Castle-House, afin de reprendre les recherches relatives à Dy et à Zermah, et que son absence pourrait durer quarante-huit heures. Aussi, toute la pensée de Mme Burbank se concentrait-elle maintenant sur son enfant disparue. C'était encore plus qu'elle n'en pouvait supporter dans l'état où elle se trouvait.

Cependant miss Alice n'ignorait rien de ce qui menaçait James et Gilbert Burbank. Elle savait que le jeune officier devait être fusillé le lendemain, que le même sort serait réservé à son père!... Et alors, résolue à voir Texar, elle venait prier M. Carrol de la faire transporter de l'autre côté du fleuve.

« Toi... Alice... à Jacksonville! s'écria M. Stannard.

— Mon père... il le faut!.. »

L'hésitation si naturelle de M. Stannard avait cédé soudain devant la nécessité d'agir sans retard. Si Gilbert pouvait être sauvé, c'était uniquement par la démarche que voulait tenter miss Alice. Peut-être, se jetant aux genoux de Texar, parviendrait-elle à l'attendrir? Peut-être obtiendrait-elle un sursis à l'exécution? Peut-être enfin trouverait-elle un appui parmi ces honnêtes gens que son désespoir soulèverait enfin contre l'intolérable tyrannie du Comité? Il fallait donc aller à Jacksonville, quelque danger qu'on y pût courir.

« Perry, dit la jeune fille, voudra bien me conduire à l'habitation de monsieur Harvey.

— A l'instant, répondit le régisseur.

— Non, Alice, ce sera moi qui t'accompagnerai, répondit M. Stannard. Oui... moi! Partons...

— Vous, Stannard?... répondit Edward Carrol... C'est vous exposer... On connaît trop vos opinions...

— Qu'importe! dit M. Stannard. Je ne laisserai pas ma fille aller sans

La voile fut hissée. (Page 243.)

moi au milieu de ces forcenés. Que Perry reste à Castle-House, Edward, puisque vous ne pouvez marcher encore, car il faut prévoir le cas où nous serions retenus...'

— Et si madame Burbank vous demande, répondit Edward Carrol, si elle demande miss Alice, que répondrai-je?

— Vous répondrez que nous avons rejoint James, que nous l'accompagnons dans ses recherches de l'autre côté du fleuve!... Dites même, s'il le faut, que nous avons dû aller à Jacksonville... enfin tout ce qu'il faudra pour rassurer madame Burbank, mais rien qui puisse lui faire soupçonner les dangers que courent son mari et son fils... Perry, faites disposer une embarcation ! »

Le régisseur se retira aussitôt, laissant M. Stannard à ses préparatifs de départ.

Cependant il était préférable que miss Alice ne quittât pas Castle-House, sans avoir appris à Mme Burbank que son père et elle étaient obligés de se rendre à Jacksonville. Au besoin, elle ne devrait pas hésiter à dire que le parti de Texar avait été renversé... que les fédéraux étaient maîtres du cours du fleuve... que, demain, Gilbert serait à Camdless-Bay... Mais la jeune fille aurait-elle la force de ne point se troubler, sa voix ne la trahirait-elle pas, quand elle affirmerait ces faits dont la réalisation semblait impossible maintenant?

Lorsqu'elle arriva dans la chambre de la malade, Mme Burbank dormait, ou plutôt était plongée dans une sorte d'assoupissement douloureux, une torpeur profonde, dont miss Alice n'eut pas le courage de la tirer. Peut-être cela valait-il mieux que la jeune fille fût ainsi dispensée de la rassurer par ses paroles.

Une des femmes de l'habitation veillait près du lit. Miss Alice lui recommanda de ne pas s'absenter un seul instant, et de s'adresser à M. Carrol pour répondre aux questions que Mme Burbank pourrait lui faire. Puis, elle se pencha sur le front de la malheureuse mère, l'effleura de ses lèvres, et quitta la chambre, afin de rejoindre M. Stannard.

Dès qu'elle l'aperçut :

« Partons, mon père, » dit-elle.

Tous deux sortirent du hall, après avoir serré la main d'Edward Carrol.

Au milieu de l'allée de bambous qui conduit au petit port, ils rencontrèrent le régisseur.

« L'embarcation est prête, dit Perry.

— Bien, répondit M. Stannard. Veillez avec grand soin sur Castle-House, mon ami.

— Ne craignez rien, monsieur Stannard. Nos noirs regagnent peu à peu la plantation, et cela se comprend. Que feraient-ils d'une liberté pour laquelle la nature ne les a pas créés? Ramenez-nous monsieur Burbank, et il les trouvera tous à leur poste! »

M. Stannard et sa fille prirent aussitôt place dans l'embarcation conduite par quatre mariniers de Camdless-Bay. La voile fut hissée, et, sous une petite brise d'est, on déborda rapidement. Le pier eut bientôt disparu derrière la pointe que la plantation profilait vers le nord-ouest.

M. Stannard n'avait pas l'intention de débarquer au port de Jacksonville, où il eût été immanquablement reconnu. Mieux valait prendre terre au fond d'une petite anse, un peu au-dessus. De là, il serait facile d'atteindre l'habitation de M. Harvey, située de ce côté, à l'extrémité du faubourg. On déciderait alors, et suivant les circonstances, comment les démarches devraient être faites.

Le fleuve était désert à cette heure. Rien en amont, par où auraient pu venir les milices de Saint-Augustine qui se réfugiaient dans le sud. Rien en aval. Donc aucun combat ne s'était engagé entre les embarcations floridiennes et les canonnières du commandant Stevens. On ne pouvait même apercevoir leur ligne d'embossage, car un coude du Saint-John fermait l'horizon au-dessous de Jacksonville.

Après une assez rapide traversée, favorisée par le vent arrière, M. Stannard et sa fille atteignirent la rive gauche. Tous deux, sans avoir été aperçus, purent débarquer au fond de la crique, qui n'était pas surveillée, et en quelques minutes, ils se trouvèrent dans la maison du correspondant de James Burbank.

Celui-ci fut, à la fois, très surpris et très inquiet de les voir. Leur présence n'était pas sans danger au milieu de cette populace, de plus en plus surexcitée et tout à la dévotion de Texar. On savait que M. Stannard partageait les idées anti-esclavagistes adoptées à Camdless-Bay. Le pillage de sa propre habitation, à Jacksonville, était un avertissement dont il devait tenir compte.

Très certainement, sa personne allait courir de grands risques. Le moins qui pût lui arriver, s'il venait à être reconnu, serait d'être incarcéré comme complice de M. Burbank.

« Il faut sauver Gilbert! ne put que répondre miss Alice aux observations de M. Harvey.

— Oui, répondit celui-ci, il faut le tenter! Que monsieur Stannard ne se montre pas au dehors!... Qu'il reste enfermé ici pendant que nous agirons!

— Me laissera-t-on entrer dans la prison? demanda la jeune fille.

— Je ne le crois pas, miss Alice.

— Pourrai-je arriver jusqu'à Texar?

— Nous l'essaierons.

— Vous ne voulez pas que je vous accompagne? dit M. Stannard en insistant.

— Non! Ce serait compromettre nos démarches près de Texar et de son Comité.

— Venez donc, monsieur Harvey, » dit miss Alice.

Cependant, avant de les laisser partir, M. Stannard voulut savoir s'il s'était produit de nouveaux faits de guerre, dont le bruit ne serait pas venu jusqu'à Camdless-Bay.

« Aucun, répondit M. Harvey, du moins en ce qui concerne Jacksonville. La flottille fédérale a paru dans la baie de Saint-Augustine, et la ville s'est rendue. Quant au Saint-John, nul mouvement n'a été signalé. Les canonnières sont toujours mouillées au-dessous de la barre.

— L'eau leur manque encore pour la franchir?..

— Oui, monsieur Stannard. Mais, aujourd'hui, nous aurons une des fortes marées d'équinoxe. Il y aura haute mer vers trois heures, et peut-être les cannonnières pourront-elles passer...

— Passer sans pilote, maintenant que Mars n'est plus là pour les diriger à travers le chenal! répondit miss Alice, d'un ton qui indiquait qu'elle ne pouvait même pas se rattacher à cet espoir. Non!... C'est impossible!... Monsieur Harvey, il faut que je voie Texar, et, s'il me repousse, nous devrons tout sacrifier pour faire évader Gilbert...

— Nous le ferons, miss Alice.

— L'état des esprits ne s'est pas modifié à Jacksonville? demanda M. Stannard.

— Non, répondit M. Harvey. Les coquins y sont toujours les maîtres, et Texar les domine. Pourtant, devant les exactions et les menaces du Comité, les honnêtes gens frémissent d'indignation. Il ne faudrait qu'un mouvement des fédéraux sur le fleuve pour changer cet état de choses. Cette populace est lâche, en somme. Si elle prenait peur, Texar et ses partisans seraient aussitôt renversés... J'espère encore que le commandant Stevens pourra remonter la barre...

— Nous n'attendrons pas, répondit résolument miss Alice, et, d'ici là, j'aurai vu Texar ! »

Il fut donc convenu que M. Stannard resterait dans l'habitation, afin qu'on ne sût rien de sa présence à Jacksonville. M. Harvey était prêt à aider la jeune fille dans toutes les démarches qui allaient être faites, et dont le succès, il faut bien le dire, n'était rien moins qu'assuré. Si Texar lui refusait la vie de Gilbert, si miss Alice ne pouvait arriver jusqu'à lui, on tenterait, même au prix d'une fortune, de provoquer l'évasion du jeune officier et de son père.

Il était onze heures environ, lorsque miss Alice et M. Harvey quittèrent l'habitation pour se rendre à Court-Justice, où le Comité, présidé par Texar, siégeait en permanence.

Toujours grande agitation dans la ville. Çà et là passaient les milices, renforcées des contingents qui étaient accourus des territoires du sud. Dans la journée, on attendait celles que la reddition de Saint-Augustine laissait disponibles, soit qu'elles vinssent par le Saint-John, soit qu'elles prissent route à travers les forêts de la rive droite pour franchir le fleuve à la hauteur de Jacksonville. Donc, la population allait et venait. Mille nouvelles circulaient, et, comme toujours, contradictoires — ce qui provoquait un tumulte voisin du désordre. Il était facile de voir, d'ailleurs, que dans le cas où les fédéraux arriveraient en vue du port, il n'y aurait aucune unité d'action dans la défense. La résistance ne serait pas sérieuse. Si Fernandina s'était rendue, neuf jours avant, aux troupes de débarquement du général Wright, si Saint-Augustine avait accueilli l'escadre du commodore Dupont, sans même essayer de lui barrer le passage, on pouvait prévoir qu'il en serait ainsi à Jacksonville. Les milices floridiennes, cédant la place aux troupes nordistes, se retireraient dans l'intérieur du comté. Une seule circonstance pouvait sauver Jacksonville d'une prise de possession, prolonger les pouvoirs du Comité, permettre à ses projets sanguinaires de s'accomplir, c'était que les canonnières, pour une raison ou pour une autre, — manque d'eau ou absence de pilote, — ne pussent dépasser la barre du fleuve. Au surplus, quelques heures encore, et cette question serait résolue.

Cependant, au milieu d'une foule qui devenait de plus en plus compacte, miss Alice et M. Harvey se dirigeaient vers la place principale. Comment feraient-ils pour pénétrer dans les salles de Court-Justice? Ils ne pouvaient l'imaginer. Une fois là, comment parviendraient-ils à voir Texar? Ils l'ignoraient. Qui sait même si l'Espagnol, apprenant qu'Alice Stannard demandait à paraître devant lui, ne se débarrasserait pas d'une demande importune, en la faisant arrêter et détenir jusqu'après l'exécution du jeune lieutenant?... Mais la jeune fille ne voulait rien voir de ces éventualités. Arriver jusqu'à Texar, lui arracher la grâce de Gilbert, aucun danger personnel n'aurait pu la détourner de ce but.

Lorsque M. Harvey et elle eurent atteint la place, ils y trouvèrent un concours de populace plus tumultueux encore. Des cris ébranlaient l'air, des vociférations éclataient de toutes parts, avec ces sinistres mots, jetés d'un groupe à l'autre: « A mort... A mort!.. »

M. Harvey apprit que le Comité était en séance de justice depuis une heure. Un affreux pressentiment s'empara de lui — pressentiment qui n'allait être que trop justifié! En effet, le Comité achevait de juger James Burbank comme complice de son fils Gilbert, sous l'accusation d'avoir entretenu des intelligences avec l'armée fédérale. Même crime, même condamnation, sans doute, et couronnement de l'œuvre de haine de Texar contre la famille Burbank!

Alors M. Harvey ne voulut pas aller plus loin. Il tenta d'entraîner Alice

Stannard. Il ne fallait pas qu'elle fût témoin des violences auxquelles la populace semblait disposée à se livrer, au moment où les condamnés sortiraient de Court-Justice, après le prononcé du jugement. Ce n'était pas, d'ailleurs, l'instant d'intervenir près de l'Espagnol.

« Venez, miss Alice, dit M. Harvey, venez!... Nous reviendrons... quand le Comité...

— Non! répondit miss Alice. Je veux me jeter entre les accusés et leurs juges... »

La résolution de la jeune fille était telle que M. Harvey désespéra de l'ébranler. Miss Alice se porta en avant. Il fallut la suivre. La foule, si compacte qu'elle fût — quelques-uns la reconnurent peut-être, — s'ouvrit devant elle. Les cris de mort retentirent plus effroyablement à son oreille. Rien ne put l'arrêter. Ce fut dans ces conditions qu'elle arriva devant la porte de Court-Justice.

En cet endroit, la populace était plus houleuse encore, non de cette houle qui suit la tempête, mais de celle qui la précède. De sa part, on pouvait craindre les plus effroyables excès

Soudain un reflux tumultueux rejeta au dehors le public qui encombrait la salle de Court-Justice. Les vociférations redoublèrent. Le jugement venait d'être rendu.

James Burbank, comme Gilbert, était condamné pour le prétendu même crime, à la même peine. Le père et le fils tomberaient devant le même peloton d'exécution.

« A mort!.. A mort! » criait cette tourbe de forcenés.

James Burbank apparut alors sur les derniers degrés. Il était calme et maître de lui. Un regard de mépris, ce fut tout ce qu'il eut pour les hurleurs de la populace.

Un détachement de la milice l'entourait, avec ordre de le reconduire à la prison.

Il n'était pas seul.

Gilbert marchait à son côté.

Extrait de la cellule, où il attendait l'heure de l'exécution, le jeune officier

James Burbank était calme et maître de lui. (Page 247.)

avait été amené en présence du Comité pour être confronté avec James Burbank. Celui-ci n'avait pu que confirmer les dires de son fils, assurant qu'il n'était venu à Castle-House que pour y revoir une dernière fois sa mère mourante. Devant cette affirmation, le chef d'espionnage aurait dû tomber de lui-même, si le procès n'eût été perdu d'avance. Aussi la même condamnation avait-elle frappé deux innocents, — condamnation imposée par une vengeance personnelle et prononcée par des juges iniques.

Texar et le commandant s'étaient rendus sur le quai. (Page 252.)

Cependant la foule se précipitait vers les condamnés. La milice ne parvenait que très difficilement à leur frayer un chemin à travers la place de Court-Justice.

Un mouvement se produisit alors. Miss Alice s'était précipitée vers James et Gilbert Burbank.

Involontairement, la populace recula, surprise par cette intervention inattendue de la jeune fille.

« Alice!... s'écria Gilbert.

— Gilbert!... Gilbert!... murmurait Alice Stannard, qui tomba dans les bras du jeune officier.

— Alice... pourquoi es-tu ici?... dit James Burbank.

— Pour implorer votre grâce!... Pour supplier vos juges!... Grâce... Grâce pour eux! »

Les cris de la malheureuse jeune fille étaient déchirants. Elle s'accrochait aux vêtements des condamnés, qui avaient fait halte un instant. Pouvait-elle donc attendre quelque pitié de cette foule déchaînée qui les entourait? Non! Mais son intervention eut pour effet de l'arrêter au moment où elle allait peut-être se porter à des violences contre les prisonniers malgré les hommes de la milice.

D'ailleurs Texar, prévenu de ce qui se passait, venait d'apparaître sur le seuil de Court-Justice. Un geste de lui contint la foule... L'ordre qu'il renouvela de reconduire James et Gilbert Burbank à la prison fut entendu et respecté.

Le détachement se remit en marche.

« Grâce!... Grâce!... » s'écria miss Alice, qui s'était jetée aux genoux de Texar.

L'Espagnol ne répondit que par un geste négatif.

La jeune fille se releva alors.

« Misérable! » s'écria-t-elle.

Elle voulut rejoindre les condamnés, demandant à les suivre dans la prison, à passer près d'eux les dernières heures qui leur restaient encore à vivre...

Ils étaient déjà hors de la place, et la foule les accompagnait de ses hurlements.

C'était plus que n'en pouvait supporter miss Alice. Ses forces l'abandonnèrent. Elle chancela, elle tomba. Elle n'avait plus ni sentiment ni connaissance, quand M. Harvey la reçut dans ses bras.

La jeune fille ne revint à elle qu'après avoir été transportée dans la maison de M. Harvey, près de son père.

« A la prison... à la prison !... murmurait-elle. Il faut que tous deux s'échappent...

— Oui, répondit M. Stannard, il n'y a plus que cela à tenter !... Attendons la nuit ! »

En effet, il ne fallait rien faire pendant le jour. Lorsque l'obscurité leur permettrait d'agir avec plus de sécurité, sans crainte d'être surpris, M. Stannard et M. Harvey essaieraient de rendre possible l'évasion des deux prisonniers avec la complicité de leur gardien. Ils seraient munis d'une somme d'argent si considérable que cet homme — ils l'espéraient du moins — ne pourrait résister à leurs offres, surtout, quand un seul coup de canon, parti de la flottille du commandant Stevens, pouvait mettre fin au pouvoir de l'Espagnol.

Mais, la nuit arrivée, lorsque MM. Stannard et Harvey voulurent mettre leur projet à exécution, ils durent y renoncer. L'habitation était gardée à vue par une escouade de la milice, et ce fut en vain que tous deux en voulurent sortir.

IV

COUP DE VENT DE NORD-EST

Les condamnés n'avaient plus, maintenant, qu'une chance de salut — une seule : c'était qu'avant douze heures, les fédéraux fussent maîtres de la ville. En effet, le lendemain, au soleil levant, James et Gilbert Burbank devaient être passés par les armes. De leur prison, surveillée ainsi que l'était la maison de M. Harvey, comment auraient-ils pu fuir, même avec la connivence d'un geôlier ?

Cependant, pour s'emparer de Jacksonville, on ne devait pas compter sur les troupes nordistes, débarquées depuis quelques jours à Fernandina, et qui ne pouvaient abandonner cette importante position au nord de l'État de Floride. Aux canonnières du commandant Stevens incombait cette tâche. Or, pour l'accomplir, il fallait, avant tout, franchir la barre du Saint-John. Alors, la ligne des embarcations étant forcée, la flottille n'aurait plus qu'à s'embosser à la hauteur du port. De là, quand elle tiendrait la ville sous ses feux, nul doute que les milices battissent en retraite à travers les inaccessibles marécages du comté. Texar et ses partisans se hâteraient certainement de les suivre, afin d'éviter de trop justes représailles. Les honnêtes gens pourraient aussitôt reprendre la place, dont ils avaient été indignement chassés, et traiter avec les représentants du gouvernement fédéral pour la reddition de la ville.

Or, ce passage de la barre, était-il possible de l'effectuer, et cela dans un si court délai? Y avait-il quelque moyen de vaincre l'obstacle matériel que le manque d'eau opposait toujours à la marche des canonnières? C'était désormais très douteux, comme on va le voir.

En effet, après le prononcé du jugement, Texar et le commandant des milices de Jacksonville s'étaient rendus sur le quai pour observer le cours inférieur du fleuve. On ne s'étonnera pas que leurs regards fussent alors obstinément fixés vers le barrage d'aval, et leurs oreilles prêtes à recueillir toute détonation qui viendrait de ce côté du Saint-John.

« Rien de nouveau n'a été signalé? demanda Texar, après s'être arrêté à l'extrémité de l'estacade.

— Rien, répondit le commandant. Une reconnaissance que je viens de faire dans le nord me permet d'affirmer que les fédéraux n'ont point quitté Fernandina pour se porter sur Jacksonville. Très vraisemblablement, ils resteront en observation sur la frontière géorgienne, en attendant que leurs flottilles aient forcé le chenal.

— Des troupes ne peuvent-elles venir du sud, après avoir quitté Saint-Augustine, et passer le Saint-John à Picolata? demanda l'Espagnol.

— Je ne le pense pas, répondit l'officier. Comme troupes de débarquement, Dupont n'a que ce qu'il faut pour occuper la ville, et son but est évidemment d'établir le blocus sur tout le littoral depuis l'embouchure du Saint-John jusqu'aux derniers inlets de la Floride. Nous n'avons donc rien à craindre de ce côté, Texar.

— Reste alors le danger d'être tenu en échec par la flottille de Stevens, si elle parvient à remonter la barre devant laquelle elle est arrêtée depuis trois jours...

— Sans doute, mais cette question sera décidée d'ici quelques heures. Peut-être, après tout, les fédéraux n'ont-ils d'autre but que de fermer le bas cours du fleuve, afin de couper toute communication entre Saint-Augustine et Fernandina?

« Je vous le répète, Texar, l'important pour les nordistes, ce n'est pas tant d'occuper la Floride en ce moment, que de s'opposer à la contrebande de guerre qui se fait par les passes du sud. Il est permis de croire que leur expédition n'a pas d'autre objectif. Sans cela, les troupes, qui sont maîtresses de l'île Amélia depuis une dizaine de jours, auraient déjà marché sur Jacksonville.

— Vous pouvez avoir raison, répondit Texar. N'importe! Il me tarde que la question de la barre soit définitivement tranchée.

— Elle le sera aujourd'hui même.

— Cependant, si les canonnières de Stevens venaient s'embosser devant le port, que feriez-vous?

— J'exécuterais l'ordre que j'ai reçu d'emmener les milices dans l'intérieur, afin d'éviter tout contact avec les fédéraux. Qu'ils s'emparent des villes du comté, soit! Ils ne pourront les garder longtemps, puisqu'ils seront coupés de leurs communications avec la Géorgie ou les Carolines, et nous saurons bien les leur reprendre!

— En attendant, répondit Texar, s'ils étaient maîtres de Jacksonville, ne fut-ce qu'un jour, il faudrait s'attendre à des représailles de leur part... Tous ces prétendus honnêtes gens, ces riches colons, ces anti-esclavagistes, reviendraient au pouvoir, et alors... Cela ne sera pas!... Non!... Et plutôt que d'abandonner la ville... »

L'Espagnol n'acheva pas sa pensée; il était facile de la comprendre.

Il ne rendrait pas la ville aux fédéraux, ce qui serait la remettre entre les mains de ces magistrats que la populace avait renversés. Il la brûlerait plutôt, et peut-être ses mesures étaient-elles prises en vue de cette œuvre de destruction. Alors, les siens et lui, se retirant à la suite des milices, trouveraient dans les marécages du sud d'inaccessibles repaires où ils attendraient les événements.

Toutefois, on le répète, cette éventualité n'était à craindre que pour le cas où la barre livrerait passage aux canonnières, et le moment était venu où se résoudrait définitivement cette question.

En effet, un violent reflux de la populace se produisait du côté du port. Un instant suffit pour que les quais fussent encombrés. Des cris plus assourdissants éclatèrent.

« Les canonnières passent !

— Non! elles ne bougent pas!

— La mer est pleine!...

— Elles essayent de franchir en forçant de vapeur!

— Voyez!... Voyez!...

— Nul doute! dit le commandant des milices. Il y a quelque chose! — Regardez, Texar! »

L'Espagnol ne répondit pas. Ses yeux ne cessaient d'observer, en aval du fleuve, la ligne d'horizon fermée par le chapelet des embarcations embossées par son travers. Un demi-mille au delà se dressaient la mâture et les cheminées des canonnières du commandant Stevens. Une épaisse fumée s'en échappait, et, chassée par le vent qui prenait de la force, se rabattait jusqu'à Jacksonville.

Évidemment, Stevens, profitant du plein de la marée, cherchait à passer, poussant ses feux à « tout casser » comme on dit. Y parviendrait-il? Trouverait-il assez d'eau sur le haut fond, même en le râclant avec la quille de ses canonnières? Il y avait là de quoi provoquer une violente émotion dans tout ce populaire réuni sur la rive du Saint-John.

Et les propos de redoubler avec plus d'animation, suivant ce que les uns croyaient voir et ce que les autres ne voyaient pas.

« Elles ont gagné d'une demi-encablure!

— Non! Elles n'ont pas plus remué que si leur ancre était encore par le fond!

— En voici une qui évolue!

— Oui! mais elle se présente par le travers et pivote, parce que l'eau lui manque!

— Ah! quelle fumée!

— Quand ils brûleraient tout le charbon des États-Unis, ils ne passeront pas!

— Et maintenant, voici que la marée commence à perdre!

— Hurrah pour le Sud!

— Hurrah. »

Cette tentative, faite par la flottille, dura dix minutes environ — dix minutes qui parurent longues à Texar, à ses partisans, à tous ceux dont la prise de Jacksonville eût compromis la liberté ou la vie. Ils ne savaient même à quoi s'en tenir, la distance étant trop grande pour que l'on pût aisément observer la manœuvre des canonnières. Le chenal était-il franchi, ou allait-il l'être, en dépit des hurrahs prématurés qui éclataient au milieu de la foule? S'allégeant de tout le poids inutile, se délestant pour relever ses lignes de flottaison, le commandant Stevens ne parviendrait-il pas à gagner le peu d'espace qu'il lui fallait pour retrouver une eau plus profonde, une navigation facile jusqu'à la hauteur du port? C'était toujours à craindre, tant que durerait l'étale de la mer haute.

Cependant, ainsi qu'on le disait, déjà la marée commençait à perdre. Or, le jusant une fois établi, le niveau du Saint-John s'abaisserait très rapidement.

Soudain les bras se tendirent vers l'aval du fleuve, et ce cri domina tous les autres :

« Un canot!... un canot! »

En effet, une légère embarcation se montrait près de la rive gauche, où le courant de flux se faisait encore sentir, tandis que le reflux prenait de la force au milieu du chenal. Cette embarcation, enlevée à force de rames,

L'officier grimpa lestement les degrés de l'échelle. (Page 256)

s'avançait rapidement. A l'arrière se tenait un officier, portant l'uniforme des milices floridiennes. Il eut bientôt gagné le pied de l'estacade et grimpa lestement les degrés de l'échelle latérale, engagée dans le quai. Puis, ayant aperçu Texar, il se dirigea vers lui, au milieu des groupes qui s'étouffaient pour le voir et l'entendre.

« Qu'y a-t-il? demanda l'Espagnol.

— Rien, et il n'y aura rien! répondit l'officier.

Les canonnières étaient embossées devant Jacksonville. (Page 261.)

— Qui vous envoie?

— Le chef de nos embarcations, qui ne tarderont pas à se replier vers le port.

— Et pourquoi?...

— Parce que les canonnières ont vainement essayé de remonter la barre, aussi bien en s'allégeant qu'en forçant de vapeur. Désormais, il n'y a plus rien à redouter...

— Pour cette marée?... demanda Texar.

— Ni pour aucune autre. — au moins d'ici quelques mois.

— Hurrah!... Hurrah! »

Ces hurlements emplirent la ville. Et si les violents acclamèrent une fois de plus l'Espagnol comme l'homme dans lequel s'incarnaient tous leurs instincts détestables, les modérés furent atterrés en songeant que, pendant bien des jours encore, ils allaient subir la domination scélérate du Comité et de son chef.

L'officier avait dit vrai. A partir de ce jour, la mer devant décroître chaque jour, la marée ne ramènerait qu'une moindre quantité d'eau dans le lit du Saint-John. Cette marée du 12 mars avait été une des plus fortes de l'année, et il s'écoulerait un intervalle de plusieurs mois avant que le cours du fleuve se relevât à ce niveau. Le chenal étant infranchissable, Jacksonville échappait au feu du commandant Stevens. C'était la prolongation des pouvoirs de Texar, la certitude pour ce misérable d'accomplir jusqu'au bout son œuvre de vengeance. En admettant même que le général Sherman voulût faire occuper Jacksonville par les troupes du général Wright, débarquées à Fernandina, cette marche vers le sud exigerait un certain temps. Or, en ce qui concernait James et Gilbert Burbank, leur exécution étant fixée au lendemain dès la première heure, rien ne pouvait plus les sauver.

La nouvelle, apportée par l'officier, se répandit en un instant dans tous les environs. On se figure aisément l'effet qu'elle produisit sur cette portion déchaînée de la populace. Les orgies, les débauches, reprirent avec plus d'animation. Les honnêtes gens, consternés, devaient s'attendre aux plus abominables excès. Aussi la plupart se préparèrent-ils à quitter une ville qui ne leur offrait aucune sécurité.

Si les hurrahs, les vociférations, arrivant jusqu'aux prisonniers, leur apprirent que toute chance de salut venait de s'évanouir, on les entendit aussi dans la maison de M. Harvey. Ce que fut le désespoir de M. Stannard et de miss Alice, on ne l'imagine que trop aisément. Qu'allaient-ils tenter maintenant pour sauver James Burbank et son fils? Essayer de corrompre le gardien de la prison? Provoquer à prix d'or la fuite des condamnés? Ils ne pouvaient seulement pas sortir de l'habitation dans laquelle ils avaient trouvé refuge. On le sait, une bande de sacripants la gardaient à vue, et leurs imprécations retentissaient incessamment devant la porte.

La nuit se fit. Le temps, dont on pressentait le changement depuis quelques jours, s'était sensiblement modifié. Après avoir soufflé de terre, le vent avait sauté brusquement dans le nord-est. Déjà, par grandes masses grisâtres et déchirées, les nuages, n'ayant pas même le temps de se résoudre en pluie, chassaient du large avec une extrême vitesse et s'abaissaient presque au ras de la mer. Une frégate de premier rang aurait certainement eu le haut de sa mâture perdu dans ces amas de vapeurs, tant ils se traînaient au milieu des basses zones. Le baromètre s'était rapidement déprimé aux degrés de tempête. Il y avait là des symptômes d'un ouragan né sur les lointains horizons de l'Atlantique. Avec la nuit qui envahissait l'espace, il ne tarda pas à se déchaîner avec une extraordinaire violence.

Or, par suite de son orientation, cet ouragan donna naturellement de plein fouet à travers l'estuaire du Saint-John. Il soulevait les eaux de son embouchure comme une houle, il les y refoulait à la façon de ces mascarets des grands fleuves, dont les hautes lames détruisent toutes les propriétés riveraines.

Pendant cette nuit de tourmente, Jacksonville fut donc balayée avec une effroyable violence. Un morceau de l'estacade du port céda aux coups du ressac projeté contre ses pilotis. Les eaux couvrirent une partie des quais, où se brisèrent plusieurs dogres, dont les amarres cassèrent comme un fil. Impossible de se tenir dans les rues ni sur les places, mitraillées par des débris de toutes sortes. La populace dut se réfugier dans les cabarets, où les gosiers n'y perdirent rien, et leurs hurlements luttèrent, non sans avantage, contre les fracas de la tempête.

Ce ne fut pas seulement à la surface du sol que ce coup de vent exerça ses ravages. A travers le lit du Saint-John, la dénivellation des eaux provoqua une houle d'autant plus violente qu'elle se décuplait par les contre-coups du fond. Les chaloupes, mouillées devant la barre, furent surprises par ce mascaret avant d'avoir pu rallier le port. Leurs ancres chassèrent, leurs amarres se rompirent. La marée de nuit, accrue par la poussée du vent, les emporta vers le haut fleuve — irrésistiblement. Quelques-unes se fracassèrent contre les pilotis des quais, tandis que les autres, entraînées au delà de Jacksonville, allaient se perdre sur les îlots ou les coudes du Saint-John à quelques milles plus loin. Un certain nombre des mariniers qui les montaient perdirent la vie dans ce désastre, dont la soudaineté avait déjoué toutes les mesures à prendre en pareilles circonstances.

Quant aux canonnières du commandant Stevens, avaient-elles appareillé et forcé de vapeur pour chercher un abri dans les criques d'aval? Grâce à cette manœuvre, avaient-elles pu échapper à une destruction complète? En tout cas, soit qu'elles eussent pris ce parti de redescendre vers les bouches du Saint-John, soit qu'elles se fussent maintenues sur leurs ancres, Jacksonville ne devait plus les redouter, puisque la barre leur opposait maintenant un obstacle infranchissable.

Ce fut donc une nuit noire et profonde qui enveloppa la vallée du Saint-John, pendant que l'air et l'eau se confondaient comme si quelque action chimique eût tenté de les combiner en un seul élément. On assistait là à l'un de ces cataclysmes qui sont assez fréquents aux époques d'équinoxe, mais dont la violence dépassait tout ce que le territoire de la Floride avait éprouvé jusqu'alors.

Aussi, précisément en raison de sa force, ce météore ne dura pas au delà de quelques heures. Avant le lever du soleil, les vides de l'espace furent rapidement comblés par ce formidable appel d'air, et l'ouragan alla se perdre au-dessus du golfe du Mexique, après avoir frappé de son dernier coup la péninsule floridienne.

Vers quatre heures du matin, avec les premières pointes du jour qui blanchirent un horizon nettoyé par ce grand balayage de la nuit, l'accalmie succédait aux troubles des éléments. Alors la populace commença à se répandre dans les rues qu'elle avait dû abandonner pour les cabarets. La milice reprit les postes désertés. On s'occupa autant que possible de procéder à la réparation des dégâts causés par la tempête. Et, en particulier, au long des quais de la ville, ils ne laissaient pas d'être très considérables, estacades rompues, dogres désemparés, barques disjointes, que le jusant ramenait des hautes régions du fleuve.

Cependant, on ne voyait passer ces épaves que dans un rayon de quelques yards au delà des berges. Un brouillard très dense s'était accumulé sur le lit même du Saint-John en s'élevant vers les hautes zones, refroidies par la tempête. A cinq heures, le chenal n'était pas encore visible en son milieu, et il ne le deviendrait qu'au moment où ce brouillard se serait dissipé sous les premiers rayons du soleil.

Soudain, un peu après cinq heures, de formidables éclats trouèrent l'épaisse brume. On ne pouvait s'y tromper, ce n'étaient point les roulements prolongés de la foudre, mais les détonations déchirantes de l'artillerie. Des sifflements caractéristiques fusaient à travers l'espace. Un cri d'épouvante s'échappa de tout ce public, milice ou populace, qui s'était porté vers le port.

En même temps, sous ces détonations répétées, le brouillard commençait à s'entr'ouvrir. Ses volutes, mêlées aux fulgurations des coups de feu, se dégagèrent de la surface du fleuve.

Les canonnières de Stevens étaient là, embossées devant Jacksonville, qu'elles tenaient sous leurs bordées directes.

« Les canonnières!... Les canonnières!... »

Ces mots, répétés de bouche en bouche, eurent bientôt couru jusqu'à l'extrémité des faubourgs. En quelques minutes, la population honnête, avec une extrême satisfaction, la populace, avec une extrême épouvante, apprenaient que la flottille était maîtresse du Saint-John. Si l'on ne se rendait pas, c'en était fait de la ville.

Que s'était-il donc passé? Les nordistes avaient-ils trouvé dans la tempête une aide inattendue? Oui! Aussi les canonnières n'étaient-elles point allées chercher un abri vers les criques inférieures de l'embouchure. Malgré la violence de la houle et du vent, elles s'étaient tenues au mouillage. Pendant que leurs adversaires s'éloignaient avec les chaloupes, le commandant Stevens et ses équipages avaient fait tête à l'ouragan, au risque de se perdre, afin de tenter un passage que les circonstances allaient peut-être rendre praticable. En effet, cet ouragan, qui poussait les eaux du large dans l'estuaire, venait de relever le niveau du fleuve à une hauteur anormale, et les canonnières s'étaient lancées à travers les passes. Et alors, forçant de vapeur, bien que leur quille râclât le fond de sable, elles avaient pu franchir la barre.

Vers quatre heures du matin, le commandant Stevens, manœuvrant au milieu du brouillard, s'était rendu compte par l'estime qu'il devait être à la hauteur de Jacksonville. Il avait alors mouillé ses ancres, il s'était embossé. Puis, le moment venu, il avait déchiré les brumes par la détonation de ses grosses pièces et lancé ses premiers projectiles sur la rive gauche du Saint-John.

L'effet fut instantané. En quelques minutes, la milice eut évacué la ville, à l'exemple des troupes sudistes à Fernandina comme à Saint-Augustine. Stevens, voyant les quais déserts, commença presque aussitôt à modérer le feu, son intention n'étant point de détruire Jacksonville, mais de l'occuper et de la soumettre.

Presque aussitôt un drapeau blanc se déployait à la hampe de Court-Justice.

On se figure aisément avec quelles angoisses ces premiers coups de canon furent entendus dans la maison de M. Harvey. La ville était certainement attaquée. Or, cette attaque ne pouvait venir que des fédéraux, soit qu'ils eussent remonté le Saint-John, soit qu'ils se fussent approchés par le nord de la Floride. Était-ce donc enfin la chance de salut inespérée — la seule qui pût sauver James et Gilbert Burbank?

M. Harvey et miss Alice se précipitèrent vers le seuil de l'habitation. Les gens de Texar, qui la gardaient, avaient pris la fuite et rejoint les milices vers l'intérieur du comté.

M. Harvey et la jeune fille gagnèrent du côté du port. Le brouillard s'étant dissipé, on pouvait apercevoir le fleuve jusqu'aux derniers plans de la rive droite.

Les canonnières se taisaient, car déjà, visiblement, Jacksonville renonçait à faire résistance.

En ce moment, plusieurs canots accostèrent l'estacade et débarquèrent un détachement armé de fusils, de revolvers et de haches.

Tout à coup, un cri se fit entendre parmi les marins que commandait un officier.

L'homme qui venait de jeter ce cri se précipita vers miss Alice.

« Mars!... Mars!... dit la jeune fille, stupéfaite de se trouver en présence du mari de Zermah, que l'on croyait noyé dans les eaux du Saint-John.

— Monsieur Gilbert!... Monsieur Gilbert?... répondit Mars. Où est-il?

— Prisonnier avec monsieur Burbank!... Mars, sauvez-le... sauvez-le, et sauvez son père!

— A la prison! » s'écria Mars, qui, se retournant vers ses compagnons, les entraîna.

Et tous, alors, de courir pour empêcher qu'un dernier crime fût commis par ordre de Texar.

M. Harvey et miss Alice les suivirent.

Ainsi, après s'être jeté dans le fleuve, Mars avait pu échapper aux tourbillons de la barre? Oui! et, par prudence, le courageux métis s'était bien gardé de faire savoir à Castle-House qu'il était sain et sauf. Aller y demander asile, c'eût été compromettre sa propre sécurité, et il fallait qu'il restât libre pour accomplir son œuvre. Ayant regagné la rive droite à la nage, il avait pu, en se faufilant à travers les roseaux, la redescendre jusqu'à la hauteur de la flottille. Là, ses signaux aperçus, un canot l'avait recueilli et reconduit à bord de la canonnière du commandant Stevens. Celui-ci fut aussitôt mis au courant de la situation, et, devant ce danger imminent qui menaçait Gilbert, tous ses efforts tendirent à remonter le chenal. Ils avaient été infructueux, on le sait, et l'opération allait être abandonnée, lorsque, pendant la nuit, le coup de vent vint relever le niveau du fleuve. Cependant, sans une pratique de ces passes difficiles, la flottille eût encore risqué de s'échouer sur les hauts fonds du fleuve. Heureusement, Mars était là. Il avait adroitement piloté sa canonnière, dont les autres suivirent la direction, malgré le déchaînement de la tempête. Aussi, avant que le brouillard eût empli la vallée du Saint-John, étaient-elles embossées devant la ville qu'elles tenaient sous leurs feux.

Il était temps, car les deux condamnés devaient être exécutés à la pre-

Les signaux aperçus, un canot l'avait recueilli. (Page 263.)

mière heure. Mais, déjà, ils n'avaient plus rien à craindre. Les magistrats de Jacksonville avaient repris leur autorité usurpée par Texar. Et, au moment où Mars et ses compagnons arrivaient devant la prison, James et Gilbert Burbank en sortaient, libres enfin.

En un instant, le jeune lieutenant eut pressé miss Alice sur son cœur, tandis que M. Stannard et James Burbank tombaient dans les bras l'un de l'autre.

« Vivant! » s'écria James Burbank. (Page 266.)

« Ma mère?... demanda Gilbert tout d'abord.

— Elle vit... elle vit!.. répondit miss Alice.

— Eh bien, à Castle-House! s'écria Gilbert. A Castle-House...

— Pas avant que justice soit faite! » répondit James Burbank.

Mars avait compris son maître. Il s'était lancé du côté de la grande place avec l'espoir d'y trouver Texar.

L'Espagnol n'aurait-il pas déjà pris la fuite, afin d'échapper aux représailles? Ne se serait-il pas soustrait à la vindicte publique, avec tous ceux qui s'étaient compromis pendant cette période d'excès? Ne suivait-il pas déjà les soldats de la milice qui battaient en retraite vers les basses régions du comté?

On pouvait, on devait le croire.

Mais, sans attendre l'intervention des fédéraux, nombre d'habitants s'étaient précipités vers Court-Justice. Arrêté au moment où il allait prendre la fuite, Texar était gardé à vue. D'ailleurs, il semblait s'être assez facilement résigné à son sort.

Toutefois, quand il se trouva en présence de Mars, il comprit que sa vie était menacée.

En effet, le métis venait de se jeter sur lui. Malgré les efforts de ceux qui le gardaient, il l'avait saisi à la gorge, il l'étranglait, lorsque James et Gilbert Burbank parurent.

« Non... non!... Vivant! s'écria James Burbank. Il faut qu'il vive!... Il faut qu'il parle!

— Oui!... il le faut! » répondit Mars.

Quelques instants plus tard, Texar était enfermé dans la cellule même où ses victimes avaient attendu l'heure de l'exécution.

V

PRISE DE POSSESSION

Les fédéraux étaient enfin maîtres de Jacksonville — par suite, maîtres du Saint-John. Les troupes de débarquement, amenées par le commandant Stevens, occupèrent aussitôt les principaux points de la cité. Les autorités usurpatrices avaient pris la fuite. Seul de l'ancien comité, Texar était tombé entre leurs mains.

D'ailleurs, soit lassitude des exactions commises pendant ces derniers jours, soit même indifférence sur la question de l'esclavage que le Nord et le Sud cherchaient alors à trancher par les armes, les habitants ne firent point mauvais accueil aux officiers de la flottille, qui représentaient le gouvernement de Washington.

Pendant ce temps, le commodore Dupont, établi à Saint-Augustine, s'occupait de mettre le littoral floridien à l'abri de la contrebande de guerre. Les passes de Mosquito-inlet furent bientôt fermées. Cela coupa court au commerce d'armes et de munitions, qui se faisait avec les Lucayes, les îles anglaises de Bahama. On peut donc dire qu'à partir de ce moment, l'État de Floride rentra sous l'autorité fédérale.

Ce jour même, James et Gilbert Burbank, M. Stannard et miss Alice, repassaient le Saint-John pour rentrer à Camdless-Bay.

Perry et les sous-régisseurs les attendaient au pier du petit port avec un certain nombre de noirs qui étaient revenus sur la plantation. On imagine aisément quelle réception leur fut faite, quelles démonstrations les accueillirent.

Un instant après, James Burbank et son fils, M. Stannard et sa fille étaient au chevet de Mme Burbank.

En même temps qu'elle revoyait Gilbert, la malade apprenait tout ce qui s'était passé. Le jeune officier la pressait dans ses bras. Mars lui baisait les mains. Ils ne la quitteraient plus maintenant. Miss Alice pourrait lui donner ses soins. Elle reprendrait promptement ses forces. Il n'y avait rien à redouter désormais des machinations de Texar ni de ceux qu'il avait associés à ses vengeances. L'Espagnol était entre les mains des fédéraux, et les fédéraux étaient maîtres de Jacksonville.

Cependant, si la femme de James Burbank, si la mère de Gilbert, n'avait plus à trembler pour son mari et pour son fils, toute sa pensée allait se rattacher à sa petite fille disparue. Il lui fallait Dy, comme à Mars, il fallait Zermah.

« Nous les retrouverons! s'écria James Burbank. Mars et Gilbert nous accompagneront dans nos recherches...

— Oui, mon père, oui... et sans perdre un jour, répondit le jeune lieutenant.

— Puisque nous tenons Texar, reprit M. Burbank, il faudra bien que Texar parle!

— Et s'il refuse de parler? demanda M. Stannard. Si cet homme prétend qu'il n'est pour rien dans l'enlèvement de Dy et de Zermah?...

— Et comment le pourrait-il? s'écria Gilbert. Zermah ne l'a-t-elle pas reconnu à la crique Marino? Alice et ma mère n'ont-elles point entendu ce nom de Texar que Zermah jetait au moment où l'embarcation s'éloignait? Peut-on douter qu'il soit l'auteur de l'enlèvement, qu'il y ait présidé en personne?

— C'était lui! répondit Mme Burbank, qui se redressa comme si elle eût voulu se jeter hors de son lit.

— Oui!... ajouta miss Alice, je l'ai bien reconnu!... Il était debout... à l'arrière de son canot qui se dirigeait vers le milieu du fleuve!

— Soit, dit M. Stannard, c'était Texar! Pas de doute possible! Mais, s'il refuse de dire en quel endroit Dy et Zermah ont été entraînées par son ordre, où les chercherons-nous, puisque nous avons déjà vainement fouillé les rives du fleuve sur une étendue de plusieurs milles? »

A cette question, si nettement posée, aucune réponse ne pouvait être faite. Tout dépendait de ce que dirait l'Espagnol. Son intérêt serait-il de parler ou de se taire?

« On ne sait donc pas où demeure habituellement ce misérable? » demanda Gilbert.

— On ne le sait pas, on ne l'a jamais su, répondit James Burbank. Dans le sud du comté, il y a de si vastes forêts, tant de marécages inaccessibles, où il a pu se cacher! En vain voudrait-on explorer tout ce pays, dans lequel les fédéraux eux-mêmes ne pourront poursuivre les milices en retraite! Ce serait peine perdue!

— Il me faut ma fille! s'écria Mme Burbank, que James Burbank ne contenait pas sans peine.

— Ma femme !... Je veux ma femme... s'écria Mars, et je forcerai bien ce coquin à dire où elle est !

— Oui ! reprit James Burbank, lorsque cet homme verra qu'il y va de sa vie, et qu'il peut la sauver en parlant, il n'hésitera pas à parler ! Lui en fuite, nous pourrions désespérer ! Lui entre les mains des fédéraux, nous lui arracherons son secret ! Aie confiance, ma pauvre femme ! Nous sommes tous là, et nous te rendrons ton enfant ! »

Mme Burbank, épuisée, était retombée sur son lit. Miss Alice, ne voulant point la quitter, resta près d'elle, pendant que M. Stannard, James Burbank, Gilbert et Mars redescendaient dans le hall, afin d'y conférer avec Edward Carrol.

Voici ce qui fut bientôt convenu. Avant d'agir, le temps serait laissé aux fédéraux d'organiser leur prise de possession. D'ailleurs, il fallait que le commodore Dupont fût informé des faits relatifs non seulement à Jacksonville, mais encore à Camdless-Bay. Peut-être conviendrait-il que Texar fût d'abord déféré à la justice militaire? Dans ce cas, les poursuites ne pourraient être faites qu'à la diligence du commandant en chef de l'expédition de Floride.

Toutefois, Gilbert et Mars ne voulurent point laisser passer la fin de cette journée ni la suivante, sans commencer leurs recherches. Pendant que James Burbank, MM. Stannard et Edward Carrol allaient faire les premières démarches, ils voulurent remonter le Saint-John, avec l'espérance de recueillir peut-être quelque indice.

Ne pouvaient-ils craindre, en effet, que Texar refusât de parler, que, poussé par sa haine, il n'allât jusqu'à préférer subir le dernier châtiment plutôt que de rendre ses victimes? Il fallait pouvoir se passer de lui. Il importait donc de découvrir en quel endroit il habitait ordinairement. Ce fut en vain. On ne savait rien de la Crique-Noire. On croyait cette lagune absolument inaccessible. Aussi Gilbert et Mars longèrent-ils plusieurs fois les taillis de sa rive, sans découvrir l'étroite ouverture qui eût pu donner accès à leur légère embarcation.

Pendant la journée du 13 mars, il ne se produisit aucun incident de nature

Le commandant leur fit l'accueil qu'ils méritaient. (Page 270.)

se résigna. Le lendemain même, il formait un plan dont l'objectif était de débarquer ses troupes sur la plage du fort Monroe. Ce plan, adopté par les chefs de corps, fut approuvé du président. Le ministre de la guerre adressa ses ordres à New-York, à Philadelphie, à Baltimore, et des bâtiments de toute espèce arrivèrent dans le Potomac, afin de transporter l'armée de Mac Clellan avec son matériel.

Les menaces qui, pendant quelque temps, avaient fait trembler Washing-

PRISE DE POSSESSION.   273

Le marché de Saint-Augustine. (Page 283.)

ton, la capitale nordiste, c'était Richmond, la capitale sudiste, qui allait les subir à son tour.

Telle était la situation des belligérants au moment où la Floride venait de se soumettre au général Sherman et au commodore Dupont. En même temps que leur escadre effectuait le blocus de la côte floridienne, ils devenaient maîtres du Saint-John — ce qui assurait la complète possession de la péninsule.

Cependant Gilbert et Mars avaient en vain exploré les rives et les îlots du fleuve jusqu'au delà de Picolata. Dès lors, il n'y avait plus qu'à agir directement sur Texar. Depuis le jour où les portes de la prison s'étaient refermées sur lui, il n'avait pu avoir aucun rapport avec ses complices. Il s'en suit que la petite Dy et Zermah devaient se trouver encore là où elles étaient avant l'occupation du Saint-John par les fédéraux.

En ce moment, l'état des choses à Jacksonville permettait que la justice y suivît son cours régulier à l'égard de l'Espagnol, s'il refusait de répondre. Toutefois, avant d'en arriver à ces moyens extrêmes, on pouvait espérer qu'il consentirait à faire quelques aveux à la condition d'être rendu à la liberté.

Le 14, on résolut de tenter cette démarche avec l'approbation des autorités militaires, qui était assurée d'avance.

Mme Burbank avait repris de ses forces. Le retour de son fils, l'espoir de revoir bientôt son enfant, l'apaisement qui s'était fait dans le pays, la sécurité maintenant garantie à la plantation de Camdless-Bay, tout se réunissait pour lui rendre un peu de cette énergie morale qui l'avait abandonnée. Rien n'était plus à craindre des partisans de Texar qui avaient terrorisé Jacksonville. Les milices s'étaient retirées vers l'intérieur du comté de Putnam. Si, plus tard, celles de Saint-Augustine, après avoir franchi le fleuve sur son haut cours, devaient songer à leur donner la main, afin de tenter quelque expédition contre les troupes fédérales, il n'y avait là qu'un péril fort éloigné, dont on pouvait ne pas se préoccuper, tant que Dupont et Sherman résideraient en Floride.

Il fut donc convenu que James et Gilbert Burbank iraient ce jour même à Jacksonville, mais aussi qu'ils iraient seuls. MM. Carrol, Stannard et Mars resteraient à la plantation. Miss Alice ne quitterait pas Mme Burbank. D'ailleurs, le jeune officier et son père comptaient bien être de retour avant le soir à Castle-House, et y rapporter quelque heureuse nouvelle. Dès que Texar aurait fait connaître la retraite où Dy et Zermah étaient retenues, on s'occuperait de leur délivrance. Quelques heures, un jour au plus, y suffiraient sans doute.

Au moment où James et Gilbert Burbank se préparaient à partir, miss Alice prit à part le jeune officier.

« Gilbert, lui dit-elle, vous allez vous trouver en présence de l'homme qui a fait tant de mal à votre famille, du misérable qui voulait envoyer à la mort votre père et vous... Gilbert, me promettez-vous d'être maître de vous-même devant Texar?

— Maître de moi!... s'écria Gilbert, que le nom de l'Espagnol seul faisait pâlir de rage.

— Il le faut, reprit miss Alice. Vous n'obtiendriez rien en vous laissant emporter par la colère... Oubliez toute idée de vengeance pour ne voir qu'une chose, le salut de votre sœur... qui sera bientôt la mienne! A cela, il faut tout sacrifier, dussiez-vous assurer à Texar que, de votre part, il n'aura rien à redouter dans l'avenir.

— Rien! s'écria Gilbert. Oublier que, par lui, ma mère pouvait mourir... mon père être fusillé!...

— Et vous aussi, Gilbert, répondit miss Alice, vous que je ne croyais plus revoir! Oui! il a fait tout cela, et il ne faut plus s'en souvenir... Je vous le dis, parce que je crains que monsieur Burbank ne puisse se maîtriser, et, si vous ne parveniez à vous contenir, votre démarche ne réussirait pas. Ah! pourquoi a-t-on décidé que vous iriez sans moi à Jacksonville!... Peut-être, aurais-je pu obtenir, par la douceur...

— Et si cet homme se refuse à répondre!... reprit Gilbert, qui sentait la justesse des recommandations de miss Alice.

— S'il refuse, il faudra laisser aux magistrats le soin de l'y obliger. Il y va de sa vie, et, lorsqu'il verra qu'il ne peut la racheter qu'en parlant, il parlera... Gilbert, il faut que j'aie votre promesse!... Au nom de notre amour, me la donnez-vous?

— Oui, chère Alice répondit Gilbert, oui!... Quoi que cet homme ait fait, qu'il nous rende ma sœur, et j'oublierai...

— Bien, Gilbert. Nous venons de passer par d'horribles épreuves, mais elles vont finir!... Ces tristes jours, pendant lesquels nous avons tant souffert, Dieu nous les rendra en années de bonheur. »

Gilbert avait serré la main de sa fiancée, qui n'avait pu retenir quelques larmes, et tous deux se séparèrent.

A dix heures, James Burbank et son fils, ayant pris congé de leurs amis, s'embarquèrent au petit port de Camdless-Bay.

La traversée du fleuve se fit rapidement. Cependant, sur une observation de Gilbert, au lieu de se diriger vers Jacksonville, l'embarcation manœuvra de manière à venir accoster la canonnière du commandant Stevens.

Cet officier se trouvait être alors le chef militaire de la ville. Il convenait donc que la démarche de James Burbank lui fût d'abord soumise. Les communications de Stevens avec les autorités étaient fréquentes. Il n'ignorait pas quel rôle Texar avait joué depuis que ses partisans étaient arrivés au pouvoir, quelle était sa part de responsabilité dans les événements qui avaient désolé Camdless-Bay, pourquoi et comment, à l'heure où les milices battaient en retraite, il avait été arrêté et mis en prison. Il savait aussi qu'une vive réaction s'était faite contre lui, que toute la population honnête de Jacksonville se levait pour demander qu'il fût puni de ses crimes.

Le commandant Stevens fit à James et à Gilbert Burbank l'accueil qu'ils méritaient. Il ressentait pour le jeune officier une estime toute particulière ayant pu apprécier son caractère et son courage depuis que Gilbert servait sous ses ordres. Après le retour de Mars à bord de la flottille, lorsqu'il avait appris que Gilbert était tombé entre les mains des sudistes, il eût à tout prix voulu le sauver. Mais, arrêté devant la barre du Saint-John, comment fût-il arrivé à temps?... On sait à quelles circonstances était dû le salut du jeune lieutenant et de James Burbank.

En quelques mots, Gilbert fit au commandant Stevens le récit de ce qui s'était passé, confirmant ainsi ce que Mars lui avait déjà appris. S'il n'était pas douteux que Texar eût été en personne l'auteur de l'enlèvement à la crique Marino, il n'était pas douteux, non plus, que cet homme pût seul dire en quel endroit de la Floride Dy et Zermah étaient maintenant détenues par ses complices. Leur sort se trouvait donc entre les mains de l'Espagnol, cela n'était que trop certain, et le commandant Stevens n'hésita pas à le reconnaître. Aussi voulut-il laisser à James et à Gilbert Burbank le soin de conduire cette affaire comme ils le jugeraient à propos. D'avance, il approuvait tout ce qui serait fait dans l'intérêt de la métisse et de l'enfant. S'il fallait aller jusqu'à offrir à Texar sa liberté en échange, cette liberté lui serait accordée. Le commandant s'en portait garant vis-à-vis des magistrats de Jacksonville.

James et Gilbert Burbank, ayant ainsi toute permission d'agir, remercièrent Stevens, qui leur remit une autorisation écrite de communiquer avec l'Espagnol, et ils se firent conduire au port.

Là se trouvait M. Harvey, prévenu par un mot de James Burbank. Tous trois se rendirent aussitôt à Court-Justice, et un ordre fut donné de leur ouvrir les portes de la prison.

Un physiologiste n'eût pas observé sans intérêt la figure ou plutôt l'attitude de Texar depuis son incarcération. Que l'Espagnol fût très irrité de ce que l'arrivée des troupes fédérales eût mis un terme à sa situation de premier magistrat de la ville, qu'il regrettât, avec le pouvoir de tout faire, dont il jouissait, la facilité de satisfaire ses haines personnelles, et qu'un retard de quelques heures ne lui eût pas permis de passer par les armes James et Gilbert Burbank, nul doute à cet égard. Toutefois, ses regrets n'allaient point au delà. D'être aux mains de ses ennemis, emprisonné sous les chefs d'accusation les plus graves, avec la responsabilité de tous les faits de violence qui pouvaient lui être si justement reprochés, cela semblait le laisser parfaitement indifférent. Donc, rien de plus étrange, de moins explicable que son attitude. Il ne s'inquiétait que de n'avoir pu conduire à bonne fin ses machinations contre la famille Burbank. Quant aux suites de son arrestation, il paraissait s'en soucier peu. Cette nature, si énigmatique jusqu'alors, allait-elle encore échapper aux dernières tentatives qui seraient faites pour en deviner le mot?

La porte de sa cellule s'ouvrit. James et Gilbert Burbank se trouvèrent en présence du prisonnier.

« Ah! le père et le fils! s'écria Texar tout d'abord, avec ce ton d'impudence qui lui était habituel. En vérité, je dois bien de la reconnaissance à messieurs les fédéraux! Sans eux, je n'aurais pas eu l'honneur de votre visite! La grâce que vous ne me demandez plus pour vous, vous venez, sans doute, me l'offrir pour moi? »

Ce ton était si provoquant que James Burbank allait éclater. Son fils le retint.

« Mon père, dit-il, laissez-moi répondre. Texar veut nous engager sur un terrain où nous ne pouvons pas le suivre, celui des récriminations. Il est inutile de revenir sur le passé. C'est du présent que nous venons nous occuper, du présent seul.

— Du présent, s'écria Texar, ou mieux de la situation présente! Mais il me semble qu'elle est fort nette. Il y a trois jours vous étiez enfermés dans cette cellule dont vous ne deviez sortir que pour aller à la mort. Aujourd'hui, j'y suis à votre place, et je m'y trouve beaucoup mieux que vous ne seriez tentés de le croire. »

Cette réponse était bien faite pour déconcerter James Burbank et son fils, puisqu'ils comptaient offrir à Texar sa liberté en échange du secret relatif à l'enlèvement.

« Texar, dit Gilbert, écoutez-moi. Nous venons agir franchement avec vous. Ce que vous avez fait à Jacksonville ne nous regarde pas. Ce que vous avez fait à Camdless-Bay, nous voulons l'oublier. Un seul point nous intéresse. Ma sœur et Zermah ont disparu pendant que vos partisans envahissaient la plantation et faisaient le siège de Castle-House. Il est certain que toutes deux ont été enlevées...

— Enlevées? répondit méchamment Texar. Eh! je suis enchanté de l'apprendre!

— L'apprendre? s'écria James Burbank. Niez-vous, misérable, osez-vous nier?...

— Mon père, dit le jeune officier, gardons notre sang-froid... il le faut. Oui, Texar, ce double enlèvement a eu lieu pendant l'attaque de la plantation... Avouez-vous en être personnellement l'auteur?

— Je n'ai point à répondre.

— Refuserez-vous de nous dire où ma sœur et Zermah ont été conduites par vos ordres?

— Je vous répète que je n'ai rien à répondre.

— Pas même si, en échange de votre réponse, nous pouvons vous rendre la liberté?

— Je n'aurai pas besoin de vous pour être libre!...

— Et qui vous ouvrira les portes de cette prison? s'écria James Burbank, que tant d'impudence mettait hors de lui.

— Les juges que je demande.

— Des juges!... Ils vous condamneront sans pitié!

— Alors je verrai ce que j'aurai à faire.

— Ainsi, vous refusez absolument de répondre? demanda une dernière fois Gilbert.

— Je refuse...

— Même au prix de la liberté que je vous offre?

— Je ne veux pas de cette liberté.

— Même au prix d'une fortune que je m'engage...

— Je ne veux pas de votre fortune. Et maintenant, messieurs, laissez-moi. »

Il faut en convenir, James et Gilbert Burbank se sentirent absolument démontés par une telle assurance. Sur quoi reposait-elle? Comment Texar osait-il s'exposer à un jugement qui ne pouvait aboutir qu'à la plus grave des condamnations? Ni la liberté, ni tout l'or qu'on lui offrait, n'avaient pu tirer de lui une réponse. Était-ce une inébranlable haine qui l'emportait sur son propre intérêt? Toujours l'indéchiffrable personnage, qui, même en présence des plus redoutables éventualités, ne voulait pas mentir à ce qu'il avait été jusqu'alors.

« Venez, mon père, venez! » dit le jeune officier.

Et il entraîna James Burbank hors de la prison. A la porte, ils retrouvèrent M. Harvey, et tous trois allèrent rendre compte au commandant Stevens de l'insuccès de leur démarche.

A ce moment, une proclamation du commodore Dupont venait d'arriver à bord de la flottille. Adressée aux habitants de Jacksonville, elle disait que nul ne serait recherché pour ses opinions politiques, ni pour les faits qui avaient marqué la résistance de la Floride depuis le début de la guerre civile. La soumission au pavillon étoilé couvrait toutes les responsabilités au point de vue public.

Évidemment, cette mesure, très sage en elle-même, toujours prise en pareille occurrence par le président Lincoln, ne pouvait s'appliquer à des faits d'ordre privé. Et tel était bien le cas de Texar. Qu'il eût usurpé le pouvoir sur les autorités régulières, qu'il l'eût exercé pour organiser la résistance, soit ! C'était une question de sudistes à sudistes — question dont le gouvernement fédéral voulait se désintéresser. Mais les attentats envers les personnes, l'invasion de Camdless-Bay dirigée contre un homme du Nord, la destruction de sa propriété, le rapt de sa fille et d'une femme appartenant à son personnel, c'étaient là des crimes qui relevaient du droit commun et auxquels devait s'appliquer le cours régulier de la justice.

Tel fut l'avis du commandant Stevens. Tel fut celui du commodore Dupont, dès que la plainte de James Burbank et la demande de poursuites contre l'Espagnol eurent été portées à sa connaissance.

Aussi, le lendemain, 15 mars, une ordonnance fut-elle rendue, qui traduisait Texar devant le tribunal militaire sous la double prévention de pillage et de rapt. C'était devant le Conseil de guerre, siégeant à Saint-Augustine, que l'accusé aurait à répondre de ses attentats.

VI

SAINT-AUGUSTINE

Saint-Augustine, une des plus anciennes villes de l'Amérique du Nord, date du quinzième siècle. C'est la capitale du comté de Saint-Jean, lequel, si vaste qu'il soit, ne compte pas même trois mille habitants.

La porte de Saint-Augustine.

D'origine espagnole, Saint-Augustine est à peu près restée ce qu'elle était autrefois. Elle s'élève vers l'extrémité d'une des îles du littoral. Les navires de guerre ou de commerce peuvent trouver un refuge assuré dans son port, qui est assez bien protégé contre les vents du large, incessamment déchaînés contre cette côte dangereuse de la Floride. Toutefois, pour y pénétrer, il faut franchir la barre dangereuse que les remous du Gulf-Stream développent à son entrée.

Les rues de Saint-Augustine sont étroites comme celles de toutes les villes que le soleil frappe directement de ses rayons. Grâce à leur disposition, aux brises marines qui viennent, soir et matin, rafraîchir l'atmosphère, le climat est très doux dans cette ville, qui est aux États-Unis ce que sont à la France Nice ou Menton sous le ciel de la Provence.

C'est plus particulièrement au quartier du port, dans les rues qui l'avoisinent, que la population a voulu se concentrer. Les faubourgs, avec leurs quelques cases recouvertes de feuilles de palmier, leurs huttes misérables, sont dans un état d'abandon qui serait complet, sans les chiens, les cochons et les vaches, livrés à une divagation permanente.

La cité proprement dite offre un aspect très espagnol. Les maisons ont des fenêtres solidement grillagées, et à l'intérieur, le patio traditionnel — cour entourée de sveltes colonnades, avec pignons fantaisistes et balcons sculptés comme des retables d'autel. Quelquefois, un dimanche ou un jour de fête, ces maisons déversent leur contenu dans les rues de la ville. C'est alors un mélange bizarre, senoras, négresses, mulâtresses, indiennes de sang mêlé, noirs, négrillons, dames anglaises, gentlemen, révérends, moines et prêtres catholiques, presque tous la cigarette aux lèvres, même lorsqu'ils se rendent au Calvaire, l'église paroissiale de Saint-Augustine, dont les cloches sonnent à toute volée et presque sans interruption depuis le milieu du dix-septième siècle.

Ne point oublier les marchés, richement approvisionnés de légumes, de poissons, de volailles, de cochons, d'agneaux—que l'on égorge *hic et nunc* à la demande des acheteurs, — d'œufs, de riz, de bananes bouillies, de « frijoles », sortes de petites fèves cuites, enfin de tous les fruits tropicaux, ananas, dattes, olives, grenades, oranges, goyaves, pêches, figues, marañons, — le tout dans des conditions de bon marché qui rendent la vie agréable et facile en cette partie du territoire floridien.

Quant au service de la voirie, il est généralement fait, non par des balayeurs attitrés, mais par des bandes de vautours que la loi protège en défendant de les tuer sous peine de fortes amendes. Ils dévorent tout, même les serpents, dont le nombre est trop considérable encore, malgré la voracité de ces précieux volatiles.

La verdure ne manque pas à cet ensemble de maisons qui constitue principalement la ville. A l'entrecroisement des rues, de subites échappées permettent au regard de s'arrêter sur les groupes d'arbres dont la ramure dépasse les toits et qu'anime l'incessante jacasserie des perroquets sauvages. Le plus souvent, ce sont de grands palmiers qui balancent leur feuillage à la brise, semblables aux vastes éventails des senoras ou aux pankas indoues. Ça et là s'élèvent quelques chênes enguirlandés de lianes et de glycines, et des bouquets de ces cactus gigantesques dont le pied forme une haie impénétrable. Tout cela est réjouissant, attrayant, et le serait plus encore, si les vautours faisaient consciencieusement leur service. Décidément, ils ne valent pas les balayeuses mécaniques.

On ne trouve à Saint-Augustine qu'une ou deux scieries à vapeur, une fabrique de cigares, une distillerie de térébenthine. La ville, plus commerçante qu'industrielle, exporte ou importe des mélasses, des céréales, du coton, de l'indigo, des résines, des bois de construction, du poisson, du sel. En temps ordinaire, le port est assez animé par l'entrée et la sortie des steamers, employés au trafic et au transport des voyageurs pour les divers ports de l'Océan et le golfe du Mexique.

Saint-Augustine est le siège d'une des six cours de justice qui fonctionnent dans l'État de Floride. Quant à son appareil défensif, élevé contre les agressions de l'intérieur ou les attaques venues du large, il ne consiste qu'en un fort, le fort Marion ou Saint-Marc, construction du dix-septième siècle bâtie à la mode castillane. Vauban ou Cormontaigne en eussent fait peu de cas, sans doute; mais il prête à l'admiration des archéologues et des antiquaires avec ses tours, ses bastions, sa demi-lune, ses machicoulis, ses vieilles armes et ses vieux mortiers, plus dangereux pour ceux qui les tirent que pour ceux qu'ils visent.

C'était précisément ce fort que la garnison confédérée avait précipitamment abandonné à l'approche de la flottille fédérale, bien que le gouvernement, quelques années avant la guerre, l'eût rendu plus sérieux au point de vue de la défense. Aussi, après le départ des milices, les habitants de Saint-Augustine l'avaient-ils volontiers remis au commodore Dupont, qui le fit occuper sans coup férir.

Cependant les poursuites intentées à l'Espagnol Texar avaient eu un grand retentissement dans le comté. Il semblait que ce dût être le dernier acte de la lutte entre ce personnage suspect et la famille Burbank. L'enlèvement de la petite fille et de la métisse Zermah était de nature à passionner l'opinion publique, qui, d'ailleurs, se prononçait vivement en faveur des colons de Camdless-Bay. Nul doute que Texar fût l'auteur de l'attentat. Même pour des indifférents, il devait être curieux de voir comment cet homme s'en tirerait, et s'il n'allait pas enfin être puni de tous les forfaits dont on l'accusait depuis longtemps.

L'émotion promettait donc d'être assez considérable à Saint-Augustine. Les propriétaires des plantations environnantes y affluaient. La question était de nature à les intéresser directement, puisque l'un des chefs d'accusation portait sur l'envahissement et le pillage du domaine de Camdless-Bay. D'autres établissements avaient été également ravagés par des bandes de sudistes. Il importait de savoir comment le gouvernement fédéral envisagerait ces crimes de droit commun, perpétrés sous le couvert de la politique séparatiste.

Le principal hôtel de Saint-Augustine, *City-Hôtel*, avait reçu bon nombre de visiteurs, dont la sympathie était toute acquise à la famille Burbank. Il aurait pu en contenir un plus grand nombre encore. En effet, rien de mieux approprié que cette vaste habitation du seizième siècle, ancienne demeure du corrégidor, avec sa « puerta » ou porte principale, couverte de sculptures, sa large « sala » ou salle d'honneur, sa cour intérieure, dont les colonnes sont enguirlandées de passiflores, sa verandah sur laquelle s'ouvrent les confortables chambres dont les lambris disparaissent sous les plus éclatantes couleurs de l'émeraude et du jaune d'or, ses miradores appliqués aux murs suivant la mode espagnole, ses fontaines jaillissantes, ses gazons verdoyants, — le tout dans un assez vaste enclos, un « patio » à murailles élevées. C'est, en un mot, une sorte de caravansérail qui ne serait fréquenté que par de riches voyageurs.

C'était là que James et Gilbert Burbank, M. Stannard et sa fille, accompagnés de Mars, avaient pris logement depuis la veille.

Après son infructueuse démarche à la prison de Jacksonville, James Burbank et son fils étaient revenus à Castle-House. En apprenant que Texar refusait de répondre au sujet de la petite Dy et de Zermah, la famille sentit s'évanouir son dernier espoir. Toutefois, la nouvelle que Texar allait être déféré à la justice militaire pour les faits relatifs à Camdless-Bay, fut un soulagement à ses angoisses. En présence d'une condamnation à laquelle il ne pouvait échapper, l'Espagnol ne garderait sans doute plus le silence, puisqu'il s'agirait de racheter sa liberté ou sa vie.

Dans cette affaire, miss Alice devait être le principal témoin à charge. En effet, elle se trouvait à la crique Marino au moment où Zermah jetait le nom de Texar, et elle avait parfaitement reconnu ce misérable dans le canot qui l'emportait. La jeune fille se prépara donc à partir pour Saint-Augustine. Son père voulut l'y accompagner ainsi que ses amis James et Gilbert Burbank, cités à la requête du rapporteur près le Conseil de guerre. Mars avait demandé à se joindre à eux. Le mari de Zermah voulait être là, quand on arracherait à l'Espagnol ce secret que lui seul pouvait dire. Alors James Burbank, son fils, Mars, n'auraient plus qu'à reprendre les deux prisonnières à ceux qui les retenaient par ordre de Texar.

Dans l'après-dîner du 16, James Burbank et Gilbert, M. Stannard, sa fille, Mars, avaient pris congé de Mme Burbank et d'Edward Carrol. Un des steamboats qui font le service du Saint-John les avait embarqués au pier de Camdless-Bay, puis débarqués à Picolata. De là, un stage les avait emportés sur cette route sinueuse, percée à travers les futaies de chênes, de cyprès et de platanes, qui hérissent cette portion du territoire. Avant minuit, une confortable hospitalité leur était offerte dans les appartements de *City-Hotel*.

Qu'on ne s'imagine pas, cependant, que Texar eût été abandonné de tous les siens. Il comptait nombre de partisans parmi les petits colons du comté, presque tous forcenés esclavagistes. D'autre part, sachant qu'ils ne seraient point recherchés pour les faits relatifs aux émeutes de Jacksonville, ses compagnons n'avaient pas voulu délaisser leur ancien chef. Beaucoup d'entre eux s'étaient donné rendez-vous à Saint-Augustine. Il est vrai, ce n'était pas au patio de *City-Hotel* qu'il eût fallu les chercher. Il ne manque pas de cabarets dans les villes, de ces « tiendas », où des métisses d'Espagnols et de Creeks vendent un peu de tout ce qui se mange, se boit, se fume. Là, ces gens de basse origine, de réputation équivoque, ne se lassaient pas de protester en faveur de Texar.

En ce moment, le commodore Dupont n'était pas à Saint-Augustine. Il s'occupait de bloquer avec son escadre les passes du littoral qu'il s'agissait de fermer à la contrebande de guerre. Mais les troupes, débarquées après la reddition du fort Marion, tenaient solidement la cité. Aucun mouvement des sudistes ni des milices qui battaient en retraite de l'autre côté du fleuve, n'était à craindre. Si les partisans de Texar eussent voulu tenter un soulèvement pour arracher la ville aux autorités fédérales, ils auraient été immédiatement écrasés.

Quant à l'Espagnol, une des canonnières du commandant Stevens l'avait transporté de Jacksonville à Picolata. De Picolata à Saint-Augustine, il était arrivé sous bonne escorte, puis enfermé dans une des cellules du fort, d'où il lui eût été impossible de s'enfuir. D'ailleurs, comme il avait lui-même demandé des juges, il est probable qu'il n'y songeait guère. Ses partisans ne l'ignoraient point. S'il était condamné cette fois, ils verraient ce qu'il conviendrait alors de faire pour favoriser son évasion. Jusque-là, ils n'avaient qu'à rester tranquilles.

En l'absence du commodore, c'était le colonel Gardner qui remplissait les fonctions de chef militaire de la ville. A lui devait appartenir aussi la présidence du Conseil appelé à juger Texar dans une des salles du fort Marion.

L'Espagnol était arrivé sous bonne escorte. (Page 287.)

Ce colonel se trouvait précisément être celui qui assistait à la prise de Fernandina, et c'était d'après ses ordres que les fugitifs, faits prisonniers lors de l'attaque du train par la canonnière *Ottawa*, avaient été retenus pendant quarante-huit heures — circonstance qu'il est à propos de rappeler ici.

Le Conseil entra en séance à onze heures du matin. Un public nombreux avait envahi la salle d'audience. On pouvait y compter, parmi les plus bruyants, les amis ou partisans de l'accusé.

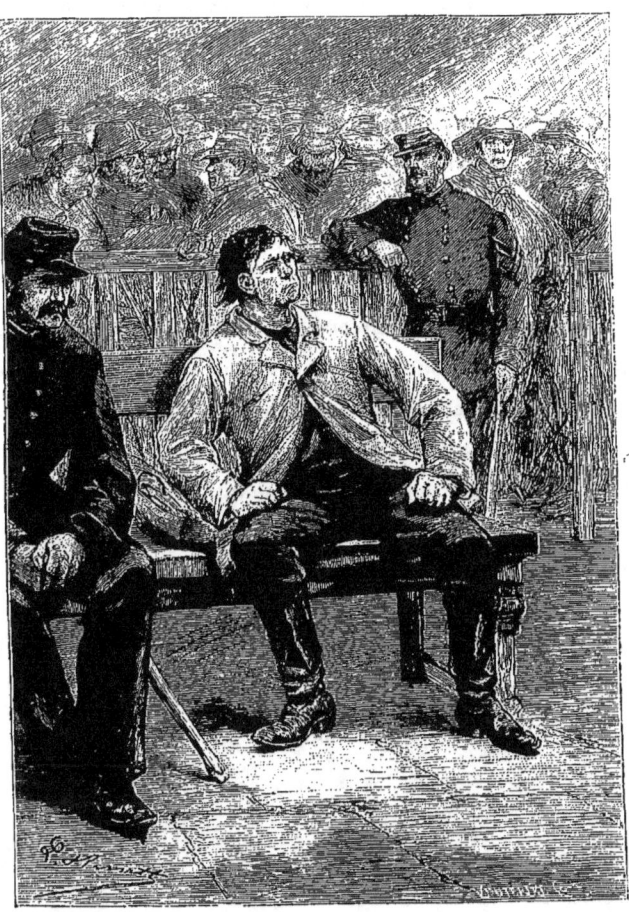

« Prouvez-le! » répondit froidement Texar. (Page 292.)

James et Gilbert Burbank, M. Stannard, sa fille et Mars occupaient les places réservées aux témoins. Ce que l'on voyait déjà, c'est qu'il n'y en avait aucun du côté de la défense. Il ne semblait pas que l'Espagnol eût pris souci d'en faire citer à sa décharge. Avait-il donc dédaigné tout témoignage qui aurait pu se produire en sa faveur, ou s'était-il trouvé dans l'impossibilité d'en appeler à son profit? On allait bientôt le savoir. En tout cas, il ne semblait pas qu'il pût y avoir de doute possible sur l'issue de l'affaire.

Cependant un indéfinissable pressentiment s'était emparé de James Burbank. N'était-ce pas dans cette même ville de Saint-Augustine qu'il avait déjà porté une plainte contre Texar? En excipant d'un incontestable alibi, l'Espagnol n'avait-il pas su échapper aux arrêts de la justice? Un tel rapprochement devait s'établir dans l'esprit de l'auditoire, car cette première affaire ne remontait qu'à quelques semaines.

Texar, amené par des agents, parut aussitôt que le Conseil fut entré en séance. On le conduisit au banc des accusés. Il s'y assit tranquillement. Rien, sans doute, et en aucune circonstance, ne semblait devoir troubler son impudence naturelle. Un sourire de dédain pour ses juges, un regard plein d'assurance à ceux de ses amis qu'il reconnut dans la salle, plein de haine quand il le dirigea vers James Burbank, telle fut son attitude, en attendant que le colonel Gardner procédât à l'interrogatoire.

En présence de l'homme qui leur avait fait tant de mal, qui pouvait leur en faire tant encore, James Burbank, Gilbert, Mars, ne se maîtrisaient pas sans peine.

L'interrogatoire commença par les formalités d'usage, à l'effet de constater l'identité du prévenu.

« Votre nom? demanda le colonel Gardner.

— Texar.

— Votre âge?

— Trente-cinq ans.

— Où demeurez-vous?

— A Jacksonville, tienda de Torillo.

— Je vous demande quel est votre domicile habituel?

— Je n'en ai pas. »

Comme James Burbank et les siens sentirent battre leur cœur, lorsqu'ils entendirent cette réponse, faite d'un ton qui dénotait chez l'accusé la ferme volonté de ne point faire connaître le lieu de sa résidence.

Et, en effet, malgré l'insistance du président, Texar persista à dire qu'il n'avait pas de domicile fixe. Il se donna pour un nomade, un coureur des bois, un chasseur des immenses forêts du territoire, un habitué des cyprières, couchant sous les huttes, vivant de son fusil et de ses appeaux, à l'aventure. On ne put pas en tirer autre chose.

« Soit, répondit le colonel Gardner. Peu importe, après tout.

— Peu importe, en effet, répondit effrontément Texar. Admettons, si vous le voulez, colonel, que mon domicile est maintenant le fort Marion de Saint-Augustine, où l'on me détient contre tout droit. — De quoi suis-je accusé, s'il vous plaît, ajouta-t-il, comme s'il eût voulu, dès le début, diriger cet interrogatoire.

— Texar, reprit le colonel Gardner, vous n'êtes point recherché pour les faits qui se sont passés à Jacksonville. Une proclamation du commodore Dupont déclare que le gouvernement n'entend pas intervenir dans les révolutions locales, qui ont substitué, aux autorités régulières du comté, de nouveaux magistrats, quels qu'ils fussent. La Floride est rentrée maintenant sous le pavillon fédéral, et le gouvernement du Nord procédera bientôt à sa nouvelle organisation.

— Si je ne suis pas poursuivi pour avoir renversé la municipalité de Jacksonville, et cela d'accord avec la majorité de la population, demanda Texar, pourquoi suis-je traduit devant ce Conseil de guerre?

— Je vais vous le dire, puisque vous feignez de l'ignorer, répliqua le colonel Gardner. Des crimes de droit commun ont été commis pendant que vous exerciez les fonctions de premier magistrat de la ville. On vous accuse d'avoir excité la partie violente de la population à les commettre.

— Lesquels?

— Tout d'abord, il s'agit du pillage de la plantation de Camdless-Bay, sur laquelle s'est ruée une bande de malfaiteurs...

— Et une troupe de soldats dirigés par un officier de la milice, ajouta vivement l'Espagnol.

— Soit, Texar. Mais il y a eu pillage, incendie, attaque à main armée, contre l'habitation d'un colon, dont le droit était de repousser une pareille agression — ce qu'il a fait.

— Le droit? répondit Texar. Le droit n'était pas du côté de celui qui refusait d'obéir aux ordres d'un Comité institué régulièrement. James Burbank —

puisqu'il s'agit de lui — avait affranchi ses esclaves, en bravant le sentiment public qui est esclavagiste en Floride, comme chez la plupart des États du sud de l'Union. Cet acte pouvait amener de graves désastres dans les autres plantations du pays, en excitant les noirs à la révolte. Le Comité de Jacksonville a décidé que, dans les circonstances actuelles, il devait intervenir. S'il n'a point annulé l'acte d'affranchissement, si imprudemment proclamé par James Burbank, il a voulu, du moins, que les nouveaux affranchis fussent rejetés hors du territoire. James Burbank ayant refusé d'obéir à cet ordre, le Comité a dû agir par la force, et voilà pourquoi la milice, à laquelle s'était jointe une partie de la population, a provoqué la dispersion des anciens esclaves de Camdless-Bay.

— Texar, répondit le colonel Gardner, vous envisagez ces faits de violence à un point de vue que le Conseil ne peut admettre. James Burbank, nordiste d'origine, avait agi dans la plénitude de son droit, en émancipant son personnel. Donc, rien ne saurait excuser les excès, dont son domaine a été le théâtre.

— Je pense, reprit Texar, que je perdrais mon temps à discuter mes opinions devant le Conseil. Le comité de Jacksonville a cru devoir faire ce qu'il a fait. Me poursuit-on comme président de ce Comité, et prétend-on faire retomber sur moi seul la responsabilité de ses actes?

— Oui, sur vous, Texar, sur vous, qui non seulement étiez le président de ce Comité, mais qui avez en personne conduit les bandes de pillards lancées sur Camdless-Bay.

— Prouvez-le! répondit froidement Texar. Y a-t-il un seul témoin qui m'ait vu au milieu des citoyens et des soldats de la milice, chargés de faire exécuter les ordres du Comité? »

Sur cette réponse, le colonel Gardner pria James Burbank de faire sa déposition.

James Burbank raconta les faits qui s'étaient accomplis depuis le moment où Texar et ses partisans avaient renversé les autorités régulières de Jacksonville. Il insista principalement sur l'attitude de l'accusé, qui avait poussé la populace contre son domaine.

Cependant, à la demande que lui fit le colonel Gardner relativement à la présence de Texar parmi les assaillants, il dut répondre qu'il n'avait pu la constater par lui-même. On sait, en effet, que John Bruce, l'émissaire de M. Harvey, interrogé par James Burbank au moment où il venait de pénétrer dans Castle-House, n'avait pu dire si l'Espagnol s'était mis à la tête de cette horde de malfaiteurs.

« En tout cas ce qui n'est douteux pour personne, ajouta James Burbank, c'est que c'est à lui que revient toute la responsabilité de ce crime. C'est lui qui a provoqué les assaillants à l'envahissement de Camdless-Bay, et il n'a pas tenu à lui que ma propre demeure, livrée aux flammes, n'eût été détruite avec ses derniers défenseurs. Oui, sa main est dans tout ceci, comme nous allons la retrouver dans un acte plus criminel encore! »

James Burbank se tut alors. Avant d'arriver au fait de l'enlèvement, il convenait d'en finir avec cette première partie de l'accusation, portant sur l'attaque de Camdless-Bay.

« Ainsi, reprit le colonel Gardner, en s'adressant à l'Espagnol, vous croyez n'avoir qu'une part dans la responsabilité qui incomberait tout entière au Comité pour l'exécution de ses ordres?

— Absolument.

— Et vous persistez à soutenir que vous n'étiez pas à la tête des assaillants qui ont envahi Camdless-Bay?

— Je persiste, répondit Texar. Pas un seul témoin ne peut venir affirmer qu'il m'ait vu. Non! Je n'étais pas parmi les courageux citoyens qui ont voulu faire exécuter les ordres du Comité! Et j'ajoute que, ce jour-là, j'étais même absent de Jacksonville!

— Oui!... cela est possible, après tout, dit alors James Burbank, qui trouva le moment venu de relier la première partie de l'accusation à la seconde.

— Cela est certain, répondit Texar.

— Mais, si vous n'étiez pas parmi les pillards de Camdless-Bay, reprit James Burbank, c'est que vous attendiez à la crique Marino l'occasion de commettre un autre crime!

— Je n'étais pas plus à la crique Marino, répondit imperturbablement

Texar, que je n'étais au milieu des assaillants, pas plus, je le répète, que je n'étais ce jour-là à Jacksonville! »

On ne l'a point oublié : John Bruce avait également déclaré à James Burbank que, si Texar ne se trouvait pas avec les assaillants, il n'avait pas paru à Jacksonville pendant quarante-huit heures, c'est-à-dire du 2 au 4 mars.

Cette circonstance amena donc le président du Conseil de guerre à lui poser la question suivante :

« Si vous n'étiez pas à Jacksonville ce jour-là, voulez-vous dire où vous étiez?

— Je le dirai quand il sera temps, répondit simplement Texar. Il me suffit, pour l'heure, d'avoir établi que je n'ai pas pris part personnellement à l'envahissement de la plantation. — Et, maintenant, colonel, de quoi suis-je accusé encore? »

Texar, les bras croisés, jetant un regard plus impudent que jamais sur ses accusateurs, les bravait en face.

L'accusation ne se fit pas attendre. Ce fut le colonel Gardner qui la formula, et, cette fois, il devait être difficile d'y répondre.

« Si vous n'étiez pas à Jacksonville, dit le colonel, le rapporteur sera fondé à prétendre que vous étiez à la crique Marino.

— A la crique Marino?... Et qu'y aurais-je fait?

— Vous y avez enlevé ou fait enlever une enfant, Diana Burbank, fille de James Burbank, et Zermah, femme du métis Mars, ici présent, laquelle accompagnait cette petite fille.

— Ah! c'est moi qu'on accuse de cet enlèvement?... dit Texar d'un ton profondément ironique.

— Oui!... Vous!... s'écrièrent à la fois James Burbank, Gilbert, Mars, qui n'avaient pu se retenir

— Et pourquoi, serait-ce moi, s'il vous plaît, répondit Texar, et non toute autre personne?

— Parce que vous seul aviez intérêt à commettre ce crime, répondit le colonel.

— Quel intérêt?

— Une vengeance à exercer contre la famille Burbank. Plus d'une fois déjà, James Burbank a dû porter plainte contre vous. Si, par suite d'alibis que vous invoquiez fort à propos, vous n'avez pas été condamné, vous avez manifesté à diverses reprises l'intention de vous venger de vos accusateurs.

— Soit! répondit Texar. Qu'entre James Burbank et moi, il y ait une haine implacable, je ne le nie pas. Que j'aie eu intérêt à lui briser le cœur en faisant disparaître son enfant, je ne le nie pas davantage. Mais que je l'aie fait, c'est autre chose! Y a-t-il un témoin qui m'ait vu?...

— Oui, » répondit le colonel Gardner.

Et aussitôt il pria Alice Stannard de vouloir bien faire sa déposition sous serment.

Miss Alice raconta alors ce qui s'était passé à la crique Marino, non sans que l'émotion lui coupât plusieurs fois la parole. Elle fut absolument affirmative sur le fait incriminé. En sortant du tunnel, Mme Burbank et elle avaient entendu un nom crié par Zermah, et ce nom, c'était celui de Texar. Toutes deux, après avoir heurté les cadavres des noirs assassinés, s'étaient précipitées vers la rive du fleuve. Deux embarcations s'en éloignaient, l'une qui entraînait les victimes, l'autre sur laquelle Texar se tenait debout à l'arrière. Et, dans un reflet que l'incendie des chantiers de Camdless-Bay étendait jusqu'au Saint-John, miss Alice avait parfaitement reconnu l'Espagnol.

« Vous le jurez? dit le colonel Gardner.

— Je le jure! » répondit la jeune fille.

Après une déclaration aussi précise, il ne pouvait plus y avoir aucun doute possible sur la culpabilité de Texar. Et, cependant, James Burbank, ses amis, ainsi que tout l'auditoire, purent observer que l'accusé n'avait rien perdu de son assurance habituelle.

« Texar, qu'avez-vous à répondre à cette déposition? demanda le président du conseil.

— Ceci, répliqua l'Espagnol. Je n'ai point la pensée d'accuser miss Alice Stannard de faux témoignage. Je ne l'accuserai pas davantage de servir les

Texar se tenait debout à l'arrière. (Page 295.)

haines de la famille Burbank, en affirmant sous serment que je suis l'auteur d'un enlèvement dont je n'ai entendu parler qu'après mon arrestation. Seulement, j'affirme qu'elle se trompe quand elle dit m'avoir vu, debout, sur l'une des embarcations qui s'éloignaient de la crique Marino.

— Cependant, reprit le colonel Gardner, si miss Alice Stannard peut s'être trompée sur ce point, elle ne peut se tromper en disant qu'elle a entendu Zermah crier : A moi... c'est Texar!

C'étaient des vallons hérissés de fougères arborescentes. (Page 306.)

— Eh bien, répondit l'Espagnol, si ce n'est pas miss Alice Stannard qui s'est trompée, c'est Zermah, voilà tout.

— Zermah aurait crié : c'est Texar! et ce ne serait pas vous qui auriez été présent au moment du rapt?

— Il le faut bien, puisque je n'étais pas dans l'embarcation, et que je ne suis pas même venu à la crique Marino.

— Il s'agit de le prouver.

« — Quoique ce ne soit pas à moi de faire la preuve, mais à ceux qui m'accusent, rien ne sera plus facile.

— Encore un alibi?... dit le colonel Gardner.

— Encore! » répondit froidement Texar.

A cette réponse, il se produisit dans le public un mouvement d'ironie, un murmure de doute, qui n'était rien moins que favorable à l'accusé.

« Texar, demanda le colonel Gardner, puisque vous arguez d'un nouvel alibi, pouvez-vous l'établir?

— Facilement, répondit l'Espagnol, et, pour cela, il me suffira de vous adresser une question, colonel?

— Parlez.

— Colonel Gardner, ne commandiez-vous pas les troupes de débarquement lors de la prise de Fernandina et du fort Clinch par les fédéraux?

— En effet.

— Vous n'avez point oublié, sans doute, qu'un train, fuyant vers Cedar-Keys, a été attaqué par la canonnière *Ottawa* sur le pont qui relie l'île Amélia au continent?

— Parfaitement.

— Or, le wagon de queue de ce train étant resté en détresse sur le pont, un détachement des troupes fédérales s'empara de tous les fugitifs qu'il renfermait, et ces prisonniers, dont on prit les noms et le signalement, ne recouvrèrent leur liberté que quarante-huit heures plus tard.

— Je le sais, répondit le colonel Gardner.

— Eh bien, j'étais parmi ces prisonniers.

— Vous?

— Moi! »

Un nouveau murmure, plus désapprobateur encore, accueillit cette déclaration si inattendue.

« Donc, reprit Texar, puisque ces prisonniers ont été gardés à vue du 2 au 4 mars, et que l'envahissement de la plantation comme l'enlèvement qui m'est reproché, ont eu lieu dans la nuit du 3 mars, il est matériellement impossible que j'en sois l'auteur. Donc, Alice Stannard ne peut avoir entendu Zermah crier mon nom. Donc, elle ne peut m'avoir vu sur l'embarcation qui s'éloignait de la crique Marino, puisque, en ce moment, j'étais détenu par les autorités fédérales!

— Cela est faux! s'écria James Burbank. Cela ne peut pas être!...

— Et moi, ajouta miss Alice, je jure que j'ai vu cet homme, et que je l'ai reconnu!

— Consultez les pièces, » se contenta de répondre Texar.

Le colonel Gardner fit chercher parmi les pièces, mises à la disposition du commodore Dupont à Saint-Augustine, celle qui concernait les prisonniers faits le jour de la prise de Fernandina dans le train de Cedar-Keys. On la lui apporta, et il dut constater, en effet, que le nom de Texar s'y trouvait avec son signalement.

Il n'y avait donc plus de doute. L'Espagnol ne pouvait être accusé de ce rapt. Miss Alice se trompait, en affirmant le reconnaître. Il n'avait pu être, ce soir là, à la crique Marino. Son absence de Jacksonville, pendant quarante-huit heures, s'expliquait tout naturellement : il était alors prisonnier à bord de l'un des bâtiments de l'escadre.

Ainsi, cette fois encore, un indiscutable alibi, appuyé sur une pièce officielle, venait innocenter Texar du crime dont on l'accusait. C'était à se demander, vraiment, si, dans les diverses plaintes antérieurement portées contre lui, il n'y avait pas eu erreur manifeste, ainsi qu'il fallait bien le reconnaître aujourd'hui pour cette double affaire de Camdless-Bay et de la crique Marino.

James Burbank, Gilbert, Mars, miss Alice, furent accablés par le dénouement de ce procès. Texar leur échappait encore, et, avec lui, toute chance de jamais apprendre ce qu'étaient devenues Dy et Zermah.

En présence de l'alibi invoqué par l'accusé, le jugement du Conseil de guerre ne pouvait être douteux. Texar fut renvoyé des fins de la plainte portée contre lui, sur les deux chefs de pillage et d'enlèvement. Il sortit donc de la salle d'audience, la tête haute, au milieu des bruyants hurrahs de ses amis.

Le soir même, l'Espagnol avait quitté Saint-Augustine, et nul n'aurait pu dire en quelle région de la Floride il était allé reprendre sa mystérieuse vie d'aventure.

VII

DERNIERS MOTS ET DERNIER SOUPIR

Ce jour même, 17 mars, James et Gilbert Burbank, M. Stannard et sa fille, rentraient avec le mari de Zermah à la plantation de Camdless-Bay.

On ne put cacher la vérité à Mme Burbank. La malheureuse mère en reçut un nouveau coup, qui pouvait être mortel dans l'état de faiblesse où elle se trouvait.

Cette dernière tentative pour connaître le sort de l'enfant n'avait pas abouti. Texar s'était refusé à répondre. Et comment l'y eût-on obligé, puisqu'il prétendait ne point être l'auteur de l'enlèvement? Non seulement il le prétendait, mais, par un alibi non moins inexplicable que les précédents, il prouvait qu'il n'avait pu être à la crique Marino au moment où s'accomplissait le crime. Puisqu'il avait été absous de l'accusation lancée contre lui, il n'y avait plus à lui donner le choix entre une peine et un aveu qui aurait pu mettre sur la trace de ses victimes.

« Mais, si ce n'est pas Texar, répétait Gilbert, qui donc est coupable de ce crime?

— Il a pu être exécuté par des gens à lui, répondit M. Stannard, et sans qu'il ait été présent!

— Ce serait la seule explication à donner, répliquait Edward Carrol.

— Non, mon père, non, monsieur Carrol! affirmait miss Alice. Texar était dans l'embarcation qui entraînait notre pauvre petite Dy! Je l'ai vu... je l'ai reconnu, au moment où Zermah jetait son nom dans un dernier appel!... Je l'ai vu... je l'ai vu! »

Que répondre à la déclaration si formelle de la jeune fille? Aucune erreur de sa part n'était possible, répétait-elle à Castle-House, comme elle l'avait juré devant le Conseil de guerre. Et pourtant, si elle ne se trompait pas, comment l'Espagnol pouvait-il se trouver à ce moment parmi les prisonniers de Fernandina, détenus à bord de l'un des bâtiments de l'escadre du commodore Dupont?

C'était inexplicable. Toutefois, si les autres pouvaient avoir un doute quelconque, Mars, lui, n'en avait pas. Il ne cherchait pas à comprendre ce qui paraissait être incompréhensible. Il était résolu à se jeter sur la piste de Texar, et, s'il le retrouvait, il saurait bien lui faire avouer son secret, dût-il le lui arracher par la torture!

« Tu as raison, Mars, répondit Gilbert. Mais il faut, au besoin, se passer de ce misérable, puisqu'on ignore ce qu'il est devenu!... Il faut reprendre nos recherches!... Je suis autorisé à rester à Camdless-Bay tout le temps qui sera nécessaire, et dès demain...

— Oui, monsieur Gilbert, dès demain! » répondit Mars.

Et le métis regagna sa chambre, où il put donner un libre cours à sa douleur comme à sa colère.

Le lendemain, Gilbert et Mars firent leurs préparatifs de départ. Ils voulaient consacrer cette journée à fouiller avec plus de soin les moindres criques et les plus petits îlots, en amont de Camdless-Bay et sur les deux rives du Saint-John.

Pendant leur absence, James Burbank et Edward Carrol allaient prendre leurs dispositions pour entreprendre une campagne plus complète. Vivres, munitions, moyens de transport, personnel, rien ne serait négligé pour qu'elle pût être menée à bonne fin. S'il fallait s'engager jusque dans les régions sauvages de la Basse-Floride, au milieu des marécages du sud, à travers les Everglades, on s'y engagerait. Il était impossible que Texar eût quitté le territoire floridien. A remonter vers le nord, il aurait trouvé la barrière de troupes fédérales qui stationnaient sur la frontière de la Géorgie. A tenter de fuir par mer, il ne l'aurait pu qu'en essayant de franchir le détroit de Bahama, afin de chercher asile dans les Lucayes anglaises. Or, les navires du commodore Dupont occupaient les passes depuis Mosquito-Inlet jusqu'à l'entrée de ce détroit. Les chaloupes exerçaient un blocus effectif sur le littoral. De ce côté, aucune chance d'évasion ne s'offrait à l'Espagnol. Il devait être en Floride, caché sans doute là où, depuis quinze jours, ses victimes étaient gardées par l'Indien Squambô. L'expédition projetée par James Burbank aurait donc pour but de rechercher ses traces sur tout le territoire floridien.

Du reste, ce territoire jouissait maintenant d'une tranquillité complète, due à la présence des troupes nordistes et des bâtiments qui en bloquaient la côte orientale.

Il va sans dire que le calme régnait également à Jacksonville. Les anciens magistrats avaient repris leur place dans la municipalité. Plus de citoyens emprisonnés pour leurs opinions tièdes ou contraires. Dispersion totale des partisans de Texar, qui, dès la première heure, avaient pu s'enfuir à la suite des milices floridiennes.

Au surplus, la guerre de sécession se continuait dans le centre des États-Unis à l'avantage marqué des fédéraux. Le 18 et le 19, la première division de l'armée du Potomac avait débarqué au fort Monroe. Le 22, la seconde se préparait à quitter Alexandria pour la même destination. Malgré le génie militaire de cet ancien professeur de chimie, J. Jackson, désigné sous le nom de Stonewal Jackson, le « mur de pierre », les sudistes allaient être battus, dans quelques jours, au combat de Kernstown. Il n'y avait donc actuellement rien à craindre d'un soulèvement de la Floride, qui s'était toujours montrée un peu indifférente, on ne saurait trop le signaler, aux passions du Nord et du Sud.

Dans ces conditions, le personnel de Camdless-Bay, dispersé après l'envahissement de la plantation, avait pu rentrer peu à peu. Depuis la prise de Jacksonville, les arrêtés de Texar et de son Comité, relatifs à l'expulsion des esclaves affranchis, n'avaient plus aucune valeur. A cette date du 17 mars, la plupart des familles de noirs, revenues sur le domaine, s'occupaient déjà de relever les baraccons. En même temps, de nombreux ouvriers déblayaient les ruines des chantiers et des scieries, afin de rétablir l'exploitation régulière des produits de Camdless-Bay. Perry et les sous-régisseurs y déployaient une grande activité sous la direction d'Edward Carrol. Si James Burbank lui laissait le soin de tout réorganiser, c'est qu'il avait, lui, une autre tâche à remplir — celle de retrouver son enfant. Aussi, en prévision d'une campagne prochaine, réunissait-il tous les éléments de son expédition. Un détachement de douze noirs affranchis, choisis parmi les plus dévoués de la plantation, furent désignés pour l'accompagner dans ses recherches. On peut être sûr que ces braves gens s'y appliqueraient de cœur et d'âme.

Restait donc à décider comment l'expédition serait conduite. A ce sujet, il y avait lieu d'hésiter. En effet, sur quelle partie du territoire les recherches seraient-elles d'abord dirigées? Cette question devait évidemment primer toutes les autres.

Une circonstance inespérée, due uniquement au hasard, allait indiquer avec une certaine précision quelle piste il convenait de suivre au début de la campagne.

Le 19, Gilbert et Mars, partis dès le matin de Castle-House, remontaient rapidement le Saint-John dans une des plus légères embarcations de Camdless-Bay. Aucun des noirs de la plantation ne les accompagnait pendant ces explorations qu'ils recommençaient chaque jour sur les deux berges du fleuve. Ils tenaient à opérer aussi secrètement que possible, afin de ne point donner l'éveil aux espions qui pouvaient surveiller les abords de Castle-House par ordre de Texar.

Ce jour-là, tous deux se glissaient le long de la rive gauche. Leur canot, s'introduisant à travers les grandes herbes, derrière les îlots détachés par la violence des eaux à l'époque des fortes marées d'équinoxe, ne courait aucun risque d'être aperçu. Pour des embarcations naviguant dans le lit du fleuve, il n'eût même pas été visible. Pas davantage de la berge elle-même, dont la hauteur le mettait à l'abri des regards de quiconque se fût aventuré sous son fouillis de verdure.

Il s'agissait, ce jour-là, de reconnaître les criques et les rios les plus secrets que les comtés de Duval et de Putnam déversent dans le Saint-John.

Jusqu'au hameau de Mandarin, l'aspect du fleuve est presque marécageux.

Gilbert et Mars s'enfoncèrent sous les arbres. (Page 311.)

A mer haute, les eaux s'étendent sur ses rives, extrêmement basses, qui ne découvrent qu'à mi-marée, lorsque le jusant est suffisamment établi pour ramener le Saint-John à son étiage normal. Sur la rive droite, toutefois, le niveau du sol est plus en relief. Les champs de maïs y sont à l'abri de ces inondations périodiques qui n'auraient permis aucune culture. On peut même donner le nom de coteau à cet emplacement où s'étagent les quelques maisons de Mandarin, et qui se termine par un cap projeté jusqu'au milieu du chenal.

Gilbert s'agenouilla près du mourant. (Page 311.)

Au delà, de nombreuses îles occupent le lit plus rétréci du fleuve, et c'est en reflétant les panaches blanchâtres de leurs magnifiques magnoliers que les eaux, divisées en trois bras, montent avec le flux ou descendent avec le reflux — ce dont le service de la batellerie peut profiter deux fois par vingt-quatre heures.

Après s'être engagés dans le bras de l'ouest, Gilbert et Mars fouillaient les moindres interstices de la berge. Ils cherchaient si quelque embouchure de rio ne s'ouvrait pas sous le branchage des tulipiers, afin d'en suivre les sinuosités jusque dans l'intérieur. Là on ne voyait déjà plus les vastes marécages du bas fleuve. C'étaient des vallons hérissés de fougères arborescentes et de liquidambars dont les premières floraisons, mélangées aux guirlandes de serpentaires et d'aristoloches, imprégnaient l'air de parfums pénétrants. Mais, en ces différents endroits, les rios ne présentaient aucune profondeur. Ils ne s'échappaient que sous la forme de filets d'eau, impropres même à la navigation d'un squif, et le jusant les laissait bientôt à sec. Aucune cabane sur leur bord. A peine quelques huttes de chasseurs, vides alors, et qui ne paraissaient pas avoir été récemment occupées. Parfois, à défaut d'êtres humains, on eût pu croire que divers animaux y avaient établi leur domicile habituel. Aboiements de chiens, miaulements de chats, coassements de grenouilles, sifflements de reptiles, glapissements de renards, ces bruits variés frappaient tout d'abord l'oreille. Cependant, il n'y avait là ni renards, ni chats, ni grenouilles, ni chiens, ni serpents. Ce n'étaient que les cris d'imitation de l'oiseau-chat, sorte de grive brunâtre, noire de tête, rouge-orange de croupion, que l'approche du canot faisait partir à tire d'aile.

Il était environ trois heures après-midi. A ce moment, la légère embarcation donnait de l'avant sous un sombre fouillis de gigantesques roseaux, lorsqu'un violent coup de la gaffe, manœuvrée par Mars, lui fit franchir une barrière de verdure qui semblait être impénétrable. Au delà s'arrondissait une sorte d'entaille, d'un demi-acre d'étendue, dont les eaux, abritées sous l'épais dôme des tulipiers, ne devaient jamais s'être échauffées aux rayons du soleil.

« Voilà un étang que je ne connaissais pas, dit Mars, qui se redressait afin d'observer la disposition des berges au delà de l'entaille.

— Visitons-le, répondit Gilbert. Il doit communiquer avec le chapelet des lagons, creusés à travers cette lagune. Peut-être sont-ils alimentés par un rio, qui nous permettrait de remonter à l'intérieur du territoire?

— En effet, monsieur Gilbert, répondit Mars, et j'aperçois l'ouverture d'une passe dans le nord-ouest de nous.

« Pourrais-tu dire, demanda le jeune officier, en quel endroit nous sommes?

— Au juste, non, répondit Mars, à moins que ce ne soit cette lagune qu'on appelle la Crique-Noire. Pourtant, je croyais, comme tous les gens du pays, qu'il était impossible d'y pénétrer et qu'elle n'avait aucune communication avec le Saint-John.

— Est-ce qu'il n'existait pas autrefois, dans cette crique, un fortin élevé contre les Séminoles?

— Oui, monsieur Gilbert. Mais, depuis bien des années déjà, l'entrée de la crique s'est fermée sur le fleuve, et le fortin a été abandonné. Pour mon compte, je n'y suis jamais allé, et, maintenant, il ne doit plus en rester que des ruines.

— Essayons de l'atteindre, dit Gilbert.

— Essayons, répondit Mars, quoique ce soit probablement bien difficile. L'eau ne tardera pas à disparaître, et le marécage ne nous offrira pas un sol assez résistant pour y marcher.

— Évidemment, Mars. Aussi, tant qu'il y aura assez d'eau, devrons-nous rester dans l'embarcation.

— Ne perdons pas un instant, monsieur Gilbert. Il est déjà trois heures, et la nuit viendra vite sous ces arbres. »

C'était la Crique-Noire, en effet, dans laquelle Gilbert et Mars venaient de pénétrer, grâce à ce coup de gaffe, qui avait lancé leur embarcation à travers la barrière de roseaux. On le sait, cette lagune n'était praticable que pour de légers squifs, semblables à celui dont se servait habituellement Squambô, lorsque son maître ou lui s'aventurait sur le cours du Saint-John. D'ailleurs, pour arriver au blockhaus, situé vers le milieu de cette crique, à travers l'inextricable lacis des îlots et des passes, il fallait être familiarisé avec leurs mille détours, et, depuis de longues années, personne ne s'y était jamais hasardé. On ne croyait même plus à l'existence du fortin. De là, sécurité complète pour l'étrange et malfaisant personnage qui en avait fait son repaire habituel. De là, le mystère absolu qui entourait l'existence privée de Texar.

Il eût fallu le fil d'Ariane pour se guider à travers ce labyrinthe toujours obscur, même au moment où le soleil passait au méridien. Toutefois, à défaut de ce fil, il se pouvait que le hasard permît de découvrir l'îlot central de la Crique-Noire.

Ce fut donc à ce guide inconscient que durent s'abandonner Gilbert et Mars. Lorsqu'ils eurent franchi la première entaille, ils s'engagèrent à travers les canaux, dont les eaux grossissaient alors avec la marée montante, même dans les plus étroits, lorsque la navigation y semblait praticable. Ils allaient comme s'ils eussent été entraînés par quelque pressentiment secret, sans se demander de quelle façon ils pourraient revenir en arrière. Puisque tout le comté devait être exploré par eux, il importait que rien de cette lagune n'échappât à leur investigation.

Après une demi-heure d'efforts, à l'estime de Gilbert, le canot devait s'être avancé d'un bon mille à travers la crique. Plus d'une fois, arrêté par quelque infranchissable berge, il avait dû se retirer d'une passe pour en suivre une autre. Nul doute, pourtant, que la direction générale eût été vers l'ouest. Le jeune officier ni Mars n'avaient encore essayé de prendre terre — ce qu'ils n'auraient pas fait sans difficulté, puisque le sol des îlots était à peine élevé au-dessus de l'étiage moyen du fleuve. Mieux valait ne pas quitter la légère embarcation, tant que le manque d'eau n'arrêterait pas sa marche.

Cependant, ce n'était pas sans de grands efforts que Gilbert et Mars avaient franchi ce mille. Si vigoureux qu'il fût, le métis dut prendre un peu de repos. Mais il ne voulut le faire qu'au moment où il eut atteint un îlot plus vaste et plus haut de terrain, auquel arrivaient quelques rayons de lumière à travers la trouée de ses arbres.

« Eh, voilà qui est singulier ! dit-il.

— Qu'y a-t-il?... demanda Gilbert.

— Des traces de culture sur cet îlot, » répondit Mars.

Tous deux débarquèrent et prirent pied sur une berge un peu moins marécageuse.

Mars ne se trompait pas. Les traces de culture apparaissaient visiblement;

quelques ignames poussaient çà et là ; le sol se bossuait de quatre à cinq sillons, creusés de main d'homme ; une pioche abandonnée était encore fichée dans la terre.

« La crique est donc habitée?... demanda Gilbert.

— Il faut le croire, répondit Mars, ou, tout au moins, est-elle connue de quelques coureurs du pays, peut-être des Indiens nomades, qui y font pousser quelques légumes.

— Il ne serait pas impossible alors qu'ils eussent bâti des habitations... des cabanes...

— En effet, monsieur Gilbert, et, s'il s'en trouve une, nous saurons bien la découvrir. »

Il y avait grand intérêt à savoir quelles sortes de gens pouvaient fréquenter cette Crique-Noire, s'il s'agissait de chasseurs des basses régions, qui s'y rendaient secrètement, ou de Séminoles, dont les bandes fréquentent encore les marécages de la Floride.

Donc, sans songer au retour, Gilbert et Mars, reprirent leur embarcation, et s'enfoncèrent plus profondément à travers les sinuosités de la crique. Il semblait qu'une sorte de pressentiment les attirât vers ses plus sombres réduits. Leurs regards, faits à l'obscurité relative que l'épaisse ramure entretenait à la surface des flots, se plongeaient en toutes directions. Tantôt, ils croyaient apercevoir une habitation, et ce n'était qu'un rideau de feuillage, tendu d'un tronc à l'autre. Tantôt il se disaient : « Voilà un homme, immobile, qui nous regarde! » et il n'y avait là qu'une vieille souche bizarrement tordue, dont le profil reproduisait quelque silhouette humaine. Ils écoutaient alors... Peut-être ce qui ne leur arrivait pas aux yeux, arriverait-il à leurs oreilles? Il suffisait du moindre bruit pour déceler la présence d'un être vivant en cette région déserte.

Une demi-heure après leur première halte, tous deux étaient arrivés près de l'îlot central. Le blockhaus en ruines s'y cachait si complètement au plus épais du massif qu'ils n'en pouvaient rien apercevoir. Il semblait même que la crique se terminait en cet endroit, que les passes obstruées devenaient innavigables. Là, encore une infranchissable barrière de halliers et de buissons se dressait entre les derniers détours des canaux et les marécageuses forêts, dont l'ensemble s'étend à travers le comté de Duval, sur la gauche du Saint-John.

« Il me paraît impossible d'aller plus loin, dit Mars. L'eau manque, monsieur Gilbert...

— Et cependant, reprit le jeune officier, nous n'avons pu nous tromper aux traces de culture. Des êtres humains fréquentent cette crique. Peut-être y étaient-ils récemment? Peut-être y sont-ils encore?...

— Sans doute, reprit Mars, mais il faut profiter de ce qui reste de jour pour regagner le Saint-John. La nuit commence à se faire, l'obscurité sera bientôt profonde, et comment se reconnaître au milieu de ces passes? Je crois, monsieur Gilbert, qu'il est prudent de revenir sur nos pas, quitte à recommencer notre exploration demain au point du jour. Retournons, comme d'habitude, à Castle-House. Nous dirons ce que nous avons vu, nous organiserons une reconnaissance plus complète de la Crique-Noire dans de meilleures conditions...

— Oui... il le faut, répondit Gilbert. Cependant, avant de partir, j'aurais voulu... »

Gilbert était resté immobile, jetant un dernier regard sous les arbres, et il allait donner l'ordre de repousser l'embarcation, lorsqu'il arrêta Mars d'un geste.

Le métis suspendit aussitôt sa manœuvre, et, debout, l'oreille tendue, il écouta.

Un cri, ou plutôt une sorte de gémissement continu qu'on ne pouvait confondre avec les bruits habituels de la forêt, se faisait entendre. C'était comme une lamentation de désespoir, la plainte d'un être humain — plainte arrachée par de vives souffrances. On eût dit le dernier appel d'une voix qui allait s'éteindre.

« Un homme est là!... s'écria Gilbert. Il demande du secours!... Il se meurt peut-être!

— Oui! répondit Mars. Il faut aller à lui!... Il faut savoir qui il est!... Débarquons! »

Ce fut fait en un instant. L'embarcation ayant été solidement attachée à la berge, Gilbert et Mars sautèrent sur l'îlot et s'enfoncèrent sous les arbres.

Là, encore, il y avait quelques traces sur des sentes frayées à travers la futaie, même des pas d'hommes, dont les dernières lueurs du jour laissaient apercevoir l'empreinte.

De temps en temps, Mars et Gilbert s'arrêtaient. Ils écoutaient. Les plaintes se faisaient-elles encore entendre? C'était sur elles, sur elles seules, qu'ils pouvaient se guider.

Tous deux les entendirent de nouveau, très rapprochées cette fois. Malgré l'obscurité qui devenait de plus en plus profonde, il ne serait sans doute pas impossible d'arriver à l'endroit d'où elles partaient.

Soudain un cri plus douloureux retentit. Il n'y avait pas à se tromper sur la direction à suivre. En quelques pas, Gilbert et Mars eurent franchi un épais hallier, et ils se trouvèrent en présence d'un homme, étendu près d'une palissade, qui râlait déjà.

Frappé d'un coup de couteau à la poitrine, un flot de sang inondait ce malheureux. Les derniers souffles s'exhalaient de ses lèvres. Il n'avait plus que quelques instants à vivre.

Gilbert et Mars s'étaient penchés sur lui. Il rouvrit les yeux, mais essaya vainement de répondre aux questions qui lui furent faites.

« Il faut le voir, cet homme! s'écria Gilbert. Une torche... une branche enflammée! »

Mars avait déjà arraché la branche d'un des arbres résineux qui poussaient en grand nombre sur l'îlot. Il l'enflamma au moyen d'une allumette, et sa lueur fuligineuse jeta quelque clarté dans l'ombre.

Gilbert s'agenouilla près du mourant. C'était un noir, un esclave, jeune encore. Sa chemise écartée laissait voir un trou béant à sa poitrine dont le sang s'échappait. La blessure devait être mortelle, le coup de couteau ayant traversé le poumon.

« Qui es-tu?... Qui es-tu? » demanda Gilbert.

Nulle réponse.

« Qui t'a frappé? »

L'esclave ne pouvait plus proférer une seule parole.

Cependant Mars agitait la branche, afin de reconnaître le lieu où ce meurtre avait été commis.

Il aperçut alors la palissade, et, à travers la poterne entr'ouverte, la silhouette indécise du blockhaus. C'était, en effet, le fortin de la Crique-Noire dont on ne connaissait même plus l'existence dans cette partie du comté de Duval.

« Le fortin ! » s'écria Mars.

Et, laissant son maître près du pauvre noir qui agonisait, il s'élança à travers la poterne.

En un instant, Mars eut parcouru l'intérieur du blockhaus, il eut visité les chambres qui s'ouvraient de part et d'autre sur le réduit central. Dans l'une, il trouva un reste de feu qui fumait encore. Le fortin avait donc été récemment occupé. Mais à quelle sorte de gens, Floridiens ou Séminoles, avait-il pu servir de retraite? Il fallait à tout prix l'apprendre, et de ce blessé qui se mourait. Il fallait savoir quels étaient ses meurtriers, dont la fuite ne devait dater que de quelques heures.

Mars sortit du blockhaus, il fit le tour de la palissade à l'intérieur de l'enclos, il promena sa torche sous les arbres... Personne! Si Gilbert et lui fussent arrivés dans la matinée, peut-être auraient-ils trouvé ceux qui habitaient ce fortin. A présent, il était trop tard.

Le métis revint alors près de son maître et lui apprit qu'ils étaient au blockhaus de la Crique-Noire.

« Cet homme a-t-il pu répondre? lui demanda-t-il.

— Non... répondit Gilbert. Il n'a plus sa connaissance, et je doute qu'il puisse la retrouver!

— Essayons, monsieur Gilbert, répondit Mars. Il y a là un secret qu'il importe de connaître, et que personne ne pourra plus dire lorsque cet infortuné sera mort!

— Oui, Mars! Transportons-le dans le fortin... Là, peut-être reviendra-t-il à lui... Nous ne pouvons le laisser expirer sur cette berge!...

— Prenez la torche, monsieur Gilbert, répondit Mars. Moi, j'aurai la force de le porter. »

LE PERSONNEL DE L'EXPÉDITION RÉUNI SUR LE PIER DE CAMDLESS-BAY. (PAGE 319.)

Gilbert saisit la résine enflammée. Le métis souleva dans ses bras ce corps, qui n'était plus qu'une masse inerte, gravit les degrés de la poterne, pénétra par l'embrasure qui donnait accès dans l'enclos, et déposa son fardeau dans une des chambres du réduit.

Le mourant fut placé sur une couche d'herbes. Mars, prenant alors sa gourde, l'introduisit entre ses lèvres.

Le cœur du malheureux battait encore, quoique bien faiblement et à de longs intervalles. La vie allait lui manquer... Son secret ne lui échapperait-il donc pas avant son dernier souffle?

Ces quelques gouttes d'eau-de-vie semblèrent le ranimer un peu. Ses yeux se rouvrirent. Ils se fixèrent sur Mars et Gilbert, qui essayaient de le disputer à la mort.

Il voulut parler... Quelques sons vagues s'échappèrent de sa bouche... un nom peut-être!

« Parle!... parle!... » s'écriait Mars.

La surexcitation du métis était vraiment inexplicable, comme si la tâche, à laquelle il avait voué toute sa vie, eût dépendu des dernières paroles de ce mourant!

Le jeune esclave essayait vainement de prononcer quelques paroles... Il n'en avait plus la force...

En ce moment, Mars sentit qu'un morceau de papier était placé dans la poche de sa veste.

Se saisir de ce papier, l'ouvrir, le lire à la lueur de la résine, cela fut fait en un instant.

Quelques mots y étaient tracés au charbon, et les voici :

« Enlevées par Texar à la Crique Marino... Entraînées aux Everglades... à l'île Carneral.. Billet confié à ce jeune esclave... pour M. Burbank.. »

C'était d'une écriture que Mars connaissait bien.

« Zermah!... » s'écria-t-il.

A ce nom, le mourant rouvrit les yeux, et sa tête s'abaissa comme pour faire un signe affirmatif.

Gilbert le souleva à demi, et, l'interrogeant :

Zermah ! » dit-il.

— Oui !

— Et Dy ?...

— Oui !

— Qui t'a frappé ?

— Texar !... »

Ce fut le dernier mot de ce pauvre esclave, qui retomba mort sur la couche d'herbes.

VIII

DE CAMDLESS-BAY AU LAC WASHINGTON

Le soir même, un peu avant minuit, Gilbert et Mars étaient de retour à Castle-House. Que de difficultés ils avaient dû vaincre pour sortir de la Crique-Noire ! Au moment où ils quittaient le blockhaus, la nuit commençait à se faire dans la vallée du Saint-John. Aussi l'obscurité était-elle déjà complète sous les arbres de la lagune. Sans une sorte d'instinct qui guidait Mars à travers les passes, entre les îlots confondus dans la nuit, ni l'un ni l'autre n'eussent pu regagner le cours du fleuve. Vingt fois, leur embarcation dut s'arrêter devant un barrage qu'elle ne pouvait franchir, et rebrousser chemin pour atteindre quelque chenal praticable. Il fallut allumer des branches résineuses et les planter à l'avant du canot, afin d'éclairer la route tant bien que mal. Où les difficultés devinrent extrêmes, ce fut précisément quand Mars chercha à retrouver l'unique issue qui permettait aux eaux de s'écouler vers le Saint-John. Le métis ne reconnaissait plus la brèche faite dans le fouillis des roseaux, par laquelle tous deux avaient passé quelques heures auparavant. Par bonheur, la marée descendait, et le canot put se laisser aller au courant qui s'établissait par son déversoir naturel. Trois heures plus tard, après avoir rapidement franchi les vingt milles qui séparent la Crique-Noire de la plantation, Gilbert et Mars débarquaient au pier de Camdless-Bay.

On les attendait à Castle-House. James Burbank ni aucun des siens n'avaient encore regagné leurs chambres. Ils s'inquiétaient de ce retard inaccoutumé. Gilbert et Mars avaient l'habitude de revenir chaque soir. Pourquoi n'étaient-ils pas de retour? En devait-on conclure qu'ils avaient trouvé une piste nouvelle, que leurs recherches allaient peut-être aboutir? Que d'angoisses dans cette attente!

Ils arrivèrent enfin, et, à leur entrée dans le hall, tous s'étaient précipités vers eux.

« Eh bien... Gilbert? s'écria James Burbank.

— Mon père, répondit le jeune officier, Alice ne s'est point trompée!... C'est bien Texar qui a enlevé ma sœur et Zermah.

— Tu en as la preuve?

— Lisez! »

Et Gilbert présenta ce papier informe, qui portait les quelques mots écrits de la main de la métisse.

« Oui, reprit-il, plus de doute possible, c'est l'Espagnol! Et, ses deux victimes, il les a conduites ou fait conduire au vieux fortin de la Crique-Noire! C'est là qu'il demeurait à l'insu de tous. Un pauvre esclave, auquel Zermah avait confié ce papier, afin qu'il le fît parvenir à Castle-House, et de qui elle a sans doute appris que Texar allait partir pour l'île Carneral, a payé de sa vie d'avoir voulu se dévouer pour elle. Nous l'avons trouvé mourant, frappé de la main de Texar, et maintenant il est mort. Mais, si Dy et Zermah ne sont plus à la Crique-Noire, nous savons, du moins, dans quelle partie de la Floride on les a entraînées. C'est aux Everglades, et c'est là qu'il faut aller les reprendre. Dès demain, mon père, dès demain, nous partirons...

— Nous sommes prêts, Gilbert.

— A demain donc! »

L'espoir était rentré à Castle-House. On ne s'égarerait plus maintenant en recherches stériles. Mᵐᵉ Burbank, mise au courant de cette situation, se sentit revivre. Elle eut la force de se relever, de s'agenouiller pour remercier Dieu.

Ainsi, de l'aveu même de Zermah, c'était Texar en personne qui avait présidé au rapt de la petite fille à la Crique Marino. C'était lui que miss Alice avait vu sur l'embarcation qui gagnait le milieu du fleuve. Et cependant, comment pouvait-on concilier ce fait avec l'alibi invoqué par l'Espagnol? A l'heure où il commettait ce crime, comment pouvait-il être prisonnier des fédéraux, à bord d'un des bâtiments de l'escadre? Évidemment, cet alibi devait être faux, comme les autres, sans doute. Mais de quelle façon l'était-il, et apprendrait-on jamais le secret de cette ubiquité dont Texar semblait donner la preuve?

Peu importait, après tout. Ce qui était acquis maintenant, c'est que la métisse et l'enfant avaient été conduites tout d'abord au blockhaus de la Crique-Noire, puis entraînées à l'île Carneral. C'est là qu'il fallait les chercher, c'est là qu'il fallait surprendre Texar. Cette fois, rien ne pourrait le soustraire au châtiment que méritaient depuis si longtemps ses criminelles manœuvres.

Il n'y avait pas un jour à perdre, d'ailleurs. De Camdless-Bay aux Everglades la distance est assez considérable. Plusieurs jours devraient être employés à la franchir. Heureusement, ainsi que l'avait dit James Burbank, l'expédition, organisée par lui, était prête à quitter Castle-House.

Quant à l'île Carneral, les cartes de la péninsule floridienne en indiquaient la situation sur le lac Okee-cho-bee.

Ces Everglades constituent une région marécageuse, qui confine au lac Okee-cho-bee, un peu au-dessous du vingt-septième parallèle, dans la partie méridionale de la Floride. Entre Jacksonville et ce lac, on compte près de quatre cents milles [1]. Au delà, c'est un pays peu fréquenté, qui était presque inconnu à cette époque.

Si le Saint-John eût été constamment navigable jusqu'à sa source, le trajet

---

[1]. Environ 180 lieues.

aurait pu s'accomplir rapidement sans grandes difficultés; mais, très probablement, on ne pourrait l'utiliser que sur un parcours de cent sept milles environ, c'est-à-dire jusqu'au lac George. Plus loin, sur son cours embarrassé d'îlots, barré d'herbages, sans chenal suffisamment tracé, à sec parfois au plus bas du jusant, une embarcation un peu chargée eût rencontré de sérieux obstacles ou éprouvé tout au moins des retards. Cependant, s'il était possible de le remonter jusqu'au lac Washington, à peu près à la hauteur du vingt-huitième degré de latitude, par le travers du cap Malabar, on se serait beaucoup rapproché du but. Toutefois, il n'y fallait pas autrement compter. Le mieux était de se préparer pour un trajet de deux cent cinquante milles au milieu d'une région presque abandonnée, où manqueraient les moyens de transport, et aussi les ressources nécessaires à une expédition qui devait être rapidement conduite. C'est, eu égard à de telles éventualités, que James Burbank avait fait tous ses préparatifs.

Le lendemain, 20 mars, le personnel de l'expédition était réuni sur le pier de Camdless-Bay. James Burbank et Gilbert, non sans éprouver une vive angoisse, avaient embrassé Mme Burbank, qui ne pouvait encore quitter sa chambre. Miss Alice, M. Stannard et les sous-régisseurs les avaient accompagnés. Pyg lui-même était venu faire ses adieux à M. Perry, envers lequel il éprouvait maintenant une sorte d'affection. Il se souvenait des leçons qu'il en avait reçues sur les inconvénients d'une liberté pour laquelle il ne se sentait pas mûr.

L'expédition était ainsi composée : James Burbank, son beau-frère Edward Carrol, guéri de sa blessure, son fils Gilbert, le régisseur Perry, Mars, plus une douzaine de noirs choisis parmi les plus braves, les plus dévoués du domaine — en tout dix-sept personnes. Mars connaissait assez le cours du Saint-John pour servir de pilote tant que la navigation serait possible, en deçà comme au delà du lac George. Quant aux noirs, habitués à manier la rame, ils sauraient mettre leurs robustes bras en œuvre, lorsque le courant ou le vent ferait défaut.

L'embarcation — une des plus grandes de Camdless-Bay — pouvait gréer une voile qui, depuis le vent arrière jusqu'au largue, lui permettrait de suivre les détours d'un chenal parfois très sinueux. Elle portait des armes et des munitions en quantité suffisante pour que James Burbank et ses compagnons n'eussent rien à craindre des bandes de Séminoles de la basse Floride, ni des compagnons de Texar, si l'Espagnol avait été rejoint par quelques-uns de ses partisans. En effet, il avait fallu prévoir cette éventualité qui pouvait entraver le succès de l'expédition.

Les adieux furent faits. Gilbert embrassa miss Alice, et James Burbank la pressa dans ses bras comme si elle eût été déjà sa fille.

« Mon père... Gilbert... dit-elle, ramenez-moi notre petite Dy!... Ramenez-moi ma sœur...

— Oui, chère Alice! répondit le jeune officier, oui!... Nous la ramènerons!... Que Dieu nous protège! »

M. Stannard, miss Alice, les sous-régisseurs et Pyg étaient restés sur le pier de Camdless-Bay pendant que l'embarcation s'en détachait. Tous lui envoyèrent alors un dernier adieu, au moment où, prise par le vent de nord-est et servie par la marée montante, elle disparaissait derrière la petite pointe de la Crique Marino.

Il était environ six heures du matin. Une heure après, l'embarcation passait devant le hameau de Mandarin, et, vers dix heures, sans qu'il eût été nécessaire de faire usage des avirons, elle se trouvait à la hauteur de la Crique-Noire.

Le cœur leur battit à tous, quand ils rangèrent cette rive gauche du fleuve, à travers laquelle pénétraient les eaux du flux. C'était au delà de ces massifs de roseaux, de cannas et de palétuviers que Dy et Zermah avaient été entraînées tout d'abord. C'était là que, depuis plus de quinze jours, Texar et ses complices les avaient si profondément cachées qu'il n'était rien resté de leurs traces après le rapt. Dix fois, James Burbank et Stannard, puis Gilbert et Mars, avaient remonté le fleuve à la hauteur de cette lagune, sans se douter que le vieux blockhaus leur servît de retraite.

Cette fois, il n'y avait plus lieu de s'y arrêter. C'était à quelques centaines de milles plus au sud qu'il fallait porter les recherches, et l'embarcation passa devant la Crique-Noire sans y relâcher.

La tour du vieux fort espagnol.... (Page 323.)

Le premier repas fut pris en commun. Les coffres renfermaient des provisions suffisantes pour une vingtaine de jours, et un certain nombre de ballots qui serviraient à les transporter, lorsqu'il faudrait suivre la route de terre. Quelques objets de campement devaient permettre de faire halte, de jour ou de nuit, dans les bois épais dont sont couverts les territoires riverains du Saint-John.

Vers onze heures, quand la mer vint à renverser, le vent resta favorable. Il fallut, néanmoins, armer les avirons pour maintenir la vitesse. Les noirs se mirent à la besogne, et, sous la poussée de cinq couples vigoureux, l'embarcation continua de remonter rapidement le fleuve.

Mars, silencieux, se tenait au gouvernail, évoluant d'une main sûre à travers les bras que les îles et les îlots forment au milieu du Saint-John. Il suivait les passes dans lesquelles le courant se propageait avec moins de violence. Il s'y lançait sans une hésitation. Jamais il ne s'engageait, par erreur, en un chenal impraticable, jamais il ne risquait de s'échouer sur un haut fond que la marée basse allait bientôt laisser à sec. Il connaissait le lit du fleuve jusqu'au lac George, comme il en connaissait les détours au-dessous de Jacksonville, et il dirigeait l'embarcation avec autant de sûreté que les canonnières du commandant Stevens qu'il avait pilotées à travers les sinuosités de la barre.

En cette partie de son cours, le Saint-John était désert. Le mouvement de batellerie qui s'y produit d'habitude pour le service des plantations, n'existait plus depuis la prise de Jacksonville. Si quelque embarcation le remontait ou le descendait encore, c'était uniquement pour les besoins des troupes fédérales et les communications du commodore Stevens avec ses sous-ordres. Et même, très probablement, en amont de Picolata, ce mouvement serait absolument nul.

James Burbank arriva devant ce petit bourg vers six heures du soir. Un détachement de nordistes occupait alors l'appontement de l'escale. L'embarcation fut hélée et dut faire halte près du quai.

Là, Gilbert Burbank se fit reconnaître de l'officier qui commandait à Picolata, et, muni du laisser-passer que lui avait remis le commandant Stevens, il put continuer sa route.

Cette halte n'avait duré que quelques instants. Comme la marée montante commençait à se faire sentir, les avirons restèrent au repos, et l'embarcation suivit rapidement sa route entre les bois profonds qui s'étendent de chaque côté du fleuve. Sur la rive gauche, la forêt allait faire suite au marécage, quelques milles au-dessus de Picolata. Quant aux forêts de la rive droite, plus touffues, plus profondes, véritablement interminables, on devait dépasser le lac George sans en avoir vu la fin. Sur cette rive, il est vrai, elles s'écartent un peu du Saint-John et laissent une large bande de terrain, sur laquelle la culture a repris ses droits. Ici, vastes rizières, champs de cannes et d'indigo, plantations de cotonniers, attestent encore la fertilité de la presqu'île floridienne.

Un peu après six heures, James Burbank et ses compagnons avaient perdu de vue, derrière un coude du fleuve, la tour rougeâtre du vieux fort espagnol, abandonné depuis un siècle, qui domine les hautes cimes des grands palmistes de la berge.

« Mars, demanda alors James Burbank, tu ne crains pas de t'engager pendant la nuit sur le Saint-John?

— Non, monsieur James, répondit Mars. Jusqu'au lac George, je réponds de moi. Au delà, nous verrons. D'ailleurs, nous n'avons pas une heure à perdre, et, puisque la marée nous favorise, il faut en profiter. Plus nous remonterons, moins elle sera forte, moins elle durera. Je vous propose donc de faire route nuit et jour. »

La proposition de Mars était dictée par les circonstances. Puisqu'il s'engageait à passer, il fallait se fier à son adresse. On n'eut pas lieu de s'en repentir. Toute la nuit, l'embarcation remonta facilement le cours du Saint-John. La marée lui vint en aide pendant quelques heures encore. Puis, les noirs, se relayant aux avirons, purent gagner une quinzaine de milles vers le sud.

On ne fit halte, ni cette nuit, ni dans la journée du 22, qui ne fut marquée par aucun incident, ni durant les douze heures suivantes. Le haut cours du fleuve semblait être absolument désert. On naviguait, pour ainsi dire, au milieu d'une longue forêt de vieux cèdres, dont les masses feuillues se rejoignaient parfois au-dessus du Saint-John en formant un épais plafond de verdure. De villages, on n'en voyait pas. De plantations ou d'habitations isolées, pas davantage. Les terres riveraines ne se prêtaient à aucun genre de culture. Il n'aurait pu venir à l'idée d'un colon d'y fonder un établissement agricole.

Le 23, dès les premières lueurs du jour, le fleuve s'évasa en une large nappe liquide, dont les berges se dégageaient enfin de l'interminable forêt. Le pays, très plat, se reculait jusqu'aux limites d'un horizon éloigné de plusieurs milles.

C'était un lac — le lac George — que le Saint-John traverse du sud au nord, et auquel il emprunte une partie de ses eaux.

« Oui! C'est bien le lac George, dit Mars, que j'ai déjà visité, lorsque j'accompagnais l'expédition chargée de relever le haut cours du fleuve.

— Et à quelle distance, demanda James Burbank, sommes-nous maintenant de Camdless-Bay?

— A cent milles environ, répondit Mars.

— Ce n'est pas encore le tiers du parcours que nous avons à faire pour atteindre les Everglades, fit observer Edward Carrol.

— Mars, demanda Gilbert, comment allons-nous procéder maintenant? Faut-il abandonner l'embarcation afin de longer une des rives du Saint-John? Cela ne se fera pas sans peine ni retard. Ne serait-il donc pas possible, le lac George une fois traversé, de continuer à suivre cette route d'eau jusqu'au point où elle cessera d'être navigable? Ne peut-on essayer, quitte à débarquer si l'on échoue et si l'on ne peut se remettre à flot? Cela vaut du moins la peine d'être tenté. — Qu'en penses-tu?

— Essayons, monsieur Gilbert, » répondit Mars.

En effet, il n'y avait rien de mieux à faire.

Il serait toujours temps de prendre pied. A voyager par eau, c'étaient bien des fatigues épargnées et aussi bien des retards.

L'embarcation se lança donc à la surface du lac George, dont elle prolongea la rive orientale.

Autour de ce lac, sur ces terrains sans relief, la végétation n'est pas si fournie qu'au bord du fleuve. De vastes marais s'étendent presque à perte de vue. Quelques portions du sol, moins exposées à l'envahissement des eaux, étalent leurs tapis de noirs lichens, où se détachent les nuances violettes de petits champignons qui poussent là par milliards. Il n'aurait pas fallu se fier à ces terres mouvantes, sortes de mollières qui ne peuvent offrir au marcheur un point d'appui solide. Si James Burbank et ses compagnons eussent dû cheminer sur cette partie du territoire floridien, ils n'y auraient réussi qu'au prix des plus grands efforts, des plus extrêmes fatigues, de retards infiniment prolongés, en admettant qu'il n'eût pas fallu revenir en arrière. Seuls, des oiseaux aquatiques — pour la plupart des palmipèdes — peuvent s'aventurer à travers ce marécage, où l'on compte, en nombre infini, des sarcelles, des canards, des bécassines. Il y avait là de quoi s'approvisionner sans peine, si l'embarcation eût été à court de vivres. D'ailleurs, pour chasser sur ces rives, on aurait dû affronter toute une légion de serpents fort dangereux, dont les sifflements aigus se faisaient entendre à la surface des tapis d'ulves et de conferves. Ces reptiles, il est vrai, trouvent des ennemis acharnés parmi les bandes de pélicans blancs, bien armés pour cette guerre sans merci, et qui pullulent sur ces rives malsaines du lac George.

Cependant l'embarcation filait avec rapidité. Sa voile hissée, un vif vent du nord la poussait en bonne direction. Grâce à cette fraîche brise, les avirons purent se reposer pendant toute cette journée, sans qu'il s'en suivît aucun retard. Aussi, le soir venu, les trente milles de longueur que le lac George mesure du nord au sud avaient-ils été vivement enlevés sans fatigues. Vers six heures, James Burbank et sa petite troupe s'arrêtaient à l'angle inférieur par lequel le Saint John se jette dans le lac.

Si l'on fit halte — halte qui ne dura que le temps de prendre langue, soit une demi-heure au plus — c'est parce que trois ou quatre maisons formaient hameau en cet endroit. Elles étaient occupées par quelques-uns de ces Floridiens nomades, qui se livrent plus spécialement à la chasse et à la pêche au commencement de la belle saison. Sur la proposition d'Edward Carrol, il parut opportun de demander quelques renseignements relatifs au passage de Texar, et on eut raison de le faire.

Un des habitants de ce hameau fut interrogé. Pendant les journées précédentes, avait-il aperçu une embarcation, traversant le lac George et se dirigeant vers le lac Washington, — embarcation qui devait contenir sept ou huit personnes, plus une femme de couleur et une enfant, une petite fille, blanche d'origine ?

« En effet, répondit cet homme, il y a quarante-huit heures, j'ai vu passer une embarcation qui doit être celle dont vous parlez.

— Et a-t-elle fait halte à ce hameau? demanda Gilbert.

— Non! Elle s'est au contraire hâtée d'aller rejoindre le haut cours du fleuve. J'ai distinctement vu, à bord, ajouta le Floridien, une femme avec une petite fille dans ses bras.

— Mes amis, s'écria Gilbert, bon espoir! Nous sommes bien sur les traces de Texar!

— Oui! répondit James Burbank. Il n'a sur nous qu'une avance de quarante-huit heures, et, si notre embarcation peut encore nous porter pendant quelques jours, nous gagnerons sur lui!

— Connaissez-vous le cours du Saint-John en amont du lac George? demanda Edward Carrol au Floridien.

— Oui, monsieur, et je l'ai même remonté sur un parcours de plus de cent milles.

— Pensez-vous qu'il puisse être navigable pour une embarcation comme la nôtre?

— Que tire-t-elle?

— Trois pieds à peu près, répondit Mars.

— Trois pieds? dit le Floridien. Ce sera bien juste en de certains endroits. Cependant, en sondant les passes, je crois que vous pourrez arriver jusqu'au lac Washington.

— Et là, demanda M. Carrol, à quelle distance serons-nous du lac Ocheecho-bee?

— A cent cinquante milles environ.

— Merci, mon ami.

— Embarquons, s'écria Gilbert, et naviguons jusqu'à ce que l'eau nous manque. »

Chacun reprit sa place. Le vent ayant calmi avec le soir, les avirons furent gréés et maniés avec vigueur. Les rives rétrécies du fleuve disparurent rapidement. Avant la complète tombée de la nuit, on gagna plusieurs milles vers le sud. Il ne fut pas question de s'arrêter, puisqu'on pouvait dormir à bord.

La lune était presque pleine. Le temps resterait assez clair pour ne point gêner la navigation. Gilbert avait pris la barre. Mars se tenait à l'avant, un long espar à la main. Il sondait sans cesse, et, lorsqu'il rencontrait le fond, faisait venir l'embarcation sur tribord ou sur babord. A peine toucha-t-elle cinq ou six fois durant cette traversée nocturne, et elle put se dégager sans grand effort. Si bien que, vers quatre heures du matin, au moment où le soleil se montra, Gilbert n'estima pas à moins de quinze milles le chemin parcouru pendant la nuit.

Que de chances en faveur de James Burbank et des siens, si le fleuve, navigable quelques jours encore, les menait presque à leur but!

Cependant plusieurs difficultés matérielles surgirent durant cette journée. Par suite de la sinuosité du fleuve, des pointes se projettent fréquemment en travers de son cours. Les sables, accumulés, multiplient les hauts fonds qu'il faut contourner. Autant d'allongements de la route, et, par cela même, quelques retards. On ne pouvait, non plus, toujours utiliser le vent, qui n'aurait pas cessé d'être favorable, si de nombreux détours n'eussent modifié l'allure de l'embarcation. Les noirs se courbaient alors sur leurs avirons et déployaient une telle vigueur qu'ils parvenaient à regagner le temps perdu.

Il se présentait aussi de ces obstacles particuliers au Saint-John. C'étaient des îles flottantes formées par une prodigieuse accumulation d'une plante exubérante, le « pistia, » que certains explorateurs du fleuve floridien ont justement comparée à une gigantesque laitue, étalée à la surface des eaux. Ce tapis herbeux offre assez de solidité pour que les loutres et les hérons puissent y prendre leurs ébats. Il importait, toutefois, de ne point s'engager à travers de telles masses végétales, d'où l'on ne se fût pas tiré sans peine. Lorsque leur apparition était signalée, Mars prenait toutes les précautions possibles pour les éviter.

Quant aux rives du fleuve, d'épaisses forêts les encaissaient alors. On ne voyait plus ces innombrables cèdres, dont le Saint-John baigne les racines en aval de son cours. Là poussent des quantités de pins, hauts de cent cinquante pieds, appartenant à l'espèce du pin austral, qui trouvent des éléments

L'embarcation filait avec rapidité. (Page 325.)

favorables à leur végétation au milieu de ces terrains, au sous-sol inondé, appelés « barrens ». L'humus y présente une élasticité très sensible, et telle, en quelques points, qu'un piéton peut perdre l'équilibre, lorsqu'il marche à sa surface. Heureusement, la petite troupe de James Burbank n'eut point à en faire l'épreuve. Le Saint-John continuait à la transporter à travers les régions de la Floride inférieure.

La journée se passa sans incidents. La nuit de même. Le fleuve ne cessait

Çà et là, des croix modestes.... (Page 336.)

d'être absolument désert. Pas une embarcation sur ses eaux. Pas une cabane sur ses rives. De cette circonstance, d'ailleurs, il n'y avait point à se plaindre. Mieux valait ne trouver personne en cette contrée lointaine, où les rencontres risquent fort d'être mauvaises, car les coureurs des bois, les chasseurs de profession, les aventuriers de toute provenance, sont gens plus que suspects.

On devait craindre également la présence des milices de Jacksonville ou de Saint-Augustine que Dupont et Stevens avaient obligées à se retirer vers le sud. Cette éventualité eût été plus redoutable encore. Parmi ces détachements il y avait assurément des partisans de Texar, qui auraient voulu se venger de James et de Gilbert Burbank. Or, la petite troupe devait éviter tout combat, si ce n'est avec l'Espagnol, au cas où il faudrait lui arracher ses prisonnières par la force.

Heureusement, James Burbank et les siens furent si bien servis dans ces circonstances que, le 25 au soir, la distance entre le lac George et le lac Washington avait été franchie. Arrivée à la lisière de cet amas d'eaux stagnantes, l'embarcation dut faire halte. L'étroitesse du fleuve, le peu de profondeur de son cours, lui interdisaient de remonter plus avant vers le sud.

En somme, les deux tiers étant faits, James Burbank et les siens ne se trouvaient plus qu'à cent quarante milles des Everglades.

IX

LA GRANDE CYPRIÈRE

Le lac Washington, long d'une dizaine de milles, est un des moins importants de cette région de la Floride méridionale. Ses eaux, peu profondes, sont embarrassées d'herbes que le courant arrache aux prairies flottantes — véritables nids à serpents qui rendent très dangereuse la navigation à sa surface. Il est donc désert comme ses rives, étant peu propice à la chasse, à la pêche, et il est rare que les embarcations du Saint-John s'aventurent jusqu'à lui.

Au sud du lac, le fleuve reprend son cours en s'infléchissant plus directement vers le midi de la presqu'île. Ce n'est plus alors qu'un ruisseau sans profondeur, dont les sources sont situées à trente milles dans le sud, entre 28° et 27° de latitude.

Le Saint-John cesse d'être navigable au-dessous du lac Washington. Quelques regrets qu'en éprouvât James Burbank, il fallut renoncer au transport par eau, afin de prendre la voie de terre, au milieu d'un pays très difficile, le plus souvent marécageux, à travers des forêts sans fin, dont le sol, coupé de rios et de fondrières, ne peut que retarder la marche des piétons.

On débarqua. Les armes, les ballots qui renfermaient les provisions, furent répartis entre chacun des noirs. Ce n'était pas là de quoi fatiguer ou embarrasser le personnel de l'expédition. De ce chef, il n'y aurait aucune cause de retard. Tout avait été réglé d'avance. Quand il faudrait faire halte, le campement pourrait être organisé en quelques minutes.

Tout d'abord, Gilbert, aidé de Mars, s'occupa de cacher l'embarcation. Il importait qu'elle pût échapper aux regards, dans le cas où un parti de Floridiens ou de Séminoles viendrait visiter les rives du lac Washington. Il fallait que l'on fût assuré de la retrouver au retour pour redescendre le cours du Saint-John. Sous la ramure retombante des arbres de la rive, entre les roseaux gigantesques qui la défendent, on put aisément ménager une place à l'embarcation, dont le mât avait été préalablement couché. Et elle était si bien enfouie sous l'épaisse verdure, qu'il eût été impossible de l'apercevoir du haut des berges.

Il en était de même, sans doute, d'une autre barque que Gilbert aurait eu grand intérêt à retrouver. C'était celle qui avait amené Dy et Zermah au lac Washington. Évidemment, vu l'innavigabilité des eaux, Texar avait dû l'abandonner aux environs de cet entonnoir par lequel le lac se déverse dans le fleuve. Ce que James Burbank était forcé de faire alors, l'Espagnol devait l'avoir fait aussi.

C'est pourquoi on entreprit de minutieuses recherches pendant les dernières heures du jour, afin de retrouver cette embarcation. C'eût été là un précieux indice, et la preuve que Texar avait suivi le fleuve jusqu'au lac Washington.

Les recherches furent vaines. L'embarcation ne put être découverte, soit que les investigations n'eussent pas été portées assez loin, soit que l'Espagnol l'eût détruite, dans la pensée qu'il n'aurait plus à s'en servir, s'il était parti sans esprit de retour.

Combien le voyage avait dû être pénible entre le lac Washington et les Everglades! Plus de fleuve pour épargner de si longues fatigues à une femme, et à une enfant. Dy, portée dans les bras de la métisse, Zermah, forcée de suivre des hommes accoutumés à de pareilles marches à travers cette contrée difficile, les insultes, les violences, les coups qui ne lui étaient pas épargnés pour hâter son pas, les chutes dont elle essayait de préserver la petite fille sans songer à elle-même, tous eurent dans l'esprit la vision de ces lamentables scènes. Mars se représentait sa femme exposée à tant de souffrances, il pâlissait de colère, et ces mots s'échappaient alors de sa bouche :

« Je tuerai Texar ! »

Que n'était-il déjà à l'île Carneral, en présence du misérable, dont les abominables machinations avaient tant fait souffrir la famille Burbank, et qui lui avait enlevé Zermah, sa femme !

Le campement avait été établi à l'extrémité du petit cap qui se projette hors de l'angle nord du lac. Il n'eût pas été prudent de s'engager, au milieu de la nuit, à travers un territoire inconnu, sur lequel le champ de vue était nécessairement très restreint. Aussi, après délibération, fut-il décidé que l'on attendrait les premières lueurs de l'aube avant de se remettre en marche. Le risque de s'égarer sous ces épaisses forêts était trop grand pour que l'on voulût s'y exposer.

Nul incident, du reste, pendant la nuit. A quatre heures, au moment où montait le petit jour, le signal du départ fut donné. La moitié du personnel devait suffire à porter les ballots de vivres et les effets de campement. Les noirs pourraient donc se relayer entre eux. Tous, maîtres et serviteurs, étaient armés de carabines Minié, qui se chargent d'une balle et de quatre chevrotines, et de ces revolvers Colt, dont l'usage s'était si répandu parmi les belligérants depuis le commencement de la guerre de sécession.

Dans ces conditions, on pouvait résister sans désavantage à une soixantaine de Séminoles, et même, s'il le fallait, attaquer Texar, fût-il entouré d'un pareil nombre de ses partisans.

Il avait paru convenable, tant que cela serait possible, de côtoyer le Saint-John. Le fleuve coulait alors vers le sud, par conséquent dans la direction de lac Ochee-cho-bee. C'était comme un fil tendu à travers le long labyrinthe des forêts. On pouvait le suivre sans s'exposer à commettre d'erreur. On le suivit.

Ce fut assez facile. Sur la rive droite se dessinait une sorte de sentier — véritable chemin de halage, qui aurait pu servir à remorquer quelque léger canot sur le haut cours du fleuve. On marcha d'un pas rapide, Gilbert et Mars en avant, James Burbank et Edward Carrol en arrière, le régisseur Perry au milieu du personnel des noirs, qui se remplaçaient toutes les heures dans le transport des ballots. Avant de partir, un repas sommaire avait été pris. S'arrêter à midi pour dîner, à six heures du soir pour souper, camper, si l'obscurité ne permettait pas d'aller plus avant, se remettre en route, s'il paraissait possible de se diriger à travers la forêt : tel était le programme adopté et qui serait observé rigoureusement.

Tout d'abord, il fallut contourner la rive orientale du lac Washington — rive assez plate et d'un sol presque mouvant. Les forêts reparurent alors. Ni comme étendue ni comme épaisseur, elles n'étaient ce qu'elles devaient être plus tard. Cela tenait à la nature même des essences qui les composaient.

En effet, il n'y avait là que des futaies de campêches, à petites feuilles, à grappes jaunes, dont le cœur, de couleur brunâtre, est utilisé pour la teinture ; puis, des ormes du Mexique, des guazumas, à bouquets blancs, employés à tant d'usages domestiques, et dont l'ombre guérit, dit-on, des rhumes les plus obstinés — même les rhumes de cerveau. Ça et là poussaient aussi quelques groupes de quinquinas, qui ne sont ici que simples plantes arborescentes, au lieu de ces arbres magnifiques qu'ils forment au Pérou, leur pays natal. Enfin, par larges corbeilles, sans avoir jamais connu les soins de la culture savante, s'étalaient des plantes à couleurs vives, gentianes, amaryllis, asclépias, dont les fines houppes servent à la fabrication de certains tissus. Toutes, plantes et fleurs, suivant la remarque de l'un des explorateurs [1] les plus compétents de la Floride, « jaunes ou blanches en Europe, revêtent en Amérique les diverses nuances du rouge depuis le pourpre jusqu'au rose le plus tendre. »

Vers le soir, ces futaies disparurent pour faire place à la grande cyprière, qui s'étend jusqu'aux Everglades.

Pendant cette journée, on avait fait une vingtaine de milles. Aussi Gilbert demanda-t-il si ses compagnons ne se sentaient pas trop fatigués.

« Nous sommes prêts à repartir, monsieur Gilbert, dit l'un des noirs, parlant au nom de ses camarades.

— Ne risquons-nous pas de nous égarer pendant la nuit? fit observer Edward Carrol.

— Nullement, répondit Mars, puisque nous continuerons à côtoyer le Saint-John.

— D'ailleurs, ajouta le jeune officier, la nuit sera claire. Le ciel est sans nuages. La lune, qui va se lever vers neuf heures, durera jusqu'au jour. En outre, la ramure des cyprières est peu épaisse, et l'obscurité y est moins profonde qu'en toute autre forêt. »

On partit donc. Le lendemain matin, après avoir cheminé une partie de la nuit, la petite troupe s'arrêtait pour prendre son premier repas au pied d'un de ces gigantesques cyprès, qui se comptent par millions dans cette région de la Floride.

Qui n'a pas exploré ces merveilles naturelles ne peut se les figurer. Qu'on imagine une prairie verdoyante, élevée à plus de cent pieds de hauteur, que supportent des fûts droits comme s'ils étaient faits au tour, et sur laquelle on aimerait à pouvoir marcher. Au-dessous le sol est mou et marécageux. L'eau séjourne incessamment sur un sol imperméable, où pullulent grenouilles, crapauds, lézards, scorpions, araignées, tortues, serpents, oiseaux aquatiques de toutes les espèces. Plus haut, tandis que les orioles — sortes

---

1. M. Poussielgue, mort malheureusement avant d'avoir pu achever son voyage d'exploration.

de loriots aux pennes dorées, passent comme des étoiles filantes, les écureuils se jouent dans les hautes branches, et les perroquets remplissent la forêt de leur assourdissant caquetage. En somme, curieuse contrée, mais difficile à parcourir.

Il fallait donc étudier avec soin le terrain sur lequel on s'aventurait. Un piéton aurait pu s'enliser jusqu'aux aisselles dans les nombreuses fondrières. Cependant, avec quelque attention, et grâce à la clarté de la lune que tamisait le haut feuillage, on parvint à s'en tirer mieux que mal.

Le fleuve permettait de se tenir en bonne direction. Et c'était fort heureux, car tous ces cyprès se ressemblent, troncs contournés, tordus, grimaçants, creusés à leur base, jetant de longues racines qui bossuent le sol, et se relevant à une hauteur de vingt pieds en fûts cylindriques. Ce sont de véritables manches de parapluie, à poignée rugueuse, dont la tige droite supporte une immense ombrelle verte, laquelle, à vrai dire, ne protège ni de la pluie ni du soleil.

Ce fut sous l'abri de ces arbres que James Burbank et ses compagnons s'engagèrent un peu après le lever du jour. Le temps était magnifique. Nul orage à craindre, ce qui aurait pu changer le sol en un marais impraticable. Néanmoins il fallait choisir les passages, afin d'éviter les fondrières qui ne s'assèchent jamais. Fort heureusement, le long du Saint-John, dont la rive droite se trouve un peu en contre-haut, les difficultés devaient être moindres. A part le lit des ruisseaux qui se jettent dans le fleuve et que l'on devait contourner ou passer à gué, le retard fut sans importance.

Pendant cette journée, on ne releva aucune trace qui indiquât la présence d'un parti de sudistes ou de Séminoles, aucun vestige non plus de Texar ni de ses compagnons. Il pouvait se faire que l'Espagnol eût suivi la rive gauche du fleuve. Ce ne serait point là un obstacle. Par une rive comme par l'autre, on allait aussi directement vers cette basse Floride, indiquée par le billet de Zermah.

Le soir venu, James Burbank s'arrêta pendant six heures. Ensuite, le reste de la nuit s'écoula dans une marche rapide. Le cheminement se faisait en silence sous la cyprière endormie. Le dôme de feuillage ne se troublait d'aucun souffle. La lune, à demi rongée déjà, découpait en noir sur le sol le léger réseau de la ramure, dont le dessin s'agrandissait par la hauteur des arbres. Le fleuve murmurait à peine sur son lit d'une pente presque insensible. Nombre de bas-fonds émergeaient de sa surface, et il n'aurait pas été difficile de le traverser, si cela eût été nécessaire.

Le lendemain, après une halte de deux heures, la petite troupe reprit, dans l'ordre adopté, la direction vers le sud. Toutefois, pendant cette journée, le fil conducteur, qui avait été suivi jusqu'alors, allait se rompre ou plutôt arriver au bout de son écheveau. En effet, le Saint-John, déjà réduit à un simple filet liquide, disparut sous un bouquet de quinquinas qui buvaient à sa source même. Au delà, la cyprière cachait l'horizon sur les trois quarts de son périmètre.

En cet endroit, apparut un cimetière disposé, suivant la coutume indigène, pour des noirs devenus chrétiens et restés dans la mort fidèles à la foi catholique. Çà et là, des croix modestes, les unes de pierre, les autres de bois, posées sur les renflements du sol, marquaient les tombes entre les arbres. Deux ou trois sépultures aériennes, que supportaient des branchages fixés au sol, berçaient au gré du vent quelque cadavre réduit à l'état de squelette.

« L'existence d'un cimetière en ce lieu, fit observer Edward Carrol, pourrait bien indiquer la proximité d'un village ou hameau...

— Qui ne doit plus exister actuellement, répondit Gilbert, puisqu'on n'en trouve pas trace sur nos cartes. Ces disparitions de villages ne sont que trop fréquentes dans la Floride inférieure, soit que les habitants les aient abandonnés, soit qu'ils aient été détruits par les Indiens.

— Gilbert, dit James Burbank, maintenant que nous n'avons plus le Saint-John pour nous guider, comment procéderons-nous?

— La boussole nous donnera la direction, mon père, répondit le jeune officier. Quelles que soient l'étendue et l'épaisseur de la forêt, il est impossible de nous y perdre!

— Eh bien, en route, monsieur Gilbert! s'écria Mars, qui, pendant les haltes ne pouvait se tenir en place. En route, et que Dieu nous conduise! »

LA GRANDE CYPRIÈRE. (PAGE 339.)

Un demi-mille au delà du cimetière nègre, la petite troupe s'engagea sous le plafond de verdure, et, la boussole aidant, elle descendit presque directement vers le sud.

Pendant la première partie de la journée, aucun incident à relater. Jusqu'alors, rien n'avait entravé cette campagne de recherches, en serait-il ainsi jusqu'à la fin? Atteindrait-on le but ou la famille Burbank serait-elle condamnée au désespoir? Ne pas retrouver la petite fille et Zermah, les savoir livrées à toutes les misères, exposées à tous les outrages, et ne pouvoir les y soustraire, c'eût été un supplice de tous les instants.

Vers midi, on s'arrêta. Gilbert, tenant compte du chemin parcouru depuis le lac Washington, estimait que l'on se trouvait à cinquante milles du lac Okee-cho-bee. Huit jours s'étaient écoulés depuis le départ de Camdless-Bay, et plus de trois cents milles [1] avaient été enlevés avec une rapidité exceptionnelle. Il est vrai, le fleuve d'abord, presque jusqu'à sa source, la cyprière ensuite, n'avaient point présenté d'obstacles véritablement sérieux. En l'absence de ces grandes pluies qui auraient pu rendre innavigable le cours du Saint-John et détremper les terrains au delà, par ces belles nuits que la lune imprégnait d'une clarté superbe, tout avait favorisé le voyage et les voyageurs.

A présent, une distance relativement courte les séparait de l'île Carneral. Entraînés comme ils l'étaient par huit jours d'efforts constants, ils espéraient avoir atteint leur but avant quarante-huit heures. Alors on toucherait au dénouement qu'il était impossible de prévoir.

Cependant, si la bonne fortune les avait secondés jusqu'alors, James Burbank et ses compagnons, pendant la seconde partie de cette journée, purent craindre de se heurter à d'insurmontables difficultés.

La marche avait été reprise dans les conditions habituelles, après le repas de midi. Rien de nouveau dans la nature du terrain, larges flaques d'eau et nombreuses fondrières à éviter, quelques ruisseaux qu'il fallait passer avec de l'eau jusqu'à mi-jambe. En somme, la route n'était que fort peu allongée par les écarts qu'elle imposait.

1. Plus de 140 lieues.

Toutefois, vers quatre heures du soir, Mars s'arrêta soudain. Puis, lorsqu'il eut été rejoint par ses compagnons, il leur fit remarquer des traces de pas imprimées sur le sol.

« Il ne peut être douteux, dit James Burbank, qu'une troupe d'hommes a récemment passé par ici.

— Et une troupe nombreuse, ajouta Edward Carrol.

— De quel côté viennent ces traces, vers quel côté se dirigent-elles? demanda Gilbert. Voilà ce qu'il est nécessaire de constater avant de prendre une résolution. »

En effet, et ce fut fait avec soin.

Pendant cinq cents yards dans l'est, on pouvait suivre les empreintes de pas qui se prolongeaient même bien au delà; mais il parut inutile de les relever plus loin. Ce qui était démontré par la direction de ces pas, c'est qu'une troupe, d'au moins cent cinquante à deux cents hommes, après avoir quitté le littoral de l'Atlantique, venait de traverser cette portion de la cyprière. Du côté de l'ouest, ces traces continuaient à se diriger vers le golfe du Mexique, traversant ainsi par une sécante la presqu'île floridienne, laquelle, à cette latitude, ne mesure pas deux cents milles de largeur. On put également observer que ce détachement, avant de reprendre sa marche dans la même direction, avait fait halte précisément à l'endroit que James Burbank et les siens occupaient alors.

En outre après avoir recommandé à leurs compagnons de se tenir prêts à toute alerte, Gilbert et Mars, s'étant portés pendant un quart de mille sur la gauche de la forêt, purent constater que ces empreintes prenaient franchement la route du sud.

Lorsque tous deux furent de retour au campement, voici ce que dit Gilbert :

« Nous sommes précédés par une troupe d'hommes qui suit exactement le chemin que nous suivons nous-mêmes depuis le lac Washington. Ce sont des gens armés, puisque nous avons trouvé les morceaux de cartouches qui leur ont servi à allumer leurs feux dont il ne reste plus que des charbons éteints.

Quels sont ces hommes? je l'ignore. Ce qui est certain, c'est qu'ils sont nombreux et qu'ils descendent vers les Everglades.

— Ne serait-ce point une troupe de Séminoles nomades? demanda Edward Carrol.

— Non, répondit Mars. La trace des pas indique nettement que ces hommes sont américains...

— Peut-être des soldats de la milice floridienne?... fit observer James Burbank.

— C'est à craindre, répondit Perry. Ils paraissent être en trop grand nombre pour appartenir au personnel de Texar...

— A moins que cet homme n'ait été rejoint par une bande de ses partisans, dit Edward Carrol. Dès lors, il ne serait pas surprenant qu'ils fussent là plusieurs centaines...

— Contre dix-sept!... répondit le régisseur.

— Eh! qu'importe! s'écria Gilbert. S'ils nous attaquent ou s'il faut les attaquer, pas un de nous ne reculera!

— Non!... Non!... » s'écrièrent les courageux compagnons du jeune officier.

C'était là un entraînement bien naturel, sans doute. Et, cependant, à la réflexion, on devait comprendre tout ce qu'une pareille éventualité eût présenté de mauvaises chances.

Toutefois, bien que cette pensée se présentât probablement à l'esprit de tous, elle ne diminua rien du courage de chacun. Mais, si près du but, rencontrer l'obstacle! Et quel obstacle! Un détachement de sudistes, peut-être des partisans de Texar, qui cherchaient à rejoindre l'Espagnol aux Everglades, afin d'y attendre le moment de reparaître dans le nord de la Floride!

Oui! c'était là ce que l'on devait certainement craindre. Tous le sentaient. Aussi, après le premier mouvement d'enthousiasme, restaient-ils muets pensifs, regardant leur jeune chef, se demandant quel ordre il allait leur donner.

Gilbert, lui aussi, avait subi l'impression commune. Mais, redressant la tête:

« En avant! dit-il. »

X

RENCONTRE

Oui! il fallait aller en avant. Cependant, en présence d'éventualités redoutables, toutes les précautions devaient être prises. Il était indispensable d'éclairer la marche, de reconnaître les épaisseurs de la cyprière, de se tenir prêt à tout événement.

Les armes furent donc visitées avec soin et mises en état de servir au premier signal. A la moindre alerte, les ballots déposés à terre, tous prendraient part à la défense. Quant à la disposition du personnel en marche, il ne serait pas modifié. Gilbert et Mars continueraient de rester à l'avant-garde, à une distance plus grande, afin de prévenir toute surprise. Chacun était prêt à faire son devoir, bien que ces braves gens eussent visiblement le cœur serré depuis qu'un obstacle se dressait entre eux et le but qu'ils voulaient atteindre.

Le pas n'avait point été ralenti. Toutefois, il avait paru prudent de ne pas suivre les traces toujours nettement indiquées. Mieux valait, s'il était possible, ne point se rencontrer avec le détachement qui s'avançait dans la direction des Everglades. Malheureusement, on reconnut bientôt que ce serait assez difficile. En effet, ce détachement n'allait pas en ligne directe. Les empreintes faisaient de nombreux crochets à droite, à gauche — ce qui indiquait une certaine hésitation dans la marche. Néanmoins, leur direction générale était vers le sud.

Encore un jour d'écoulé. Aucune rencontre n'avait obligé James Burbank à s'arrêter. Il avait cheminé d'un bon pas et gagnait évidemment sur la troupe qui s'aventurait à travers la cyprière. Cela se reconnaissait aux traces multiples qui, d'heure en heure, apparaissaient plus fraîches sur ce sol un peu plastique. Rien n'avait été plus aisé que de constater le nombre des haltes qui étaient faites, soit au moment des repas, — et alors les empreintes se croisant, indiquaient des allées et venues en tous sens, — soit lorsqu'il n'y avait eu qu'un temps d'arrêt, sans doute pour quelque délibération sur la route à suivre.

Gilbert et Mars ne cessaient d'étudier ces marques avec une extrême attention. Comme elles pouvaient leur apprendre bien des choses, ils les observaient avec autant de soin que les Séminoles, si habiles à étudier les moindres indices sur les terrains qu'ils parcourent aux époques de chasses ou de guerre.

Ce fut à la suite d'un de ces examens approfondis, que Gilbert put dire affirmativement :

« Mon père, nous avons maintenant la certitude que ni Zermah ni ma sœur ne font partie de la troupe qui nous précède. Comme il n'y a aucune trace des pas d'un cheval sur le sol, si Zermah se trouvait là, il est évident qu'elle irait à pied en portant ma sœur dans ses bras, et ses vestiges seraient aisément reconnaissables, comme ceux de Dy pendant les haltes. Mais il n'existe pas une seule empreinte d'un pied de femme ou d'enfant. Quant à ce détachement, nul doute qu'il soit muni d'armes à feu. En maint endroit, on trouve des coups de crosse sur le sol. J'ai même remarqué ceci : c'est que ces crosses doivent être semblables à celles des fusils de la marine. Il est donc probable que les milices floridiennes avaient à leur disposition des armes de ce modèle, sans quoi ce serait inexplicable. En outre, et cela n'est malheureusement que trop certain, cette troupe est au moins dix fois plus nombreuse que la nôtre. Donc, il faut manœuvrer avec une extrême prudence à mesure que l'on se rapproche d'elle ! »

Il n'y avait qu'à suivre les recommandations du jeune officier. C'est ce qui fut fait. Quant aux déductions qu'il tirait de la quantité et de la forme des empreintes, elles devaient être justes. Que la petite Dy ni Zermah ne fissent point partie de ce détachement, cela paraissait certain. De là, cette conclusion qu'on ne se trouvait pas sur la piste de l'Espagnol. Le personnel, venu

Gilbert et Mars ne cessaient d'étudier ces marques. (Page 343.)

de la Crique-Noire, ne pouvait être si important ni si bien armé. Donc, il ne semblait pas douteux qu'il y eût là une forte troupe de milices floridiennes se dirigeant vers les régions méridionales de la péninsule, et, par conséquent, sur les Everglades, où Texar était probablement arrivé depuis un ou deux jours.

En somme, cette troupe, ainsi composée, était redoutable pour les compagnons de James Burbank.

On s'arrêta à la limite d'une étroite clairière. (Page 345.)

Le soir, on s'arrêta à la limite d'une étroite clairière. Elle avait dû être occupée quelques heures avant, ainsi que l'indiquaient, cette fois, des amas de cendres à peine refroidies, restes des feux qui avaient été allumés pour le campement.

On prit alors le parti de ne se remettre en marche qu'après la chute du jour. La nuit serait obscure. Le ciel était nuageux. La lune, presque à son dernier quartier, ne devait se lever que fort tard. Cela permettrait de se rapprocher du détachement dans des conditions meilleures. Peut-être serait-il possible de le reconnaître, sans avoir été aperçu, de le tourner en se dissimulant sous les profondeurs de la forêt, de prendre les devants pour se porter vers le sud-est, de manière à le précéder au lac Okee-cho-bee et à l'île Carneral.

La petite troupe, ayant toujours Mars et Gilbert en éclaireurs, partit vers huit heures et demie, et s'engagea silencieusement sous le dôme des arbres, au milieu d'une assez profonde obscurité. Pendant deux heures environ, tous cheminèrent ainsi, assourdissant le bruit de leurs pas pour ne point se trahir.

Un peu après dix heures, James Burbank arrêta d'un mot le groupe de noirs, en tête duquel il se trouvait avec le régisseur. Son fils et Mars venaient de se replier rapidement sur eux. Tous, immobiles, attendaient l'explication de cette brusque retraite.

Cette explication fut bientôt donnée.

« Qu'y a-t-il, Gilbert?... demanda James Burbank. Qu'avez-vous aperçu, Mars et toi?...

— Un campement établi sous les arbres et dont les feux sont encore très visibles.

— Loin d'ici?... demanda Edward Carrol.

— A cent pas.

— Avez-vous pu reconnaître quels sont les gens qui occupent ce campement?

— Non, car les feux commencent à s'éteindre, répondit Gilbert. Mais je crois que nous ne nous sommes pas trompés en évaluant leur nombre à deux cents hommes!

— Dorment-ils, Gilbert?

— Oui, pour la plupart, non sans s'être gardés toutefois. Nous avons aperçu quelques sentinelles, le fusil à l'épaule, qui vont et viennent entre les cyprès.

— Que devons-nous faire? demanda Edward Carrol en s'adressant au jeune officier.

— Tout d'abord, répondit Gilbert, reconnaître, si c'est possible, quel peut être ce détachement, avant d'essayer de le tourner.

— Je suis prêt à aller en reconnaissance, dit Mars.

— Et moi, à vous accompagner, ajouta Perry.

— Non, j'irai, répondit Gilbert. Je ne puis m'en rapporter qu'à moi seul...

— Gilbert, dit James Burbank, il n'est pas un de nous qui ne demande à risquer sa vie dans l'intérêt commun. Mais, pour faire cette reconnaissance avec quelque chance de ne pas être aperçu, il faut être seul...

— C'est seul que j'irai.

— Non, mon fils, je te demande de rester avec nous, répondit M. Burbank. Mars suffira.

— Je suis prêt, mon maître ! »

Et Mars, sans en demander davantage, disparut dans l'ombre.

En même temps, James Burbank et les siens se préparèrent pour résister à n'importe quelle attaque. Les ballots furent déposés à terre. Les porteurs reprirent leurs armes. Tous, le fusil à la main, se blottirent derrière les fûts de cyprès, de manière à se réunir en un instant, si un mouvement de concentration devenait nécessaire.

De l'endroit que James Burbank occupait, on ne pouvait apercevoir le campement. Il fallait s'approcher d'une cinquantaine de pas pour que les feux, alors très affaiblis, devinssent visibles. De là, nécessité d'attendre que le métis fût de retour, avant de prendre le parti qu'exigeaient les circonstances. Très impatient, le jeune lieutenant s'était porté à quelques yards du lieu de halte.

Mars s'avançait alors avec une extrême prudence, ne quittant l'abri d'un tronc d'arbre que pour un autre. Il s'approchait ainsi avec moins de risques d'être aperçu. Il espérait arriver assez près pour observer la disposition des lieux, reconnaître le nombre des hommes, et surtout à quel parti ils appartenaient. Cela ne laisserait pas d'être assez difficile. La nuit était sombre, et les feux ne donnaient plus aucune clarté. Pour réussir, il fallait se glisser jusqu'au campement. Or, Mars avait assez d'audace pour le faire, assez d'adresse pour tromper la vigilance des sentinelles qui étaient de garde.

Cependant Mars gagnait du terrain. Afin de ne point être embarrassé, le cas échéant, il n'avait pris ni fusil ni revolver. Il n'était armé que d'une hache, car il convenait d'éviter toute détonation et de se défendre sans bruit.

Bientôt le brave métis ne fut plus qu'à très courte distance de l'un des hommes de garde, lequel n'était lui-même qu'à sept ou huit yards du campement. Tout était silencieux. Évidemment fatigués par une longue marche, ces gens dormaient d'un profond sommeil. Seules, les sentinelles veillaient à leur poste avec plus ou moins de vigilance — ce dont Mars ne tarda pas à s'apercevoir.

En effet, si l'un des hommes, qu'il observait depuis quelques instants, était debout, il ne remuait plus. Son fusil reposait sur le sol. Accoté contre un cyprès, la tête basse, il semblait prêt à succomber au sommeil. Peut-être ne serait-il pas impossible de se glisser derrière lui et d'atteindre ainsi la limite du campement.

Mars s'approchait lentement du factionnaire, lorsque le bruit d'une branche sèche qu'il venait de briser du pied, révéla soudain sa présence.

Aussitôt l'homme se redressa, releva la tête, se pencha, regarda à droite, à gauche.

Sans doute, il vit quelque chose de suspect, car il saisit son fusil et l'épaula...

Avant qu'il eût fait feu, Mars avait arraché l'arme braquée sur sa poitrine et terrassé le factionnaire, après lui avoir appliqué sa large main sur la bouche, sans qu'il eût pu jeter un cri.

Un instant après, cet homme était bâillonné, enlevé dans les bras du vigoureux métis, contre lequel il se défendait en vain, et rapidement emporté vers la clairière où se tenait James Burbank.

Rien n'avait donné l'éveil aux autres sentinelles qui gardaient le campement, — preuve qu'elles veillaient avec négligence. Quelques instants après, Mars arrivait avec son fardeau et le déposait aux pieds de son jeune maître.

En un instant, le groupe des noirs se fut resserré autour de James Burbank, le Gilbert, d'Edward Carrol, du régisseur Perry. L'homme, à demi suffoqué, n'aurait pu prononcer un seul mot, même sans bâillon. L'obscurité ne permettait ni de voir sa figure ni de reconnaître, à son vêtement, s'il faisait ou non partie de la milice floridienne.

Mars lui enleva le mouchoir qui comprimait sa bouche, et il fallut attendre qu'il eût repris ses sens pour l'interroger.

« A moi ! s'écria-t-il enfin.

— Pas un cri ! lui dit James Burbank en le contenant. Tu n'as rien à craindre de nous !

— Que me veut-on?...

— Que tu répondes franchement !

— Cela dépendra des questions que vous me ferez, répliqua cet homme qui venait de retrouver une certaine assurance. — Avant tout, êtes-vous pour le Sud ou pour le Nord ?

— Pour le Nord.

— Je suis prêt à répondre ! »

Ce fut Gilbert qui continua l'interrogatoire.

« Combien d'hommes, demanda-t-il, compte le détachement qui est campé là-bas?

— Près de deux cents.

— Et il se dirige?...

— Vers les Everglades.

— Quel est son chef?

— Le capitaine Howick !

— Quoi ! Le capitaine Howick, un des officiers du *Wasbah!* s'écria Gilbert

— Lui-même !

— Ce détachement est donc composé de marins de l'escadre du commodore Dupont?

— Oui, fédéraux, nordistes, anti-esclavagistes, unionistes ! » répondit l'homme, qui semblait tout fier d'énoncer ces diverses qualifications données au parti de la bonne cause.

Ainsi, au lieu d'une troupe de milices floridiennes que James Burbank et les siens croyaient avoir devant eux, au lieu d'une bande des partisans de Texar, c'étaient des amis qui leur arrivaient, c'étaient des compagnons d'armes, dont le renfort venait si à propos!

« Hurrah! hurrah! » s'écrièrent-ils avec une telle vigueur que tout le campement en fut réveillé.

Presque aussitôt, des torches brillaient dans l'ombre. On se rejoignait, on se réunissait dans la clairière, et le capitaine Howick, avant toute explication, serrait la main du jeune lieutenant, qu'il ne s'attendait guère à trouver sur la route des Everglades.

Les explications ne furent ni longues ni difficiles.

« Mon capitaine, demanda Gilbert, pouvez-vous m'apprendre ce que vous venez faire dans la Basse-Floride?

— Mon cher Gilbert, répondit le capitaine Howick, nous y sommes envoyés en expédition par le commodore.

— Et vous venez?...

— De Mosquito-Inlet, d'où nous avons d'abord gagné New-Smyrna dans l'intérieur du comté.

— Je vous demanderai alors, mon capitaine, quel est le but de votre expédition?

— Elle a pour but de châtier une bande de partisans sudistes, qui ont attiré deux de nos chaloupes dans un guet-apens, et de venger la mort de nos braves camarades! »

Et voici ce que raconta le capitaine Howick, — ce que ne pouvait connaître James Burbank, car le fait s'était passé deux jours après son départ de Camdless-Bay.

On n'a pas oublié que le commodore Dupont s'occupait alors d'organiser le blocus effectif du littoral. A cet effet, sa flottille battait la mer depuis l'île Anastasia, au-dessus de Saint-Augustine, jusqu'à l'ouvert du canal qui sépare les îles de Bahama du cap Sable, situé à la pointe méridionale de la Floride. Mais cela ne lui parut pas suffisant, et il résolut de traquer les embarcations sudistes jusque dans les petits cours d'eau de la péninsule.

C'est dans ce but qu'une de ces expéditions, comprenant un détachement de marins et deux chaloupes de l'escadre, fut envoyée sous le commandement de deux officiers, qui, malgré leur personnel restreint, n'hésitèrent pas à se lancer sur les rivières du comté.

Or, des bandes de sudistes surveillaient ces agissements des fédéraux. Ils laissèrent les chaloupes s'engager dans cette partie sauvage de la Floride, ce qui était une regrettable imprudence, puisque Indiens et milices occupaient cette région. Il en résulta ceci : c'est que les chaloupes furent attirées dans une embuscade du côté du lac Kissimmee, à quatre-vingts milles dans l'ouest du cap Malabar. Elles furent attaquées par de nombreux partisans, et là périrent, avec un certain nombre de matelots, les deux commandants qui dirigeaient cette funeste expédition. Les survivants ne regagnèrent Mosquito-Inlet que par miracle. Aussitôt le commodore Dupont ordonna de se mettre sans retard à la poursuite des milices floridiennes pour venger le massacre des fédéraux.

Un détachement de deux cents marins, sous les ordres du capitaine Howick, fut donc débarqué près de Mosquito-Inlet. Il eut bientôt atteint la petite ville de New-Smyrna, à quelques milles de la côte. Après avoir pris les renseignements qui lui étaient nécessaires, le capitaine Howick se mit en marche vers le sud-ouest. En effet, c'était aux Everglades, où il comptait rencontrer le parti auquel on attribuait le guet-apens de Kissimmee, qu'il conduisait son détachement, et il ne s'en trouvait plus qu'à une assez courte distance.

Tel était le fait qu'ignoraient James Burbank et ses compagnons, au moment où ils venaient d'être rejoints par le capitaine Howick dans cette partie de la cyprière.

Alors demandes et réponses de s'échanger rapidement entre le capitaine et le lieutenant à propos de tout ce qui pouvait les intéresser dans le présent et pour l'avenir.

« Tout d'abord, dit Gilbert, apprenez que, nous aussi, nous marchons vers les Everglades.

— Vous aussi ? répondit l'officier, très surpris de cette communication. Qu'allez-vous y faire ?

Mars s'approchait lentement. (Page 348.)

— Poursuivre des coquins, mon capitaine, et les punir comme ceux que vous allez châtier!

— Quels sont ces coquins?

— Avant de vous répondre, mon capitaine, demanda Gilbert, permettez-moi de vous poser une question. Depuis quand avez-vous quitté New-Smyrna avec vos hommes?

— Depuis huit jours.

« Il sera fusillé sur place ! » répondit le capitaine. (Page 354.)

— Et vous n'avez rencontré aucun parti sudiste dans l'intérieur du comté ?

— Aucun, mon cher Gilbert, répondit le capitaine Howick. Mais nous savons de source sûre que certains détachements des milices se sont réfugiés dans la Basse-Floride.

— Quel est donc le chef de ce détachement que vous poursuivez ? Le connaissez-vous ?

— Parfaitement, et j'ajoute même que, si nous parvenons à nous emparer de sa personne, monsieur Burbank n'aura pas à le regretter.

— Que voulez-vous dire?... demanda vivement James Burbank au capitaine Howick.

— Je veux dire que ce chef est précisément l'Espagnol que le Conseil de guerre de Saint-Augustine a récemment acquitté, faute de preuves, dans l'affaire de Camdless-Bay...

— Texar? »

Tous venaient de jeter ce nom, et avec quel accent de surprise, on l'imaginera sans peine!

« Comment, s'écria Gilbert, c'est Texar, le chef de ces partisans que vous cherchez à atteindre?

— Lui-même! Il est l'auteur du guet-apens de Kissimmee, de ce massacre accompli par une cinquantaine de coquins de son espèce qu'il commandait en personne, et, ainsi que nous l'avons appris à New-Smyrna, il s'est réfugié dans la région des Everglades.

— Et si vous parvenez à vous emparer de ce misérable?... demanda Edward Carrol.

— Il sera fusillé sur place, répondit le capitaine Howick. C'est l'ordre formel du commodore, et cet ordre, monsieur Burbank, tenez pour assuré qu'il sera immédiatement mis à exécution! »

On se figure aisément l'effet que cette révélation produisit sur James Burbank et les siens. Avec le renfort amené par le capitaine Howick, c'était la délivrance presque certaine de Dy et de Zermah, c'était la capture assurée de l'Espagnol et de ses complices, c'était l'immanquable châtiment qui punirait enfin tant de crimes. Aussi, que de bonnes poignées de main s'échangèrent entre les marins du détachement fédéral et les noirs amenés de Camdless-Bay, et comme les hurrahs retentirent avec entrain!

Gilbert mit alors le capitaine Howick au courant de ce que ses compagnons et lui venaient faire dans le sud de la Floride. Pour eux, avant tout, il s'agissait de délivrer Zermah et l'enfant, entraînées jusqu'à l'île Carneral, ainsi que l'indiquait le billet de la métisse. Le capitaine apprit en même temps que l'alibi, invoqué par l'Espagnol devant le Conseil de guerre, n'aurait dû obtenir aucune créance, bien qu'on ne parvînt pas à comprendre comment il avait pu l'établir. Mais, ayant à répondre maintenant du rapt et du massacre de Kissimmee, il paraissait difficile que Texar pût échapper au châtiment de ce double crime.

Toutefois, une observation inattendue fut faite par James Burbank, qui s'adressa au capitaine Howick :

« Pouvez-vous me dire, demanda-t-il, à quelle date s'est passé le fait relatif aux chaloupes fédérales ?

— Exactement, monsieur Burbank. C'est le 22 mars que nos marins ont été massacrés.

— Eh bien, répondit James Burbank, à la date du 22 mars, Texar était encore à la Crique-Noire, qu'il se préparait seulement à quitter. Dès lors, comment aurait-il pris part au massacre qui se faisait à deux cents milles de là, près du lac Kissimmee ?

— Vous dites ?... s'écria le capitaine.

— Je dis que Texar ne peut être le chef de ces sudistes qui ont attaqué vos chaloupes !

— Vous vous trompez, monsieur Burbank, reprit le capitaine Howick. L'Espagnol a été vu par les marins échappés au désastre. Ces marins, je les ai interrogés moi-même, et ils connaissaient Texar qu'ils avaient eu toute facilité de voir à Saint-Augustine.

— Cela ne peut être, capitaine, répliqua James Burbank. Le billet écrit par Zermah, billet qui est entre nos mains, prouve qu'à la date du 22 mars, Texar était encore à la Crique-Noire. »

Gilbert avait écouté sans interrompre. Il comprenait que son père devait avoir raison. L'Espagnol n'avait pu se trouver, le jour du massacre, aux environs du lac Kissimmee.

« Qu'importe, après tout ! dit-il alors. Il y a dans l'existence de cet homme des choses si inexplicables que je ne chercherai pas à les débrouiller. Le 22 mars, il était encore à la Crique-Noire, c'est Zermah qui le dit. Le 22 mars, il était à la tête d'un parti floridien à deux cents milles de là, c'est vous qui le dites d'après le rapport de vos marins, mon capitaine. Soit! Mais, ce qui est certain, c'est qu'il est maintenant aux Éverglades. Or, dans quarante-huit heures, nous pouvons l'avoir atteint!

— Oui, Gilbert, répondit le capitaine Howick, et, que ce soit pour le rapt ou pour le guet-apens, si l'on fusille ce misérable, je le tiendrai pour justement fusillé! En route! »

Le fait n'en était pas moins absolument incompréhensible, comme tant d'autres qui se rapportaient à la vie privée de Texar. Il y avait encore là quelque inexplicable alibi, et on eût dit que l'Espagnol possédait véritablement le pouvoir de se dédoubler.

Ce mystère s'éclaircirait-il? on ne pouvait l'affirmer. Quoi qu'il en soit, il fallait s'emparer de Texar, et c'est à cela qu'allaient tendre les marins du capitaine Howick réunis aux compagnons de James Burbank.

XI

LES ÉVERGLADES

Une région à la fois horrible et superbe, ces Éverglades. Situées dans la partie méridionale de la Floride, elles se prolongent jusqu'au cap Sable, dernière pointe de la péninsule. Cette région, à vrai dire, n'est qu'un immense marais presque au niveau de l'Atlantique. Les eaux de la mer l'inondent par grandes masses, lorsque les tempêtes de l'Océan ou du golfe du Mexique les y précipitent, et elles restent mélangées avec les eaux du ciel que la saison hivernale déverse en épaisses cataractes. De là, une contrée, moitié liquide, moitié solide, dont l'habitabilité est presque impossible.

Pour ceinture, ces eaux ont des cadres de sable blanc, qui en accusent vivement la couleur sombre, miroirs multiples où se réfléchit seulement le vol des innombrables oiseaux qui passent à leur surface. Elles ne sont pas poissonneuses, mais les serpents y pullulent.

Il ne faudrait pas croire, cependant, que le caractère général de cette région soit l'aridité. Non, et c'est précisément à la surface des îles, baignées par les eaux malsaines des lacs, que la nature reprend ses droits. La malaria est, pour ainsi dire, vaincue par les parfums que répandent les admirables fleurs de cette zone. Les îles sont embaumées des odeurs de mille plantes, épanouies avec une splendeur qui justifie le poétique nom de la péninsule floridienne. Aussi est-ce en ces oasis salubres des Everglades que les Indiens nomades vont se réfugier pendant leurs haltes, dont la durée n'est jamais longue.

Lorsqu'on a pénétré de quelques milles sur ce territoire, on trouve une assez vaste nappe d'eau, le lac Okee-cho-bee, situé un peu au-dessous du vingt-septième parallèle. C'était dans un angle de ce lac que gisait l'île Carneral, où Texar s'était assuré une retraite inconnue, dans laquelle il pouvait défier toute poursuite.

Contrée digne de Texar et de ses compagnons! Alors que la Floride appartenait encore aux Espagnols, n'est-ce pas là, plus particulièrement, que s'enfuyaient les malfaiteurs de race blanche, afin d'échapper à la justice de leur pays? Mêlés aux populations indigènes, chez lesquelles se retrouve encore le sang caraïbe, n'ont-ils pas fait souche de ces Creeks, de ces Séminoles, de ces Indiens nomades, qu'il a fallu réduire par une longue et sanglante guerre, et dont la soumission, plus ou moins complète, ne date que de 1845?

L'île Carneral semble devoir être à l'abri de toute agression. Dans sa partie orientale, il est vrai, elle n'est séparée que par un étroit canal de la terre ferme — si l'on peut donner ce nom au marécage qui entoure le lac. Ce canal mesure une centaine de pieds qu'il faut franchir avec une barge grossière. Nul autre moyen de communication.

S'échapper de ce côté, passer à la nage, c'est impossible. Comment oserait-on se risquer à travers ces eaux limoneuses, hérissées de longues herbes enlaçantes et qui fourmillent de reptiles?

Au delà se dresse la cyprière, avec ses terrains à demi submergés qui n'offrent que d'étroits passages, très difficiles à reconnaître. Et, en outre, que d'obstacles! un sol argileux qui s'attache au pied comme une glu, des troncs énormes jetés en travers, une odeur de moisissure qui suffoque! Là poussent aussi de redoutables plantes, des phylacies, dont le contact est plus venimeux que celui des chardons, et, surtout, des milliers de ces « pézizes, » champignons gigantesques qui sont explosifs comme s'ils renfermaient des charges de fulmi-coton ou de dynamite. En effet, au moindre choc, il se produit une violente détonation. En un instant, l'atmosphère s'emplit de volutes rougeâtres. Cette poussière de spores ténues prend à la gorge et engendre une éruption de brûlantes pustules. Il n'est donc que prudent d'éviter ces végétations malfaisantes, comme on évite les plus dangereux animaux du monde tératologique.

L'habitation de Texar n'était rien de plus qu'un ancien wigwam indien, construit en paillis sous le couvert de grands arbres, dans la partie orientale de l'île. Entièrement caché au milieu de la verdure, on ne pouvait l'apercevoir, même de la rive la plus proche. Les deux limiers le gardaient avec autant de vigilance qu'ils gardaient le blockhaus de la Crique-Noire. Instruits autrefois à donner la chasse à l'homme, ils auraient mis en pièces quiconque se fût approché du wigwam.

C'était là que, depuis deux jours, Zermah et la petite Dy avaient été conduites. Le voyage, assez facile en remontant le cours du Saint-John jusqu'au lac Washington, était devenu très rude à travers la cyprière, même pour des hommes vigoureux, habitués à ce climat malsain, accoutumés aux longues marches au milieu des forêts et des marécages. Que l'on juge de ce qu'avaient dû souffrir une femme et une enfant! Zermah était forte, cependant, courageuse et dévouée. Pendant tout ce trajet, elle portait Dy, qui eût vite usé ses petites jambes à faire ces longues étapes. Zermah se fût traînée sur les genoux pour lui épargner une fatigue. Aussi était-elle à bout de forces, quand elle arriva à l'île Carneral.

Et maintenant, après ce qui s'était passé au moment où Texar et Squambô l'entraînaient hors de la Crique-Noire, comment n'eût-elle pas désespéré? Si elle ignorait que le billet remis par elle au jeune esclave était tombé entre les mains de James Burbank, du moins savait-elle qu'il avait payé de sa vie l'acte de dévouement qu'il voulait accomplir pour la sauver. Surpris au moment où il cherchait à quitter l'îlot pour se rendre à Camdless-Bay, il avait été frappé mortellement. Et alors la métisse se disait que James Burbank ne serait jamais instruit de ce qu'elle avait appris du malheureux noir, c'est-à-dire que l'Espagnol et son personnel se préparaient à partir pour l'île Carneral. Dans ces conditions, comment parviendrait-on à se lancer sur ses traces?

Zermah ne pouvait donc plus conserver l'ombre d'un espoir. En outre toute chance de salut allait s'évanouir au milieu de cette région dont elle connaissait, par ouï dire, les sauvages horreurs. Elle ne le savait que trop! Aucune évasion ne serait possible!

En arrivant, la petite fille se trouvait dans un état d'extrême faiblesse. La fatigue, d'abord, malgré les soins incessants de Zermah, puis l'influence d'un climat détestable, avaient profondément altéré sa santé. Pâle, amaigrie, comme si elle eût été empoisonnée par les émanations de ces marécages, elle n'avait plus la force de se tenir debout, à peine celle de prononcer quelques paroles, et c'était toujours pour demander sa mère. Zermah ne pouvait plus lui dire, comme elle le faisait pendant les premiers jours de leur arrivée à la Crique-Noire, qu'elle reverrait bientôt Mme Burbank, que son père, son frère, miss Alice, Mars, ne tarderaient pas à les rejoindre. Avec son intelligence si précoce et comme affinée déjà par le malheur depuis les scènes épouvantables de la plantation, Dy comprenait qu'elle avait été arrachée du foyer maternel, qu'elle était entre les mains d'un méchant homme, que si on ne venait pas à son secours, elle ne reverrait plus Camdless-Bay.

Maintenant, Zermah ne savait que répondre, et, malgré tout son dévouement, voyait la pauvre enfant dépérir.

Le wigwam n'était, on l'a dit, qu'une grossière cabane qui eut été très insuffisante pendant la période hivernale. Alors le vent et la pluie le pénétraient de toutes parts. Mais, dans la saison chaude, dont l'influence se faisait déjà sentir sous cette latitude, elle pouvait au moins protéger ses hôtes contre les ardeurs du soleil.

Ce wigwam était divisé en deux chambres d'inégale grandeur : l'une, assez étroite, à peine éclairée, ne communiquait pas directement avec l'extérieur et s'ouvrait sur l'autre chambre. Celle-ci, assez vaste, prenait jour par une porte ménagée sur la façade principale, c'est-à-dire sur celle qui regardait la berge du canal.

Zermah et Dy avaient été reléguées dans la petite chambre, où elles n'eurent à leur disposition que quelques ustensiles et une litière d'herbe qui servait de couchette.

L'autre chambre était occupée par Texar et l'Indien Squambô, lequel ne quittait jamais son maître. Là, pour meubles, il y avait une table avec plusieurs cruches d'eau-de-vie, des verres et quelques assiettes, une sorte d'armoire aux provisions, un tronc à peine équarri pour banc, deux bottes d'herbes pour toute literie. Le feu nécessaire à l'apprêt des repas, on le faisait dans un foyer de pierre disposé à l'extérieur, dans l'angle du wigwam. Il suffisait aux besoins d'une alimentation qui ne se composait que de viande séchée, de venaison dont un chasseur pouvait facilement s'approvisionner sur l'île, de légumes et de fruits presque à l'état sauvage — enfin de quoi ne pas mourir de faim.

Quant aux esclaves, au nombre d'une demi-douzaine, que Texar avait amenés de la Crique-Noire, ils couchaient dehors, comme les deux chiens, et, comme eux, ils veillaient aux abords du wigwam, n'ayant pour abri que les grands arbres, dont les basses branches s'entremêlaient au-dessus de leur tête.

Cependant, dès le premier jour, Dy et Zermah eurent la liberté d'aller et de venir. Elles ne furent point emprisonnées dans leur chambre, si elles l'étaient dans l'île Carneral. On se contentait de les surveiller — précaution bien inutile, car il était impossible de franchir le canal sans se servir de la barge que gardait sans cesse un des noirs. Pendant qu'elle promenait la petite fille, Zermah se fut bientôt rendu compte des difficultés que présenterait une évasion.

Deux noirs battaient la surface du canal. (Page 362.)

Ce jour-là, si la métisse ne fut pas perdue de vue par Squambô, elle ne rencontra point Texar. Mais, la nuit venue, elle entendit la voix de l'Espagnol. Il échangeait quelques paroles avec Squambô, auquel il recommandait une surveillance sévère. Et bientôt, sauf Zermah, tous dormaient dans le wigwam.

Jusqu'alors, il faut le dire, Zermah n'avait pu tirer une seule parole de Texar. En remontant le fleuve vers le lac Washington, elle l'avait inutilement interrogé sur ce qu'il comptait faire de l'enfant et d'elle, allant même des supplications aux menaces.

Pendant qu'elle parlait, l'Espagnol se contentait de fixer sur elle ses yeux froids et méchants. Puis, haussant les épaules, il faisait le geste d'un homme qu'on importune et dédaignait de répondre.

Toutefois, Zermah ne se tenait pas pour battue. Arrivée à l'île Carneral, elle prit la résolution de se retrouver avec Texar, afin d'exciter sa pitié, sinon pour elle, du moins pour cette malheureuse enfant, ou, à défaut de pitié, de le prendre par l'intérêt.

L'occasion se présenta.

Le lendemain, pendant que la petite fille sommeillait, Zermah se dirigea vers le canal.

Texar se promenait en ce moment sur la rive. Il donnait, avec Squambô, quelques ordres à ses esclaves occupés d'un travail de faucardement pour dégager les herbes, dont l'accumulation rendait assez difficile le fonctionnement de la barge.

Pendant cette besogne, deux noirs battaient la surface du canal avec de longues perches, afin d'effrayer les reptiles dont les têtes se dressaient hors des eaux.

Un instant après, Squambô quitta son maître, et celui-ci se disposait à s'éloigner, lorsque Zermah alla droit à lui.

Texar la laissa venir, et, quand la métisse l'eut rejoint, il s'arrêta.

« Texar, dit Zermah d'un ton ferme, j'ai à vous parler. Ce sera la dernière fois, sans doute, et je vous prie de m'entendre. »

L'Espagnol, qui venait d'allumer une cigarette, ne répondit pas. Aussi Zermah, après avoir attendu quelques instants, reprit-elle en ces termes :

« Texar, voulez-vous me dire enfin ce que vous comptez faire de Dy Burbank? »

Nulle réponse.

« Je ne chercherai pas, ajouta la métisse, à vous apitoyer sur mon propre sort. Il ne s'agit que de cette enfant dont la vie est compromise, et qui vous échappera bientôt... »

Devant cette affirmation, Texar fit un geste qui trahissait la plus absolue incrédulité.

« Oui, bientôt, reprit Zermah. Si ce n'est pas par la fuite, ce sera par la mort ! »

L'Espagnol, après avoir rejeté lentement la fumée de sa cigarette, se contenta de répondre :

« Bah ! La petite fille se remettra avec quelques jours de repos, et je compte sur tes bons soins, Zermah, pour nous conserver cette précieuse existence !

— Non, je vous le répète, Texar. Avant peu, cette enfant sera morte, et morte sans profit pour vous !

— Sans profit, répliqua Texar, quand je la tiens loin de sa mère mourante, de son père, de son frère, réduits au désespoir !

— Soit ! dit Zermah. Aussi êtes-vous assez vengé, Texar, et, croyez-moi, vous auriez plus d'avantages à rendre cette enfant à sa famille qu'à la retenir ici.

— Que veux-tu dire?

— Je veux dire que vous avez assez fait souffrir James Burbank. Maintenant votre intérêt doit parler...

— Mon intérêt?...

— Assurément, Texar, répondit Zermah en s'animant. La plantation de Camdless-Bay a été dévastée, madame Burbank est mourante, peut-être morte au moment où je vous parle, sa fille a disparu, et son père chercherait vainement à retrouver ses traces. Tous ces crimes, Texar, ont été commis par vous, je le sais, moi ! J'ai le droit de vous le dire en face. Mais prenez garde ! Ces crimes se découvriront un jour. Eh bien, pensez au châtiment qui vous atteindra. Oui ! Votre intérêt vous commande d'avoir pitié. Je ne parle pas pour moi, que mon mari ne retrouvera plus à son retour. Non ! je ne parle que pour cette pauvre petite qui va mourir. Gardez-moi, si vous le voulez, mais renvoyez cette enfant à Camdless-Bay, rendez-la à sa mère. On ne vous demandera plus jamais compte du passé. Et même, si vous l'exigez, ce sera à prix d'or que l'on vous payera la liberté de cette petite fille,

Texar, si je prends sur moi de vous parler ainsi, de vous proposer cet échange, c'est que je connais jusqu'au fond de leur cœur James Burbank et les siens. C'est qu'ils sacrifieraient, je le sais, toute leur fortune pour sauver cette enfant, et, j'en atteste Dieu, ils tiendront la promesse que vous fait leur esclave!

— Leur esclave?... s'écria Texar ironiquement. Il n'y a plus d'esclaves à Camdless-Bay!

— Si, Texar, car, pour rester près de mon maître, je n'ai pas accepté d'être libre!

— Vraiment, Zermah, vraiment! répondit l'Espagnol. Eh bien, puisqu'il ne te répugne pas d'être esclave, nous saurons nous entendre. Il y a six ou sept ans, j'ai voulu t'acheter à mon ami Tickborn. J'ai offert de toi, de toi seule, une somme considérable, et tu m'appartiendrais depuis cette époque, si James Burbank n'était venu t'enlever à son profit. Maintenant, je t'ai et je te garde.

— Soit! Texar, répondit Zermah, je serai votre esclave. Mais, cette enfant, ne la rendrez-vous pas?...

— La fille de James Burbank, répliqua Texar avec l'accent de la plus violente haine, la rendre à son père?... Jamais!

— Misérable! s'écria Zermah que l'indignation emportait. Eh bien, si ce n'est pas son père, c'est Dieu qui l'arrachera de tes mains! »

Un ricanement, un haussement d'épaules, ce fut toute la réponse de l'Espagnol. Il avait roulé une seconde cigarette qu'il alluma tranquillement au reste de la première, et il s'éloigna en remontant la rive du canal, sans même regarder Zermah.

Certes, la courageuse métisse l'aurait frappé comme une bête fauve au risque d'être massacrée par Squambô et ses compagnons, si elle avait eu une arme. Mais elle ne pouvait rien. Immobile, elle regardait les noirs travaillant sur la berge. Nulle part un visage ami, rien que des faces farouches de brutes qui ne semblaient plus appartenir à l'humanité. Elle rentra dans le wigwam pour reprendre son rôle de mère près de l'enfant qui l'appelait d'une voix faible.

Zermah essaya de consoler la pauvre petite créature qu'elle prit dans ses bras. Ses baisers la ranimèrent un peu. Elle lui fit une boisson chaude qu'elle prépara au foyer extérieur près duquel elle venait de la transporter. Elle lui donna tous les soins que lui permettaient son dénuement et son abandon. Dy la remerciait d'un sourire... Et quel sourire!... plus triste que n'eussent été des larmes!

Zermah ne revit pas l'Espagnol de toute la journée. Elle ne le recherchait plus d'ailleurs. A quoi bon? Il ne reviendrait pas à d'autres sentiments, et la situation s'empirerait avec de nouvelles récriminations.

En effet, si jusqu'alors, pendant son séjour à la Crique-Noire et depuis son arrivée à l'île Carneral, les mauvais traitements avaient été épargnés à l'enfant comme à Zermah, elle avait tout à craindre d'un tel homme. Il suffisait d'un accès de fureur pour qu'il se laissât emporter aux dernières violences. Aucune pitié ne pouvait sortir de cette âme perverse, et, puisque son intérêt ne l'avait pas emporté sur sa haine, Zermah devait renoncer à tout espoir dans l'avenir. Quant aux compagnons de l'Espagnol, Squambô, les esclaves, comment leur demander d'être plus humains que leur maître? Ils savaient quel sort attendait celui d'entre eux qui eût seulement témoigné un peu de sympathie. De ce côté, il n'y avait rien à espérer. Zermah était donc livrée à elle seule. Son parti fut pris. Elle résolut de tenter de s'enfuir dès la nuit suivante.

Mais de quelle façon? Ne fallait-il pas que la ceinture d'eau qui entourait l'île Carneral fût franchie. Si, devant le wigwam, cette partie du lac n'offrait que peu de largeur, on ne pouvait pas, cependant, la traverser à la nage. Restait donc une seule chance : s'emparer de la barge pour atteindre l'autre bord du canal.

Le soir arriva, puis la nuit qui devait être très obscure, mauvaise même, car la pluie commençait à tomber et le vent menaçait de se déchaîner sur le marécage.

S'il était impossible que Zermah sortît du wigwam par la porte de la grande chambre, peut-être ne lui serait-il pas difficile de faire un trou dans le mur de paillis, de passer par ce trou, d'attirer Dy après elle. Une fois au dehors, elle aviserait.

Vers dix heures, on n'entendait plus à l'extérieur que les sifflements de la rafale. Texar et Squambô dormaient. Les chiens, blottis sous quelque fourré, ne rôdaient même pas autour de l'habitation.

Le moment était favorable.

Tandis que Dy reposait sur la couche d'herbes, Zermah commença à retirer doucement la paille et les roseaux qui s'enchevêtraient dans le mur latéral du wigwam.

Au bout d'une heure, le trou n'était pas encore suffisant pour que la petite fille et elle pussent y trouver passage, et elle allait continuer de l'agrandir, quand un bruit l'arrêta soudain.

Ce bruit se produisait dehors au milieu de l'obscurité profonde. C'étaient les aboiements des limiers qui signalaient quelques allées et venues sur la berge. Texar et Squambô, subitement réveillés, quittèrent précipitamment leur chambre.

Des voix se firent alors entendre. Évidemment, une troupe d'hommes venait d'arriver sur la rive opposée du canal. Zermah dut suspendre sa tentative d'évasion, irréalisable en ce moment.

Bientôt, malgré les grondements de la rafale, il fut facile de distinguer des bruits de pas nombreux sur le sol.

Zermah, l'oreille tendue, écoutait. Que se passait-il? La providence avait-elle pitié d'elle? Lui envoyait-elle un secours sur lequel elle ne pouvait plus compter?

Non, et elle le comprit. N'y aurait-il pas eu lutte entre les arrivants et les gens de Texar, attaque pendant la traversée du canal, cris de part et d'autre, détonations d'armes à feu? Et rien de tout cela. C'était plutôt un renfort qui venait à l'île Carneral.

Un instant après, Zermah observa que deux personnes rentraient dans le wigwam. L'Espagnol était accompagné d'un autre homme qui ne pouvait être Squambô, puisque la voix de l'Indien se faisait encore entendre au dehors, du côté du canal.

Deux hommes, cependant, étaient dans la chambre. Ils avaient commencé à causer en baissant la voix, lorsqu'ils s'interrompirent.

L'un d'eux, une lanterne à la main, venait de se diriger vers la chambre de Zermah. Celle-ci n'eut que le temps de se jeter sur la litière d'herbe, de manière à cacher le trou fait au mur latéral.

Texar — c'était lui — entrouvrit la porte, regarda dans la chambre, aperçut la métisse étendue près de la petite fille et qui semblait dormir profondément. Puis il se retira.

Zermah vint alors reprendre sa place derrière la porte qui avait été refermée.

Si elle ne pouvait rien voir de ce qui se passait dans la chambre, ni reconnaître l'interlocuteur de Texar, elle pouvait entendre.

Et voici ce qu'elle entendit.

XII

CE QU'ENTEND ZERMAH

« Toi, à l'île Carneral?

— Oui, depuis quelques heures.

— Je te croyais à Adamsville[1], aux environs du lac Apopka[2]?

— J'y étais il y a huit jours.

— Et pourquoi es-tu venu?

— Il le fallait.

— Nous ne devions jamais nous rencontrer, tu le sais, que dans le marais de la Crique-Noire, et seulement lorsque quelques lignes de toi m'en donnaient avis!

— Je te le répète, il m'a fallu partir précipitamment et me réfugier aux Everglades.

1. Petite ville du comté de Putnam.
2. Lac qui alimente un des principaux affluents du Saint-John.

Un haussement d'épaules, ce fut toute la réponse. (Page 364.)

— Pourquoi?

— Tu vas l'apprendre.

— Ne risques-tu pas de nous compromettre?...

— Non! Je suis arrivé de nuit, et aucun de tes esclaves n'a pu me voir. »

Si, jusqu'alors, Zermah ne comprenait rien à cette conversation, elle ne devinait pas, non plus, qui pouvait être cet hôte inattendu du wigwam. Il y avait là certainement deux hommes qui parlaient, et il semblait,

Zermah, l'oreille tendue, écoutait. (Page 366.)

cependant, que ce fût un seul homme qui fît demandes et réponses. Même inflexion de la voix, même sonorité. On eût dit que toutes ces paroles sortaient de la même bouche. Zermah essayait vainement de regarder à travers quelque interstice de la porte. La chambre, faiblement éclairée, restait dans une demi-ombre qui ne permettait pas de distinguer le moindre objet. La métisse dut donc se borner à surprendre le plus possible de cette conversation qui pouvait être d'une extrême importance pour elle.

Après un moment de silence, les deux hommes avaient continué comme il suit. Évidemment, ce fut Texar qui posa cette question :

« Tu n'es pas venu seul?

— Non, et quelques-uns de nos partisans m'ont accompagné jusqu'aux Everglades.

— Combien sont-ils?

— Une quarantaine.

— Ne crains-tu pas qu'ils soient mis au courant de ce que nous avons pu dissimuler depuis si longtemps?

— Aucunement. Ils ne nous verront jamais ensemble. Quand ils quitteront l'île Carneral, ils n'auront rien su, et rien ne sera changé au programme de notre vie! »

En ce moment, Zermah crut entendre le froissement de deux mains qui venaient de se serrer.

Puis, la conversation fut reprise en ces termes :

« Que s'est-il donc passé depuis la prise de Jacksonville?

— Une affaire assez grave. Tu sais que Dupont s'est emparé de Saint-Augustine?

— Oui, je le sais, et toi, sans doute, tu n'ignores pas pourquoi je dois le savoir!

— En effet! L'histoire du train de Fernandina est venue à propos pour te permettre d'établir un alibi qui a mis le Conseil dans l'obligation de t'acquitter!

— Et il n'en avait guère envie! Bah!... Ce n'est pas la première fois que nous échappons ainsi...

— Et ce ne sera pas la dernière. Mais peut-être ignores-tu quel a été le but des fédéraux en occupant Saint-Augustine? Ce n'était pas tant pour réduire la capitale du comté de Saint-John que pour organiser le blocus du littoral de l'Atlantique.

— Je l'ai entendu dire.

— Eh bien, surveiller la côte depuis l'embouchure du Saint-John jusqu'aux îles de Bahama, cela n'a pas paru suffisant à Dupont, qui a voulu poursuivre la contrebande de guerre dans l'intérieur de la Floride. Il s'est donc décidé à envoyer deux chaloupes avec un détachement de marins, commandés par deux officiers de l'escadre. — Avais-tu connaissance de cette expédition ?

— Non.

— Mais à quelle date as-tu donc quitté la Crique-Noire ?... Quelques jours après ton acquittement ?...

— Oui ! Le 22 de ce mois.

— En effet, l'affaire est du 22. »

Il faut faire observer que Zermah, non plus, ne pouvait rien savoir du guet-apens de Kissimmee, dont le capitaine Howick avait parlé à Gilbert Burbank, lors de leur rencontre dans la forêt.

Elle apprit donc alors, en même temps que l'apprit l'Espagnol, comment, après l'incendie des chaloupes, c'est à peine si une douzaine de survivants avaient pu porter au commodore la nouvelle de ce désastre.

« Bien !... Bien ! s'écria Texar. Voilà une heureuse revanche de la prise de Jacksonville, et puissions-nous attirer encore ces damnés nordistes au fond de notre Floride ! Ils y resteront jusqu'au dernier !

— Oui, jusqu'au dernier, reprit l'autre, surtout s'ils s'aventurent au milieu de ces marécages des Everglades. Et précisément, nous les y verrons avant peu.

— Que veux-tu dire ?

— Que Dupont a juré de venger la mort de ses officiers et de ses marins. Aussi une nouvelle expédition a-t-elle été envoyée dans le sud du comté de Saint-Jean.

— Les fédéraux viennent de ce côté ?...

— Oui, mais plus nombreux, bien armés, se tenant sur leurs gardes, se défiant des embuscades !

— Tu les as rencontrés ?...

— Non, car nos partisans ne sont pas en force, cette fois, et nous avons dû reculer. Mais, en reculant, nous les attirons peu à peu. Lorsque nous aurons réuni les milices qui battent le territoire, nous tomberons sur eux, et pas un n'échappera !

— D'où sont-ils partis?

— De Mosquito-Inlet.

— Par où viennent-ils?

— Par la cyprière.

— Où peuvent-ils être en ce moment?

— A quarante milles environ de l'île Carneral.

— Bien, répondit Texar. Il faut les laisser s'engager vers le sud, car il n'y a pas un jour à perdre pour concentrer les milices. S'il le faut, dès demain, nous partirons pour chercher refuge du côté du canal de Bahama...

— Et là, si nous étions trop vivement pressés avant d'avoir pu réunir nos partisans, nous trouverions une retraite assurée dans les îles anglaises! »

Les divers sujets, qui venaient d'être traités dans cette conversation, étaient du plus grand intérêt pour Zermah. Si Texar se décidait à quitter l'île emmènerait-il ses prisonnières ou les laisserait-il au wigwam sous la garde de Squambô? Dans ce dernier cas, il conviendrait de ne tenter l'évasion qu'après le départ de l'Espagnol. Peut-être, alors, la métisse pourrait-elle agir avec plus de chances de succès. Et puis, ne pouvait-il se faire que le détachement fédéral, qui parcourait en ce moment la Basse-Floride, arrivât sur les bords du lac Okee-cho-bee, en vue de l'île Carneral?

Mais tout cet espoir auquel Zermah venait de se reprendre, s'évanouit aussitôt.

En effet, à la demande qui lui fut posée sur ce qu'il ferait de la métisse et de l'enfant, Texar répondit sans hésiter :

« Je les emmènerai, s'il le faut, jusqu'aux îles de Bahama

— Cette petite fille pourra-t-elle supporter les fatigues de ce nouveau voyage?...

— Oui! j'en réponds, et, d'ailleurs, Zermah saura bien les lui éviter pendant la route!...

— Cependant, si cette enfant venait à mourir?...

— J'aime mieux la voir morte que de la rendre à son père!

— Ah! tu hais bien ces Burbank!...

— Autant que tu les hais toi-même! »

Zermah, ne se contenant plus, fut sur le point de repousser la porte pour se mettre face à face avec ces deux hommes, si semblables l'un à l'autre, non seulement par la voix, mais par les mauvais instincts, par le manque absolu de conscience et de cœur. Elle parvint à se maîtriser, pourtant. Mieux valait entendre jusqu'à la dernière les paroles qui s'échangeaient entre Texar et son complice. Lorsque leur conversation serait achevée, peut-être s'endormiraient-ils? Alors il serait temps d'accomplir une évasion devenue nécessaire, avant que le départ se fût effectué.

Évidemment, l'Espagnol se trouvait dans la situation d'un homme qui a tout à apprendre de celui qui lui parle. Aussi fut-ce lui qui continua d'interroger.

« Qu'y a-t-il de nouveau dans le nord? demanda-t-il.

— Rien de très important. Malheureusement, il semble que les fédéraux aient l'avantage, et il est à craindre que la cause de l'esclavage soit finalement perdue!

— Bah! fit Texar d'un ton d'indifférence.

— Au fait, nous ne sommes ni pour le Sud ni pour le Nord! répondit l'autre.

— Non, et ce qui nous importe, pendant que les deux partis se déchirent, c'est de toujours être du côté où il y a le plus à gagner! »

En parlant ainsi, Texar se révélait tout entier. Pêcher dans l'eau trouble de la guerre civile, c'était uniquement à quoi prétendaient ces deux hommes.

« Mais, ajouta-t-il, que s'est-il passé plus spécialement en Floride depuis huit jours?

— Rien que tu ne saches. Stevens est toujours maître du fleuve jusqu'à Picolata.

— Et il ne semble pas qu'il veuille remonter, au delà, le cours du Saint-John?...

— Non, les canonnières ne cherchent point à reconnaître le sud du comté. D'ailleurs, je crois que cette occupation ne tardera pas à prendre fin, et, dans ce cas, le fleuve tout entier serait rendu à la circulation des confédérés!

— Que veux-tu dire?

— Le bruit court que Dupont a l'intention d'abandonner la Floride, en n'y laissant que deux ou trois navires pour le blocus des côtes!

— Serait-il possible?

— Je te répète qu'il en est question, et, si cela est, Saint-Augustine sera bientôt évacuée.

— Et Jacksonville?...

— Jacksonville également.

— Mille diables! Je pourrais donc y revenir, reformer notre Comité, reprendre la place que les fédéraux m'ont fait perdre! Ah! maudits nordistes, que le pouvoir me revienne, et l'on verra comment j'en userai!...

— Bien dit!

— Et si James Burbank, si sa famille, n'ont pas encore quitté Camdless-Bay, si la fuite ne les a pas soustraits à ma vengeance, ils ne m'échapperont plus!

— Et je t'approuve! Tout ce que tu as souffert par cette famille, je l'ai souffert comme toi! Ce que tu veux, je le veux aussi! Ce que tu hais, je le hais! Tous deux, nous ne faisons qu'un...

— Oui!... un! » répondit Texar.

La conversation fut interrompue un instant. Le choc des verres apprit à Zermah que l'Espagnol et « l'autre » buvaient ensemble.

Zermah était atterrée. A les entendre, il semblait que ces deux hommes eussent une part égale dans tous les crimes commis dernièrement en Floride, et plus particulièrement contre la famille Burbank. Elle le comprit bien davantage, en les écoutant pendant une demi-heure encore. Elle connut alors quelques détails de cette vie étrange de l'Espagnol. Et toujours la même voix qui faisait les demandes et les réponses, comme si Texar eût été seul à parler dans la chambre. Il y avait là un mystère que la métisse aurait eu le plus grand intérêt à découvrir. Mais, si ces misérables se fussent doutés que Zermah venait de surprendre une partie de leurs secrets, auraient-ils hésité à conjurer ce danger en la tuant? Et que deviendrait l'enfant, quand Zermah serait morte!

Il pouvait être onze heures du soir. Le temps n'avait pas cessé d'être affreux. Vent et pluie soufflaient et tombaient sans relâche. Très certainement, Texar et son compagnon n'iraient pas s'exposer au dehors. Ils passeraient la nuit dans le wigwam. Ils ne mettraient pas leurs projets à exécution avant le lendemain.

Et Zermah n'en douta plus, quand elle entendit le complice de Texar — ce devait être lui — demander :

« Eh bien, quel parti prendrons-nous?

— Celui-ci, répondit l'Espagnol. Demain, pendant la matinée, nous irons avec nos gens reconnaître les environs du lac. Nous explorerons la cyprière sur trois ou quatre milles, après avoir détaché en avant ceux de nos compagnons qui la connaissent le mieux, et plus particulièrement Squambô. Si rien n'indique l'approche du détachement fédéral, nous reviendrons et nous attendrons jusqu'au moment où il faudra battre en retraite. Si, au contraire, la situation est prochainement menacée, je réunirai nos partisans et mes esclaves, et j'entraînerai Zermah jusqu'au canal de Bahama. Toi, de ton côté, tu t'occuperas de rassembler les milices éparses dans la Basse-Floride.

— C'est entendu, répondit l'autre. Demain, pendant que vous ferez cette reconnaissance, je me cacherai dans les bois de l'île. Il ne faut pas que l'on puisse nous voir ensemble!

— Non, certes! s'écria Texar. Le diable me garde de risquer une pareille imprudence qui dévoilerait notre secret! Donc, ne nous revoyons pas avant la nuit prochaine au wigwam. Et même, si je suis obligé de partir dans la journée, tu ne quitteras l'île qu'après moi. Rendez-vous, alors, aux environs du cap Sable! »

Zermah sentit bien qu'elle ne pourrait plus être délivrée par les fédéraux.

Le lendemain, en effet, s'il avait connaissance de l'approche du détachement, l'Espagnol ne quitterait-il pas l'île avec elle?...

La métisse ne pouvait donc plus être sauvée que par elle-même, quels que fussent les périls, pour ne pas dire, les impossibilités d'une évasion dans des conditions si difficiles.

Et pourtant, avec quel courage elle l'eût tentée, si elle avait su que James Burbank, Gilbert, Mars, quelques-uns de ses camarades de la plantation, s'étaient mis en campagne pour l'arracher aux mains de Texar, que son billet leur avait appris de quel côté il fallait porter leurs recherches, que déjà M. Burbank avait remonté le cours du Saint-John au delà du lac Washington, qu'une grande partie de la cyprière était traversée, que la petite troupe de Camdless-Bay venait de se joindre au détachement du capitaine Howick, que c'était Texar, Texar lui-même, que l'on regardait comme l'auteur du guet-apens de Kissimmee, que ce misérable allait être poursuivi à outrance, qu'il serait fusillé, sans autre jugement, si l'on parvenait à se saisir de sa personne!...

Mais Zermah ne pouvait rien savoir. Elle ne devait plus attendre aucun secours... Aussi était-elle fermement décidée à tout braver pour quitter l'île Carneral.

Cependant il lui fallait retarder de vingt-quatre heures l'exécution de ce projet, bien que la nuit, très noire, fût favorable à une évasion. Les partisans, qui n'avaient point cherché un abri sous les arbres, occupaient alors les abords du wigwam. On les entendait aller et venir sur la berge, fumant ou causant. Or, sa tentative manquée, son projet découvert, Zermah se fût mise dans une situation pire, et eût peut-être attiré sur elle les violences de Texar.

D'ailleurs, le lendemain, ne se présenterait-il pas quelque meilleure occasion de fuir? L'Espagnol n'avait-il pas dit que ses compagnons, ses esclaves, même l'Indien Squambô, l'accompagneraient, afin d'observer la marche du détachement fédéral? N'y aurait-il pas là une circonstance dont Zermah pourrait profiter pour accroître ses chances de succès? Si elle parvenait à franchir le canal sans avoir été vue, une fois dans la forêt, elle ne doutait pas d'être sauvée, Dieu aidant. En se cachant, elle saurait bien éviter de retomber entre les mains de Texar. Le capitaine Howick

C'EST LÀ QU'ILS EMMENÈRENT QUELQUES ESCLAVES. (PAGE 383.)

ne devait plus être éloigné. Puisqu'il s'avançait vers le lac Okee-cho-bee, n'avait-elle pas quelques chances d'être délivrée par lui?

Il convenait donc d'attendre au lendemain. Mais un incident vint détruire cet échafaudage sur lequel reposaient les dernières chances de Zermah et compromettre définitivement sa situation vis-à-vis de Texar.

En ce moment, on frappa à la porte du wigwam. C'était Squambô qui se fit reconnaître de son maître.

« Entre! » dit l'Espagnol.

Squambô entra.

« Avez-vous des ordres à me donner pour la nuit? demanda-t-il.

— Que l'on veille avec soin, répondit Texar, et qu'on me prévienne à la moindre alerte.

— Je m'en charge, répliqua Squambô.

— Demain, dans la matinée, nous irons en reconnaissance à quelques milles dans la cyprière.

— Alors la métisse et Dy?...

— Seront aussi bien gardées que d'habitude. Maintenant, Squambô, que personne ne nous dérange au wigwam!

— C'est entendu.

— Que font nos hommes?

— Ils vont, viennent, et paraissent peu disposés à prendre du repos.

— Que pas un ne s'éloigne!

— Pas un.

— Et le temps?...

— Moins mauvais. La pluie ne tombe plus, et la rafale ne tardera pas à s'apaiser.

— Bien. »

Zermah n'avait cessé d'écouter. La conversation allait évidemment prendre fin, quand un soupir étouffé, une sorte de râle, se fit entendre.

Tout le sang de Zermah lui reflua au cœur.

Elle se releva, se précipita vers la couche d'herbes, se pencha sur la petite fille...

Dy venait de se réveiller, et dans quel état! Un souffle rauque s'échappait de ses lèvres. Ses petites mains battaient l'air, comme si elle eût voulu l'attirer vers sa bouche. Zermah ne put saisir que ces mots :

« A boire!... A boire! »

La malheureuse enfant étouffait. Il fallait la porter immédiatement au dehors. Dans cette obscurité profonde, Zermah, affolée, la prit entre ses bras pour la ranimer de son propre souffle. Elle la sentit se débattre dans une sorte de convulsion. Elle jeta un cri... elle repoussa la porte de sa chambre...

Deux hommes étaient là, debout, devant Squambô, mais si semblables de figure et de corps, que Zermah n'aurait pu reconnaître lequel des deux était Texar.

XIII

UNE VIE DOUBLE.

Quelques mots suffiront à expliquer ce qui, jusqu'ici, a paru inexplicable dans cette histoire. On verra ce que peuvent imaginer certains hommes, quand leur mauvaise nature, aidée d'une réelle intelligence, les pousse dans la voie du mal.

Ces hommes, devant lesquels Zermah venait subitement d'apparaître, étaient deux frères, deux jumeaux.

Où étaient-ils nés? Eux-mêmes ne le savaient pas au juste. Dans quelque petit village du Texas, sans doute — d'où ce nom de Texar, par changement de la dernière lettre du mot.

On sait ce qu'est ce vaste territoire, situé au sud des États-Unis, sur le golfe du Mexique.

Après s'être révolté contre les Mexicains, le Texas, soutenu par les Américains dans son œuvre d'indépendance, s'annexa à la fédération en 1845, sous la présidence de John Tyler.

C'était, quinze ans avant cette annexion, que deux enfants abandonnés furent trouvés dans un village du littoral texien, recueillis, élevés par la charité publique.

L'attention avait été tout d'abord attirée sur ces deux enfants à cause de leur merveilleuse ressemblance. Même geste, même voix, même attitude, même physionomie, et, faut-il ajouter, mêmes instincts qui témoignaient d'une perversité précoce. Comment furent-ils élevés, dans quelle mesure reçurent-ils quelque instruction, on ne peut le dire, ni à quelle famille ils appartenaient. Peut-être, à l'une de ces familles nomades qui coururent le pays après la déclaration d'indépendance.

Dès que les frères Texar, pris d'un irrésistible désir de liberté, crurent pouvoir se suffire à eux-mêmes, ils disparurent. Ils comptaient vingt-quatre ans à eux deux. Dès lors, à n'en pas douter, leurs moyens d'existence furent uniquement le vol dans les champs, dans les fermes, ici du pain, là des fruits, en attendant le pillage à main armée et les expéditions de grande route, auxquels ils s'étaient préparés dès l'enfance.

Bref, on ne les revit plus dans les villages et hameaux texiens qu'ils avaient l'habitude de fréquenter, en compagnie de malfaiteurs qui exploitaient déjà leur ressemblance.

Bien des années s'écoulèrent. Les frères Texar furent bientôt oubliés, même de nom. Et, quoique ce nom dût avoir, plus tard, un déplorable retentissement en Floride, rien ne vint révéler que tous deux eussent passé leur premier âge dans les provinces littorales du Texas.

Comment en eût-il été autrement, puisque depuis leur disparition, par suite d'une combinaison dont il va être parlé, jamais on ne connut deux Texar? C'est même sur cette combinaison qu'ils avaient échafaudé toute une série de forfaits qu'il devait être si difficile de constater et de punir.

Effectivement, — on l'apprit plus tard, lorsque cette dualité fut découverte et matériellement établie, — pendant un certain nombre d'années, de vingt à trente ans, les deux frères vécurent séparés. Ils cherchaient la fortune par tous les moyens. Ils ne se retrouvaient qu'à de rares intervalles, à l'abri de tout regard, soit en Amérique, soit dans quelque autre partie du monde où les avait entraînés leur destinée.

On sut aussi que l'un ou l'autre, — lequel, on n'aurait pu le dire, peut-être tous les deux, — firent le métier de négriers. Ils transportaient ou plutôt faisaient transporter des cargaisons d'esclaves des côtes d'Afrique aux États du sud de l'Union. Dans ces opérations, ils ne remplissaient que le rôle d'intermédiaires entre les traitants du littoral et les capitaines des bâtiments employés à ce trafic inhumain.

Leur commerce prospéra-t-il? On ne sait. Pourtant, c'est peu probable. En tout cas, il diminua dans une proportion notable, et s'interrompit finalement, lorsque la traite, dénoncée comme un acte barbare, fut peu à peu abolie dans le monde civilisé. Les deux frères durent même renoncer à ce genre de trafic.

Cependant, cette fortune après laquelle ils couraient depuis si longtemps, qu'ils voulaient acquérir à tout prix, cette fortune n'était pas faite, et il fallait la faire. C'est alors que ces deux aventuriers résolurent de mettre à profit leur extraordinaire ressemblance.

En pareil cas, il arrive le plus souvent que ce phénomène se modifie lorsque les enfants sont devenus des hommes.

Pour les Texar, il n'en fut pas ainsi. A mesure qu'ils prenaient de l'âge, leur ressemblance physique et morale, on ne dira pas s'accentuait, mais restait ce qu'elle avait été — absolue. Impossible de distinguer l'un de l'autre, non seulement par les traits du visage ou la conformation du corps, mais aussi par les gestes ou les inflexions de la voix.

Les deux frères résolurent d'utiliser cette particularité naturelle pour accomplir les actes les plus détestables, avec la possibilité, si l'un d'eux était accusé, de pouvoir établir un alibi de nature à prouver son innocence. Aussi, pendant que l'un exécutait le crime convenu entre eux, l'autre se montrait-il publiquement en quelque lieu, de façon que, grâce à l'alibi, la non-culpabilité fût démontrée *ipso facto*.

Il va sans dire que toute leur adresse devait s'ingénier à ne jamais se laisser arrêter en flagrant délit. En effet, l'alibi n'aurait pu être invoqué, et la machination n'eût pas tardé à être découverte.

Le programme de leur vie ainsi arrêté, les deux jumeaux vinrent en Floride, où ni l'un ni l'autre n'étaient connus encore. Ce qui les y attirait, c'étaient les nombreuses occasions que devait offrir un État où les Indiens soutenaient toujours une lutte acharnée contre les Américains et les Espagnols.

Ce fut vers 1850 ou 1851 que les Texar apparurent dans la péninsule floridienne. C'est Texar, non les Texar qu'il convient de dire. Conformément à leur programme, jamais ils ne se montrèrent à la fois, jamais on ne les rencontra le même jour dans le même lieu, jamais on n'apprit qu'il existât deux frères de ce nom.

D'ailleurs, en même temps qu'ils couvraient leur personne du plus complet incognito, ils avaient rendu non moins mystérieux le lieu habituel de leur retraite.

On le sait, ce fut au fond de la Crique-Noire qu'ils se réfugièrent. L'îlot central, le blockhaus abandonné, ils les découvrirent pendant une exploration qu'ils faisaient sur les rives du Saint-John. C'est là qu'ils emmenèrent quelques esclaves, auxquels leur secret n'avait point été révélé. Seul, Squambô connaissait le mystère de leur double existence. D'un dévouement à toute épreuve pour les deux frères, d'une discrétion absolue sur tout de qui les touchait, ce digne confident des Texar était l'exécuteur impitoyable de leurs volontés.

Il va sans dire que ceux-ci ne paraissaient jamais ensemble à la Crique-Noire. Lorsqu'ils avaient à causer de quelque affaire, ils s'avertissaient par correspondance. On a vu qu'à cet effet, ils n'employaient pas la poste. Un billet glissé dans les nervures d'une feuille, cette feuille fixée à la branche d'un tulipier qui croissait dans le marais voisin de la Crique-Noire, il ne leur en fallait pas plus. Chaque jour, non sans précautions, Squambô se rendait au marais. S'il était porteur d'une lettre écrite par celui des Texar qui était à la Crique-Noire, il l'accrochait à la branche du tulipier. Si c'était

En ce moment, on frappa à la porte. (Page 379.)

l'autre frère qui avait écrit, l'Indien prenait sa lettre à l'endroit convenu et la rapportait au fortin.

Après leur arrivée en Floride, les Texar n'avaient guère tardé à se lier avec ce que la population comptait de pire sur le territoire. Bien des malfaiteurs devinrent leurs complices dans nombre de vols qui furent commis à cette époque, puis, plus tard, leurs partisans, lorsqu'ils furent amenés à jouer un rôle pendant la guerre de sécession. Tantôt l'un tantôt l'autre se mettait

L'Indien prenait sa lettre à l'endroit convenu. (Page 384.)

à leur tête, et ils ne surent jamais que ce nom de Texar appartenait à deux jumeaux.

On s'explique, maintenant, comment, lors des poursuites exercées à propos de divers crimes, tant d'alibis purent être invoqués par les Texar et durent être admis sans contestation possible. Il en fut ainsi pour les affaires dénoncées à la justice dans la période antérieure à cette histoire, — entre autres, au sujet d'une ferme incendiée. Bien que James Burbank et Zermah eussent positivement reconnu l'Espagnol comme l'auteur de l'incendie, celui-ci fut acquitté par le tribunal de Saint-Augustine, puisque, au moment du crime, il prouva qu'il était à Jacksonville dans la tienda de Torillo — ce dont témoignèrent de nombreux témoins. De même pour la dévastation de Camdless-Bay. Comment Texar eût-il pu conduire les pillards à l'assaut de Castle-House, comment aurait-il pu enlever la petite Dy et Zermah, puisqu'il se trouvait au nombre des prisonniers faits par les fédéraux à Fernandina et détenus sur un des navires de la flottille? Le Conseil de guerre avait donc été dans l'obligation de l'acquitter, malgré tant de preuves, malgré la déposition sous serment de miss Alice Stannard.

Et même, en admettant que la dualité des Texar fût enfin reconnue, très probablement on ne saurait jamais lequel avait pris personnellement part à ces divers crimes. Après tout, n'étaient-ils pas tous les deux coupables et au même degré, tantôt complices, tantôt auteurs principaux dans ces attentats qui, depuis tant d'années, désolaient le territoire de la haute Floride? Oui, certes, et le châtiment ne serait que trop justement mérité, qui atteindrait l'un ou l'autre — ou l'un et l'autre.

Quant à ce qui s'était passé dernièrement à Jacksonville, il est probable que les deux frères avaient joué tour à tour le même rôle, après que l'émeute eut renversé les autorités régulières de la cité. Lorsque Texar 1 s'absentait pour quelque expédition convenue, Texar 2 le remplaçait dans l'exercice de ses fonctions, sans que leurs partisans pussent s'en douter. On doit donc admettre qu'ils prirent une part égale aux excès commis à cette époque contre les colons d'origine nordiste et contre les planteurs du sud favorables aux opinions anti-esclavagistes.

Tous deux, on le comprend, devaient toujours être au courant de ce qui se passait dans les États du centre de l'Union, où la guerre civile offrait tant de phases imprévues, comme dans l'État de Floride. Ils avaient acquis, d'ailleurs, une véritable influence sur les petits blancs des comtés, sur les Espagnols, même sur les Américains, partisans de l'esclavage, enfin sur toute la partie détestable de la population. En ces conjonctures, ils avaient dû souvent correspondre, se donner rendez-vous en quelque endroit secret, conférer pour la conduite de leurs opérations, se séparer afin de préparer leurs futurs alibis.

C'est ainsi qu'au moment où l'un était détenu sur un des bâtiments de l'escadre, l'autre organisait l'expédition contre Camdless-Bay. Et, l'on sait comment il avait été renvoyé des fins de la plainte par le Conseil de guerre de Saint-Augustine.

Il a été dit plus haut que l'âge avait absolument respecté cette phénoménale ressemblance des deux frères. Cependant, il était possible qu'un accident physique, une blessure, vînt altérer cette ressemblance, et que l'un ou l'autre fût affecté de quelque signe particulier. Or, cela eût suffi à compromettre le succès de leurs machinations.

Et, dans cette vie aventureuse, exposée à tant de mauvais coups, ne couraient-ils pas des risques, dont les conséquences, si elles eussent été irréparables, ne leur auraient plus permis de se substituer l'un à l'autre?

Mais, du moment que ces accidents pouvaient se réparer, la ressemblance ne devait point en souffrir.

C'est ainsi que, dans une attaque de nuit, quelque temps après leur arrivée en Floride, un des Texar eut la barbe brûlée par un coup de feu qui lui fut tiré à bout portant. Aussitôt, l'autre se hâta de raser sa barbe, afin d'être imberbe comme son frère. Et, l'on s'en souvient, ce fait a été mentionné à propos de celui des Texar qui se trouvait au fortin au début de cette histoire.

Autre fait qui exige aussi une explication. On n'a pas oublié qu'une nuit, pendant qu'elle était encore à la Crique-Noire, Zermah vit l'Espagnol se faire tatouer le bras. Voici pourquoi. Son frère était au nombre de ces voyageurs floridiens qui, pris par une bande de Séminoles, avaient été marqués d'un signe indélébile au bras gauche. Immédiatement, décalque de ce signe fut envoyé au fortin, et Squambô put le reproduire par un tatouage. L'identité continua donc à être absolue.

En vérité, on serait tenté d'affirmer que, si Texar 1 avait été amputé d'un membre, Texar 2 se fût soumis à la même amputation!

Bref, pendant une dizaine d'années, les frères Texar ne cessèrent de mener cette vie en partie double, mais avec une telle habileté, une telle prudence, qu'ils avaient pu jusqu'alors déjouer toutes les poursuites de la justice floridienne.

Les deux jumeaux s'étaient-ils enrichis à ce métier? Oui, sans doute, dans une certaine mesure. Une assez forte somme d'argent, économisée sur le produit du pillage et des vols, était cachée dans un réduit secret du blockhaus de la Crique-Noire. Par précaution, cet argent avait été emporté par l'Espagnol, lorsqu'il s'était décidé à partir pour l'île Carneral, et l'on peut être certain qu'il ne le laisserait pas au wigwam, s'il était contraint de fuir au-delà du détroit de Bahama.

Cependant, cette fortune ne leur paraissait pas suffisante. Aussi voulaient-ils l'accroître, avant d'aller en jouir, sans danger, dans quelque pays de l'Europe ou du Nord-Amérique.

D'ailleurs, en apprenant que le commodore Dupont avait l'intention d'évacuer bientôt la Floride, les deux frères s'étaient dit que l'occasion se présenterait de s'enrichir encore, et qu'ils feraient payer cher aux colons nordistes ces quelques semaines de l'occupation fédérale. Ils étaient donc résolus à voir venir les choses. Une fois à Jacksonville, grâce à leurs partisans, grâce à tous les sudistes compromis avec eux, ils sauraient bien reprendre la situation qu'une émeute leur avait donnée et qu'une émeute pouvait leur rendre.

Les Texar avaient, cependant, un moyen assuré d'acquérir ce qui leur manquait pour être riches, même au delà de leurs désirs.

En effet, que n'écoutaient-ils la proposition que Zermah venait de faire à l'un d'eux? Que ne consentaient-ils à rendre la petite Dy à ses parents désespérés? James Burbank eût certainement racheté au prix de sa fortune la liberté de son enfant. Il se serait engagé à ne déposer aucune plainte, à ne provoquer aucune poursuite contre l'Espagnol. Mais, chez les Texar, la haine parlait plus haut que l'intérêt, et, s'ils voulaient s'enrichir, ils voulaient aussi s'être vengés de la famille Burbank avant de quitter la Floride.

On sait maintenant tout ce qu'il importait de connaître sur le compte des frères Texar. Il n'y a plus qu'à attendre le dénouement de cette histoire.

Inutile d'ajouter que Zermah avait tout compris, lorsqu'elle se trouva soudain en présence de ces hommes. La reconstitution du passé se fit instantanément dans son esprit. Stupéfaite en les regardant, elle restait immobile, comme enracinée au sol, tenant la petite fille dans ses bras. Heureusement, l'air plus abondant de cette chambre avait écarté de l'enfant tout danger de suffocation.

Quant à Zermah, son apparition en présence des deux frères, ce secret qu'elle venait de surprendre, c'était pour elle un arrêt de mort.

XIV

ZERMAH A L'ŒUVRE

Devant Zermah, les Texar, si maîtres d'eux qu'ils fussent, n'avaient pu se contenir. Depuis leur enfance, on peut le dire, c'était la première fois, qu'ils étaient vus ensemble par une tierce personne. Et cette personne était leur mortelle ennemie. Aussi, dans un premier mouvement, ils allaient s'élancer sur elle, ils allaient la tuer, afin de sauver ce secret de leur double existence...

L'enfant s'était redressée dans les bras de Zermah, et, tendant ses petites mains, criait :

« J'ai peur !... J'ai peur ! »

Sur un geste des deux frères, Squambô marcha brusquement vers la métisse, il la prit par l'épaule, il la repoussa dans sa chambre, et la porte se referma sur elle.

Squambô revint alors près des Texar. Son attitude disait qu'ils n'avaient qu'à lui commander ; il obéirait. Toutefois, l'imprévu de cette scène les avait troublés plus qu'on n'aurait pu l'imaginer, étant donné leur caractère audacieux et violent. Ils semblaient se consulter du regard.

Cependant Zermah s'était jetée dans un coin de la chambre, après avoir déposé la petite fille sur la couche d'herbe. Le sang-froid lui revint. Elle s'approcha de la porte, afin d'entendre ce qui allait maintenant être dit. Dans un instant, son sort serait décidé, sans doute. Mais les Texar et Squambô venaient de sortir du wigwam, et leurs paroles n'arrivaient plus à l'oreille de Zermah.

Voici les propos qui s'échangèrent entre eux :

« Il faut que Zermah meure!

— Il le faut! Dans le cas où elle parviendrait à s'échapper, comme dans le cas où les fédéraux parviendraient à la reprendre, nous serions perdus! Qu'elle meure donc!

— A l'instant! » répondit Squambô.

Et il se dirigeait vers le wigwam, son coutelas à la main, lorsqu'un des Texar l'arrêta.

« Attendons, dit-il. Il sera toujours temps de faire disparaître Zermah, dont les soins sont nécessaires à l'enfant jusqu'à ce que nous l'ayons remplacée près d'elle. Auparavant, essayons de nous rendre compte de la situation. Un détachement de nordistes bat en ce moment la cyprière par ordre de Dupont. Eh bien! explorons d'abord les environs de l'île et du lac. Rien ne prouve que ce détachement, qui descend vers le sud, se dirigera de ce côté. S'il vient, nous aurons le temps de fuir. S'il ne vient pas, nous resterons ici, et nous le laisserons s'engager dans les profondeurs de la Floride. Là, il sera à notre merci, car nous aurons eu le temps de réunir la plus grande partie des milices qui errent sur le territoire. Au lieu de le fuir, c'est nous qui le poursuivrons, en force. Il sera facile de lui couper la retraite, et, si quelques marins ont pu échapper au massacre de Kissimmee, cette fois, pas un n'en reviendra! »

Dans les circonstances actuelles, c'était évidemment le meilleur parti à prendre. Un grand nombre de sudistes occupaient alors la région n'attendant que l'occasion de tenter un coup contre les fédéraux. Quand un des Texar et ses compagnons auraient opéré une reconnaissance, ils décideraient s'ils devaient rester sur l'île Carneral, ou s'ils se replieraient vers la région du cap Sable. C'est ce qui serait établi le lendemain même. Quant à Zermah, quel que fût le résultat de l'exploration, Squambô serait chargé de s'assurer sa discrétion avec un coup de poignard.

« Pour l'enfant, ajouta l'un des frères, il est de notre intérêt de lui conserver la vie. Elle n'a pu comprendre ce qu'a compris Zermah, et elle peut devenir le prix de notre rançon au cas où nous tomberions entre les mains d'Howick. Afin de racheter sa fille, James Burbank accepterait toutes les propositions qu'il nous plairait d'imposer, non seulement la garantie de notre impunité, mais le prix, quel qu'il fût, que nous mettrions à la liberté de son enfant.

— Zermah morte, dit l'Indien, n'est-il pas à craindre que cette petite succombe?

— Non, les soins ne lui manqueront pas, répondit l'un des Texar, et je trouverai facilement une Indienne qui remplacera la métisse.

— Soit! Avant tout, il faut que nous n'ayons plus rien à redouter de Zermah!

— Bientôt, quoi qu'il arrive, elle aura cessé de vivre! »

Là finit l'entretien des deux frères, et Zermah les entendit rentrer dans le wigwam.

Quelle nuit passa la malheureuse femme! Elle se savait condamnée et ne songeait même pas à elle. De son sort, elle s'inquiétait peu, ayant toujours été prête à donner sa vie pour ses maîtres. Mais c'était Dy abandonnée aux duretés de ces hommes sans pitié. En admettant qu'ils eussent intérêt à ce que l'enfant vécût, ne succomberait-elle pas, lorsque Zermah ne serait plus là pour lui donner ses soins?

Aussi, cette pensée lui revint-elle avec une obstination, une obsession pour ainsi dire inconsciente — cette pensée de prendre la fuite, avant que Texar l'eût séparée de l'enfant.

Pendant cette interminable nuit, la métisse ne songea qu'à mettre son projet à exécution. Toutefois, dans cette conversation elle avait retenu, entre autres choses, que, le lendemain, un des Texar et ses compagnons devaient aller explorer les environs du lac. Évidemment, cette explo-

Zermah les vit descendre par petits groupes. (Page 395.)

ration ne serait faite qu'avec la possibilité de résister au détachement fédéral, si on le rencontrait. Texar se ferait donc accompagner, avec tout son personnel, des partisans amenés par son frère. Celui-ci resterait sur l'île, sans doute, autant pour n'être point reconnu que pour veiller sur le wigwam. C'est alors que Zermah tenterait de s'enfuir. Peut-être parviendrait-elle à trouver une arme quelconque, et, en cas de surprise, elle n'hésiterait pas à s'en servir.

La barge était sur l'autre rive. (Page 398.)

La nuit s'écoula. Vainement Zermah avait-elle essayé de tirer une indication de tous les bruits qui se produisaient sur l'île, et toujours avec la pensée que la troupe du capitaine Howick allait peut-être arriver pour s'emparer de Texar.

Quelques instants avant le lever du jour, la petite fille, un peu reposée, se réveilla. Zermah lui donna quelques gouttes d'eau qui la rafraîchirent. Puis, la regardant comme si ses yeux ne devaient bientôt plus la voir, elle la serra contre sa poitrine. Si, en ce moment, on fût entré pour l'en séparer, elle se serait défendue avec la fureur d'une bête fauve que l'on veut éloigner de ses petits.

« Qu'as-tu, bonne Zermah? demanda l'enfant.

— Rien... rien! murmura la métisse.

— Et maman... quand la reverrons-nous?

— Bientôt... répondit Zermah. Aujourd'hui peut-être!... Oui, ma chérie!... Aujourd'hui j'espère que nous serons loin...

— Et ces hommes que j'ai vus, cette nuit?...

— Ces hommes, répondit Zermah, tu les as bien regardés?...

— Oui... et ils m'ont fait peur!

— Mais tu les as bien vus, n'est-ce pas?... Tu as remarqué comme ils se ressemblaient?...

— Oui... Zermah!

— Eh bien, souviens-toi de dire à ton père, à ton frère, qu'ils sont deux frères... entends-tu, deux frères Texar, et si ressemblants qu'on ne peut reconnaître l'un de l'autre!...

— Toi aussi, tu le diras?... répondit la petite fille.

— Je le dirai... oui!... Cependant, si je n'étais pas là, il ne faudrait pas oublier...

— Et pourquoi ne serais-tu pas là? demanda l'enfant, qui passait ses petits bras au cou de la métisse comme pour mieux s'attacher à elle.

— J'y serai, ma chérie, j'y serai!... Maintenant, si nous partons... comme nous aurons une longue route à faire... il faut prendre des forces!... Je vais faire ton déjeuner...

— Et toi?

— J'ai mangé pendant que tu dormais, et je n'ai plus faim! »

La vérité est que Zermah n'aurait pu manger, si peu que ce fût, dans l'état de surexcitation où elle se trouvait. Après son repas, l'enfant se remit sur sa couche d'herbes.

Zermah vint alors se placer près d'un interstice que les roseaux du paillis laissaient entre eux à l'angle de la chambre. De là, pendant une heure, elle ne cessa d'observer ce qui se passait au dehors, car c'était pour elle de la plus grande importance.

On faisait les préparatifs de départ. Un des frères — un seul — présidait à la formation de la troupe qu'il allait conduire dans la cyprière. L'autre, que personne n'avait vu, avait dû se cacher, soit au fond du wigwam, soit en quelque coin de l'île.

C'est, du moins, ce que pensa Zermah, connaissant le soin qu'ils mettaient à dissimuler le secret de leur existence. Elle se dit même que ce serait peut-être à celui qui resterait dans l'île qu'incomberait la tâche de surveiller l'enfant et elle.

Zermah ne se trompait pas, ainsi qu'on va bientôt le voir.

Cependant les partisans et les esclaves étaient réunis au nombre d'une cinquantaine devant le wigwam, attendant pour partir les ordres de leur chef.

Il était environ neuf heures du matin, lorsque la troupe se disposa à gagner la lisière de la forêt — ce qui exigea un certain temps, la barge ne pouvant prendre que cinq à six hommes à la fois. Zermah les vit descendre par petits groupes, puis remonter l'autre rive. Toutefois, à travers le paillis, elle ne pouvait apercevoir la surface du canal, situé très en contrebas du niveau de l'île.

Texar, qui était resté le dernier, disparut à son tour, suivi de l'un des chiens dont l'instinct devait être utilisé pendant l'exploration. Sur un geste de son maître, l'autre limier revint vers le wigwam, comme s'il eût été seul chargé de veiller à sa porte.

Un instant après, Zermah aperçut Texar qui gravissait la berge opposée et s'arrêtait un instant pour reformer sa troupe. Puis, tous, Squambô en tête, accompagné du chien, disparurent derrière les gigantesques roseaux sous les premiers arbres de la forêt. Sans doute, un des noirs avait dû ramener la barge, afin que personne ne pût passer dans l'île. Cependant la métisse ne put le voir, et pensa qu'il avait dû suivre les bords du canal.

Elle n'hésita plus.

Dy venait de se réveiller. Son corps amaigri faisait peine à voir sous ses vêtements usés par tant de fatigues.

« Viens, ma chérie, dit Zermah.

— Où? demanda l'enfant.

— Là... dans la forêt!... Peut-être y trouverons-nous ton père... ton frère!... Tu n'auras pas peur?...

— Avec toi, jamais! » répondit la petite fille.

Alors la métisse entr'ouvrit la porte de sa chambre avec précaution. Comme elle n'avait entendu aucun bruit dans la chambre à côté, elle supposait que Texar ne devait pas être dans le wigwam.

En effet, il n'y avait personne.

Tout d'abord, Zermah chercha quelque arme dont elle était décidée à se servir contre quiconque tenterait de l'arrêter. Il y avait sur la table un de ces larges coutelas dont les Indiens font usage dans leurs chasses. La métisse s'en saisit et le cacha sous son vêtement. Elle prit aussi un peu de viande sèche, qui devait assurer sa nourriture pendant quelques jours.

Il s'agissait maintenant de sortir du wigwam. Zermah regarda à travers les trous du paillis dans la direction du canal. Aucun être vivant n'errait sur cette portion de l'île, pas même celui des deux chiens qui avait été laissé à la garde de l'habitation.

La métisse, rassurée, essaya d'ouvrir la porte extérieure.

Cette porte, fermée en dehors, résista.

Aussitôt Zermah rentra dans sa chambre avec l'enfant. Il n'y avait plus qu'une chose à faire : c'était d'utiliser le trou à demi-percé déjà à travers la paroi du wigwam.

Ce travail ne fut pas difficile. La métisse put se servir de son coutelas pour trancher les roseaux entrelacés dans le paillis, — opération qui fut faite avec aussi peu de bruit que possible.

Toutefois, si le limier qui n'avait pas suivi Texar ne parut pas, en serait-il ainsi lorsque Zermah serait dehors? Ce chien n'accourrait-il pas, ne se jetterait-il pas sur elle et sur la petite fille? Autant aurait valu se trouver en face d'un tigre!

Il ne fallait pas hésiter, cependant. Aussi, le passage ouvert, Zermah attira l'enfant qu'elle embrassa dans une étreinte passionnée. La petite fille lui rendit ses baisers avec effusion. Elle avait compris : il fallait fuir, fuir par ce trou.

Zermah se glissa à travers l'ouverture. Puis, après avoir porté ses regards à droite, à gauche, elle écouta. Pas un bruit ne se faisait entendre. La petite Dy apparut alors à l'orifice du trou.

En ce moment, un aboiement retentit. Encore fort éloigné, il semblait venir de la partie ouest de l'île. Zermah avait saisi l'enfant. Le cœur lui battait à se rompre. Elle ne se croirait relativement en sûreté qu'après avoir disparu derrière les roseaux de l'autre rive.

Mais, traverser, sur une centaine de pas, l'espace qui séparait le wigwam du canal, c'était la phase la plus critique de l'évasion. On risquait d'être aperçu soit de Texar, soit de celui des esclaves qui avait dû rester sur l'île.

Heureusement, à droite du wigwam, un épais fourré de plantes arborescentes, entremêlées de roseaux, s'étendait jusqu'au bord du canal, à quelques yards seulement de l'endroit où devait se trouver la barge.

Zermah résolut de s'engager entre les végétations touffues de ce fourré, projet qui fut aussitôt mis à exécution. Les hautes plantes livrèrent passage aux deux fugitives, et le feuillage se referma sur elles. Quant aux aboiements du chien, on ne les entendait plus.

Ce glissement à travers le fourré ne se fit pas sans peine. Il fallait s'introduire entre les tiges des arbrisseaux qui ne laissaient entre eux qu'un étroit espace. Bientôt Zermah eut ses vêtements en lambeaux, ses mains en sang. Peu importait, si l'enfant pouvait éviter d'être déchirée par ces longues épines. Ce n'est pas la courageuse métisse à qui ces piqûres eussent pu arracher un signe de douleur. Cependant, malgré tous les soins qu'elle prit, la petite fille fut plusieurs fois atteinte aux mains et aux bras. Dy ne poussa pas un cri, ne fit pas entendre une plainte.

Bien que la distance à franchir fût relativement courte — une soixantaine de yards au plus — il ne fallut pas moins d'une demi-heure pour atteindre le canal.

Zermah s'arrêta alors, et, à travers les roseaux, elle regarda du côté du wigwam, puis du côté de la forêt.

Personne sous les hautes futaies de l'île. Sur l'autre rive, aucun indice de la présence de Texar et de ses compagnons, qui devaient être alors à un ou deux milles dans l'intérieur. A moins de rencontre avec les nordistes, ils ne seraient pas de retour avant quelques heures.

Cependant Zermah ne pouvait croire qu'elle eût été laissée seule au wigwam. Il n'était pas supposable, non plus, que celui des Texar, qui était arrivé la veille avec ses partisans, eût quitté l'île pendant la nuit, ni que le chien l'eût suivi. D'ailleurs la métisse n'avait-elle pas entendu des aboiements — preuve que le limier rôdait encore sous les arbres? A tout instant, elle pouvait les voir apparaître l'un ou l'autre. Peut-être, en se hâtant, parviendrait-elle à gagner la cyprière?

On se le rappelle, tandis que Zermah observait les mouvements des compagnons de l'Espagnol, elle n'avait pu voir la barge au moment où elle traversait le canal, dont le lit était caché par la hauteur et l'épaisseur des roseaux.

Or, Zermah ne doutait pas que cette barge eût été ramenée par l'un des esclaves. Cela importait à la sécurité du wigwam pour le cas où les soldats du capitaine Howick auraient tourné les sudistes.

Et pourtant, si la barge était restée sur l'autre rive, s'il avait paru prudent de ne pas la renvoyer, afin d'assurer plus rapidement le passage de Texar et des siens suivis de trop près par les fédéraux, comment la métisse ferait-elle pour se transporter sur l'autre bord? Lui faudrait-il s'enfuir à travers les futaies de l'île? Et là, devrait-elle attendre que l'Espagnol fût parti pour aller chercher un nouveau refuge au fond des Everglades? Mais, s'il se décidait à le faire, ne serait-ce pas sans avoir tout tenté pour reprendre Zermah et l'enfant. Donc, tout était là : se servir de la barge afin de traverser le canal.

Zermah n'eut qu'à se glisser entre les roseaux sur un espace de cinq ou six yards. Arrivée en cet endroit, elle s'arrêta...

La barge était sur l'autre rive.

XV

LES DEUX FRÈRES

La situation était désespérée. Comment passer ? Un audacieux nageur n'aurait pu le faire, sans courir le risque de perdre vingt fois la vie. Qu'il n'y eût qu'une centaine de pieds d'une rive à l'autre, soit! Mais, faute d'une barque, il était impossible de les franchir. Des têtes triangulaires pointaient çà et là hors des eaux, et les herbes s'agitaient sous la passée rapide des reptiles.

La petite Dy, au comble de l'épouvante, se pressait contre Zermah. Ah! si pour le salut de l'enfant, il eût suffi de se jeter au milieu de ces monstres, qui l'eussent enlacée comme un gigantesque poulpe aux mille tentacules, la métisse n'aurait pas hésité un instant!

Mais, pour la sauver, il fallait une circonstance providentielle. Cette circonstance, à Dieu seul de la faire naître. Zermah n'avait plus de recours qu'en lui. Agenouillée sur la berge, elle implorait Celui qui dispose du hasard, dont il fait le plus souvent l'agent de ses volontés.

Cependant, d'un moment à l'autre, quelques-uns des compagnons de Texar pouvaient se montrer sur la lisière de la forêt. Si d'un moment à l'autre, celui des Texar, qui était resté sur l'île, revenait au wigwam, n'y trouvant plus Dy ni Zermah, ne se mettrait-il à leur recherche?...

« Mon Dieu... s'écria la malheureuse femme, ayez pitié!... »

Soudain ses regards se portèrent sur la droite du canal.

Un léger courant entraînait les eaux vers le nord du lac où coulent quelques affluents du Calaooschatches, un des petits fleuves qui se déversent dans le golfe du Mexique, et par lequel s'alimente le lac Okee-cho-bee à l'époque des grandes marées mensuelles.

En un instant les reptiles eurent enlacé l'animal. (Page 403.)

Un tronc d'arbre, qui dérivait par la droite, venait d'accoster. Or, ce tronc ne pourrait-il suffire à la traversée du canal, puisqu'un coude de la rive, détournant le courant à quelques yards au-dessous, le rejetait vers la cyprière? Oui, évidemment. En tout cas, si, par malheur, ce tronc revenait vers l'île, les fugitives ne seraient pas plus compromises qu'elles ne l'étaient en ce moment.

Sans plus réfléchir, comme par instinct, Zermah se précipita vers l'arbre

« Emporte l'enfant ! » cria Texar. (Page 406.)

flottant. Si elle eût pris le temps de la réflexion, peut-être se fût-elle dit que des centaines de reptiles pullulaient sous les eaux, que les herbes pouvaient retenir ce tronc au milieu du canal! Oui! mais tout valait mieux que de rester sur l'île! Aussi Zermah, tenant Dy dans ses bras, après s'être accotée aux branches, s'écarta de la rive.

Aussitôt le tronc reprit le fil de l'eau, et le courant tendit à le ramener vers l'autre bord.

Cependant Zermah cherchait à se cacher au milieu du branchage qui la couvrait en partie. D'ailleurs les deux berges étaient désertes. Aucun bruit ne venait ni du côté de l'île, ni du côté de la cyprière. Une fois le canal traversé, la métisse saurait bien trouver un abri jusqu'au soir, en attendant qu'elle pût s'enfoncer dans la forêt sans courir le risque d'être aperçue. L'espoir lui était revenu. A peine se préoccupait-elle des reptiles, dont les gueules s'ouvraient de chaque côté du tronc d'arbre et qui se glissaient jusque dans ses basses branches. La petite fille avait fermé les yeux. D'une main, Zermah la tenait serrée contre sa poitrine. De l'autre elle était prête à frapper ces monstres. Mais, soit qu'ils fussent effrayés à la vue du coutelas qui les menaçait, soit qu'ils ne fussent redoutables que sous les eaux, ils ne s'élancèrent point sur l'épave.

Enfin le tronc atteignit le milieu du canal, dont le courant portait obliquement vers la forêt. Avant un quart d'heure, s'il ne s'embarrassait pas dans les plantes aquatiques, il devait avoir accosté l'autre berge. Et alors, si grands que les dangers fussent encore, Zermah se croirait hors des atteintes de Texar.

Soudain, elle serra plus étroitement l'enfant dans ses bras.

Des aboiements furieux éclataient sur l'île. Presque aussitôt, un chien apparut le long de la rive qu'il descendait en bondissant.

Zermah reconnut le limier, laissé à la surveillance du wigwam, que l'Espagnol n'avait point emmené avec lui.

Là, le poil hérissé, l'œil en feu, il était prêt à s'élancer, au milieu des reptiles qui s'agitaient à la surface des eaux.

Au même moment, un homme parut sur la berge.

C'était celui des frères Texar resté sur l'île. Prévenu par les aboiements du chien, il venait d'accourir.

Ce que fut sa colère quand il aperçut Dy et Zermah sur cet arbre en dérive, il serait difficile de l'imaginer. Il ne pouvait se mettre à leur poursuite, puisque la barge se trouvait de l'autre côté du canal. Pour les arrêter, il n'y avait qu'un moyen : tuer Zermah, au risque de tuer l'enfant avec elle!

Texar, armé de son fusil, l'épaula, et visa la métisse qui cherchait à couvrir la petite fille de son corps.

Tout à coup, le chien, en proie à une excitation folle, se précipita dans le canal. Texar pensa qu'il fallait d'abord le laisser faire.

Le chien se rapprochait rapidement du tronc. Zermah, son coutelas bien emmanché dans sa main, se tenait prête à le frapper... Cela ne fut pas nécessaire.

En un instant, les reptiles eurent enlacé l'animal, qui, après avoir répondu par des coups de crocs à leurs venimeuses morsures, disparut bientôt sous les herbes.

Texar avait assisté à la mort du chien, sans avoir eu le temps de lui porter secours. Zermah allait lui échapper...

« Meurs donc! » s'écria-t-il en tirant sur elle.

Mais l'épave avait alors atteint vers l'autre rive, et la balle ne fit qu'effleurer l'épaule de la métisse.

Quelques instants plus tard, le tronc accostait. Zermah, emportant la petite fille, prenait pied sur la berge, disparaissait au milieu des roseaux, où un second coup de feu n'eût pu l'atteindre, et s'engageait sous les premiers arbres de la cyprière.

Cependant, si la métisse n'avait plus rien à redouter de celui des Texar qui était retenu sur l'île, elle risquait encore de retomber entre les mains de son frère.

Aussi, tout d'abord, sa préoccupation fut-elle de s'éloigner le plus vite et le plus loin possible de l'île Carneral. La nuit venue, elle chercherait à se diriger vers le lac Washington. Employant tout ce qu'elle possédait de force physique, d'énergie morale, elle courut, plutôt qu'elle ne marcha, au hasard, tenant dans ses bras l'enfant, qui n'aurait pu la suivre sans la retarder. Les petites jambes de Dy se seraient refusées à courir sur ce sol inégal, au milieu des frondrières qui fléchissaient comme des trappes de chasseurs, entre ces larges racines dont l'enchevêtrement formait autant d'obstacles insurmontables pour elle.

Zermah continua donc à porter son cher fardeau, dont elle ne semblait même pas sentir le poids. Parfois, elle s'arrêtait — moins pour reprendre haleine que pour prêter l'oreille à tous les bruits de la forêt. Tantôt elle croyait entendre des aboiements qui auraient été ceux de l'autre limier emmené par Texar, tantôt quelques coups de feu lointains. Alors elle se demandait si les partisans sudistes n'étaient pas aux prises avec le détachement fédéral. Puis, lorsqu'elle avait reconnu que ces divers bruits n'étaient que les cris d'un oiseau imitateur ou la détonation de quelque branche sèche dont les fibres éclataient comme des coups de pistolet sous la brusque expansion de l'air, elle reprenait sa marche un instant interrompue. Maintenant, remplie d'espoir, elle ne voulait rien voir des dangers qui la menaçaient, avant qu'elle eût atteint les sources du Saint-John.

Pendant une heure, elle s'éloigna ainsi du lac Okee-cho-bee, obliquant vers l'est, afin de se rapprocher du littoral de l'Atlantique. Elle se disait avec raison que les navires de l'escadre devaient croiser sur la côte de la Floride pour attendre le détachement envoyé sous les ordres du capitaine Howick. Et ne pouvait-il se faire que plusieurs chaloupes fussent en observation le long du rivage ?...

Tout à coup, Zermah s'arrêta. Cette fois, elle ne se trompait pas. Un furieux aboiement retentissait sous les arbres, et se rapprochait sensiblement. Zermah reconnut celui qu'elle avait si souvent entendu, pendant que les limiers rôdaient autour du blockaus de la Crique-Noire.

« Ce chien est sur nos traces, pensa-t-elle, et Texar ne peut être loin maintenant ! »

Aussi son premier soin fut-il de chercher un fourré pour s'y blottir avec l'enfant. Mais pourrait-elle échapper au flair d'un animal aussi intelligent que féroce, dressé autrefois à poursuivre les esclaves marrons, à découvrir leur piste?

Les aboiements se rapprochaient de plus en plus, et déjà même des cris lointains se faisaient entendre.

A quelques pas de là se dressait un vieux cyprès, creusé par l'âge, sur lequel les serpentaires et les lianes avaient jeté un épais réseau de brindilles.

Zermah se blottit dans cette cavité assez grande pour contenir la petite fille et elle, et dont le réseau de lianes les recouvrit toutes deux.

Mais le limier était sur leurs traces. Un instant après, Zermah l'aperçut devant l'arbre. Il aboyait avec une fureur croissante et s'élança d'un bond sur le cyprès.

Un coup de coutelas le fit reculer, puis hurler avec plus de violence.

Presque aussitôt, un bruit de pas se fit entendre. Des voix s'appelaient, se répondaient, et, parmi elles, les voix si reconnaissables de Texar et de Squambô.

C'étaient bien l'Espagnol et ses compagnons qui gagnaient du côté du lac, afin d'échapper au détachement fédéral. Ils l'avaient inopinément rencontré dans la cyprière, et, n'étant pas en force, ils se dérobaient en toute hâte. Texar cherchait à regagner l'île Carneral par le plus court, afin de mettre une ceinture d'eau entre les fédéraux et lui. Comme ceux-ci ne pourraient franchir le canal sans une embarcation, ils seraient arrêtés devant cet obstacle. Alors, pendant ces quelques heures de répit, les partisans sudistes chercheraient à atteindre l'autre côté de l'île; puis, la nuit venue, ils essaieraient d'utiliser la berge pour débarquer sur la rive méridionale du lac.

Lorsque Texar et Squambô arrivèrent en face du cyprès devant lequel le chien aboyait toujours, ils virent le sol rouge du sang qui s'écoulait par une blessure ouverte au flanc de l'animal.

« Voyez!... Voyez! s'écria l'Indien.

— Ce chien a été blessé? répondit Texar.

— Oui!... blessé d'un coup de couteau, il n'y a qu'un instant!... Son sang fume encore !

— Qui a pu?... »

En ce moment, le chien se précipita de nouveau sur le réseau de feuillage que Squambô écarta du bout de son fusil.

« Zermah!... s'écria-t-il.

— Et l'enfant!... répondit Texar.

— Oui!... Comment ont-elles pu s'enfuir!...

— A mort, Zermah, à mort! »

La métisse, désarmée par Squambô au moment où elle allait frapper l'Espagnol, fut tirée si brutalement de la cavité que la petite fille lui échappa et roula au milieu de ces champignons géants, de ces pézizes si abondantes au milieu des cyprières.

Au choc, un des champignons éclata comme une arme à feu. Une poussière lumineuse fusa dans l'air. A l'instant, d'autres pézizes firent explosion à leur tour. Ce fut un fracas général, comme si la forêt eût été emplie de pièces d'artifices qui se croisaient en tous sens.

Aveuglé par ces myriades de spores, Texar avait dû lâcher Zermah qu'il tenait sous son coutelas, tandis que Squambô était aveuglé par ces brûlantes poussières. Par bonheur, la métisse et l'enfant, étendues sur le sol, n'étaient pas atteintes par ces spores qui crépitaient au-dessus d'elles.

Cependant Zermah ne pouvait échapper à Texar. Déjà, après une dernière série d'explosions, l'air était devenu respirable...

De nouvelles détonations éclatèrent alors, — détonations d'armes à feu, cette fois.

C'était le détachement fédéral qui se jetait sur les partisans sudistes. Ceux-ci, aussitôt entourés par les marins du capitaine Howick, durent mettre bas les armes. A ce moment, Texar, qui venait de ressaisir Zermah, la frappa en pleine poitrine.

« L'enfant!... Emporte l'enfant! » cria-t-il à Squambô.

Déjà l'Indien avait pris la petite fille et fuyait du côté du lac, quand un coup de feu retentit... Il tomba mort, frappé d'une balle que Gilbert venait de lui envoyer à travers le cœur.

Maintenant, tous étaient là, James et Gilbert Burbank, Edward Carrol, Perry, Mars, les noirs de Camdless-Bay, les marins du capitaine Howick qui tenaient en joue les sudistes, et, parmi eux, Texar, debout près du cadavre de Squambô.

Quelques-uns avaient pu s'échapper, cependant, du côté de l'île Carneral.

Et qu'importait! La petite fille n'était-elle pas entre les bras de son père, qui la serrait comme s'il eût craint qu'on la lui ravît de nouveau? Gilbert et Mars, penchés sur Zermah, essayaient de la ranimer. La pauvre femme respirait encore, mais ne pouvait parler. Mars lui soutenait la tête, l'appelait l'embrassait.

Zermah ouvrit les yeux. Elle vit l'enfant dans les bras de M. Burbank, elle reconnut Mars qui la couvrait de baisers, elle lui sourit. Puis, ses paupières se refermèrent...

Mars, s'étant relevé, aperçut alors Texar, et bondit sur lui, répétant ces mots qui étaient si souvent sortis de sa bouche :

« Tuer Texar !... Tuer Texar ! »

— Arrête, Mars, dit le capitaine Howick, et laisse-nous faire justice de ce misérable ! »

Se retournant vers l'Espagnol :

« Vous êtes Texar, de la Crique-Noire? demanda-t-il.

— Je n'ai pas à répondre, répliqua Texar.

— James Burbank, le lieutenant Gilbert, Edward Carrol, Mars, vous connaissent et vous reconnaissent !

— Soit !

— Vous allez être fusillé !

— Faites ! »

Alors, à l'extrême surprise de tous ceux qui l'entendirent, la petite Dy, s'adressant à M. Burbank :

« Père, dit-elle, ils sont deux frères... deux méchants hommes... qui se ressemblent...

— Deux hommes?...

— Oui !... ma bonne Zermah m'a bien recommandé de te le dire !... »

Il eût été difficile de comprendre ce que signifiaient ces singulières paroles de l'enfant. Mais l'explication en fut presque aussitôt donnée et d'une façon très inattendue.

En effet, Texar avait été conduit au pied d'un arbre. Là, regardant James Burbank en face, il fumait une cigarette qu'il venait d'allumer, quand, soudain, au moment où s'alignait le peloton d'exécution, un homme bondit et vint se placer près du condamné.

C'était le second Texar, auquel ceux de ses partisans qui avaient regagné l'île Carneral, venaient d'apprendre l'arrestation de son frère.

La vue de ces deux hommes, si ressemblants, expliqua ce que signifiaient les paroles de la petite fille. On eut enfin l'explication de cette vie de crimes, toujours protégée par d'inexplicables alibis.

Et maintenant le passé des Texar, reconstitué rien que par leur présence, se dressait devant eux.

Toutefois, l'intervention du frère allait amener une certaine hésitation dans l'accomplissement des ordres du commodore.

En effet, l'ordre d'exécution immédiate, donné par Dupont, ne concernait que l'auteur du guet-apens dans lequel avaient péri les officiers et les marins des chaloupes fédérales. Quant à l'auteur du pillage de Camdless-Bay et du rapt, celui-là devrait être ramené à Saint-Augustine, où il serait jugé à nouveau et condamné sans nul doute.

Et pourtant, ne pouvait-on considérer les deux frères comme également responsables de cette longue série de crimes qu'ils avaient pu impunément commettre?

Oui, certes! Cependant, par respect de la légalité, le capitaine Howick crut devoir leur poser la question suivante :

« Lequel de vous deux, demanda-t-il, se reconnaît coupable du massacre de Kissimmee? »

Il n'obtint aucune réponse.

Évidemment, les Texar étaient résolus à garder le silence à toutes les demandes qui leur seraient faites.

Seule, Zermah aurait pu indiquer la part qui revenait à chacun dans ces crimes. En effet, celui des deux frères, qui se trouvait avec elle à la Crique Noire le 22 mars, ne pouvait être l'auteur du massacre, commis, ce jour-là, à cent milles, dans le sud de la Floride. Or, celui-là, le véritable auteur du rapt, Zermah aurait eu un moyen de le reconnaître. Mais n'était-elle pas morte à présent?...

Non, et soutenue, par son mari, on la vit apparaître. Puis, d'une voix qu'on entendait à peine :

« Celui qui est coupable de l'enlèvement, dit-elle, a le bras gauche tatoué... »

A ces paroles, on put voir le même sourire de dédain se dessiner sur les

« Moi! » répondirent en même temps les deux frères. (Page 411.)

lèvres des deux frères, et, relevant leur manche, ils montrèrent sur leur bras gauche un tatouage identique.

Devant cette nouvelle impossibilité de les distinguer l'un de l'autre, le capitaine Howick se borna à dire :

« L'auteur des massacres de Kissimmee doit être fusillé. — Quel est-il de vous deux?

— Moi! » répondirent en même temps les deux frères.

Sur cette réponse, le peloton d'exécution mit en joue les condamnés qui s'étaient embrassés pour la dernière fois.

Une détonation retentit. La main dans la main, tous deux tombèrent.

Ainsi finirent ces hommes, chargés de tous ces crimes qu'une extraordinaire ressemblance leur avait permis de commettre impunément depuis tant d'années. Le seul sentiment humain qu'ils eussent jamais éprouvé, cette farouche amitié de frère à frère qu'ils ressentaient l'un pour l'autre, les avait suivis jusque dans la mort.

XVI

CONCLUSION

Cependant la guerre civile se poursuivait avec ses phases diverses. Quelques événements s'étaient récemment accomplis, dont James Burbank n'avait pu avoir connaissance depuis son départ de Camdless-Bay et qu'il n'apprit qu'au retour.

En somme, il semblait que, pendant cette période, l'avantage eût été obtenu par les confédérés concentrés autour de Corinth, au moment où les fédéraux occupaient la position de Pittsburg-Landing. L'armée séparatiste avait, pour la commander, Johnston, général en chef, et sous lui, Beauregard, Hardee, Braxton-Bagg, l'évêque Polk, autrefois élève de West-Point, et elle profita habilement de l'imprévoyance des nordistes. Le 5 avril, à Shiloh, ceux-ci s'étaient laissé surprendre — ce qui avait amené la dispersion de la brigade Heabody et la retraite de Sherman. Toutefois, les confédérés payèrent cruellement le succès qu'ils venaient d'obtenir; l'héroïque Johnston fut tué pendant qu'il repoussait l'armée fédérale.

Tel avait été le premier jour de la bataille du 5 avril. Le surlendemain, le combat s'engagea sur toute la ligne, et Sherman parvint à reprendre Shiloh. À leur tour, les confédérés durent fuir devant les soldats de Grant. Sanglante bataille! Sur quatre-vingt mille hommes engagés, vingt mille blessés ou morts!

Ce fut ce dernier fait de guerre que James Burbank et ses compagnons apprirent le lendemain de leur arrivée à Castle-House, où ils avaient pu rentrer dès le 7 avril.

En effet, après l'exécution des frères Texar, ils avaient suivi le capitaine Howick, qui conduisait son détachement et ses prisonniers vers le littoral. Au cap Malabar stationnait un des bâtiments de la flotille en croisière sur la côte. Ce bâtiment les amena à Saint-Augustine. Puis, une canonnière, qui les prit à Picolata, vint les débarquer au pier de Camdless-Bay.

Tous étaient donc de retour à Castle-House — même Zermah, qui avait survécu à ses blessures. Transportée jusqu'au navire fédéral par Mars et ses camarades, les soins ne lui avaient pas manqué à bord. Et, d'ailleurs, si heureuse d'avoir sauvé sa petite Dy, d'avoir retrouvé tous ceux qu'elle aimait, aurait-elle pu mourir?

Après tant d'épreuves, on comprend ce que dut être la joie de cette famille, dont tous les membres étaient enfin réunis pour ne plus jamais se séparer. Mme Burbank, son enfant près d'elle, revint peu à peu à la santé. N'avait-elle pas près d'elle son mari, son fils, miss Alice qui allait devenir sa fille, Zermah et Mars? Et plus rien à craindre désormais du misérable ou plutôt des deux misérables, dont les principaux complices étaient entre les mains des fédéraux.

CONCLUSION.

Cependant un bruit s'était répandu, et, on ne l'a pas oublié, il en avait été question dans l'entretien des deux frères à l'île Carneral. On disait que les nordistes allaient abandonner Jacksonville, que le commodore Dupont, bornant son action au blocus du littoral, se préparait à retirer les canonnières qui assuraient la sécurité du Saint-John. Ce projet pouvait évidemment compromettre la sécurité des colons dont on connaissait la sympathie pour les idées anti-esclavagistes — et plus particulièrement de James Burbank.

Le bruit était fondé. En effet, à la date du 8, le lendemain du jour où toute la famille s'était retrouvée à Castle-House, les fédéraux opéraient l'évacuation de Jacksonville. Aussi, quelques-uns des habitants, qui s'étaient montrés favorables à la cause unioniste, crurent-ils devoir se réfugier, les uns à Port-Royal, les autres à New-York.

James Burbank ne jugea pas à propos de les imiter. Les noirs étaient revenus à la plantation, non comme esclaves, mais comme affranchis, et leur présence pouvait assurer la sécurité de Camdless-Bay. D'ailleurs, la guerre entrait dans une phase favorable au Nord — ce qui allait permettre à Gilbert de rester quelque temps à Castle-House, pour célébrer son mariage avec Alice Stannard.

Les travaux de la plantation avait donc recommencé, et l'exploitation eut bientôt repris son cours. Il n'était plus question de mettre en demeure James Burbank d'exécuter l'arrêté qui expulsait les affranchis du territoire de la Floride. Texar et ses partisans n'étaient plus là pour soulever la populace. D'ailleurs, les canonnières du littoral auraient promptement rétabli l'ordre à Jacksonville.

Quant aux belligérants, ils allaient être aux prises pendant trois ans encore, et, même, la Floride était destinée à recevoir de nouveau quelques contre-coups de la guerre.

En effet, cette année, au mois de septembre, les navires du commodore Dupont apparurent à la hauteur du Saint-John-Bluffs, vers l'embouchure du fleuve, et Jacksonville fut reprise une deuxième fois. Une troisième fois, en 1866, le général Seymour vint l'occuper, sans avoir éprouvé de résistance sérieuse.

Le 1er janvier 1863, une proclamation du président Lincoln avait aboli l'esclavage dans tous les États de l'Union. Toutefois, la guerre ne fut terminée que le 9 avril 1865. Ce jour-là, à Appomaltox-Court-House, le général Lee se rendit avec toute son armée au général Grant, après une capitulation qui fut à l'honneur des deux partis.

Il y avait donc eu quatre ans d'une lutte acharnée entre le Nord et le Sud. Elle avait coûté deux milliards sept cents millions de dollars, et fait tuer plus d'un demi-million d'hommes; mais l'esclavage était aboli dans toute l'Amérique du Nord.

Ainsi fut à jamais assurée l'indivisibilité de la République des États-Unis, grâce aux efforts de ces Américains, dont, près d'un siècle avant, les ancêtres avaient affranchi leur pays dans la guerre de l'indépendance.

FIN DE LA DEUXIÈME ET DERNIÈRE PARTIE.

Texte détérioré — reliure défectueuse

NF Z 43-120-11

TABLE DES MATIÈRES

PREMIÈRE PARTIE

	Pages
I. — A bord du steam-boat « Shannon »	1
II. — Camdless-Bay	18
III. — Où en est la guerre de sécession	29
IV. — La famille Burbank	39
V. — La Crique-Noire	52
VI. — Jacksonville	63
VII. — Quand même	78
VIII. — La dernière esclave	96
IX. — Attente	112
X. — La journée du 2 mars	125
XI. — La soirée du 2 mars	138
XII. — Les six jours qui suivent	151
XIII. — Pendant quelques heures	167
XIV. — Sur le Saint-John	182
XV. — Jugement	199

DEUXIÈME PARTIE

I. — Après l'enlèvement	209
II. — Singulière opération	222
III. — La veille	237
IV. — Coup de vent du nord-est	251
V. — Prise de possession	266
VI. — Saint-Augustine	280
VII. — Derniers mots et dernier soupir	300
VIII. — De Camdless-Bay au lac Washington	316
IX. — La Grande Cyprière	330

X. — Rencontre		342
XI. — Les Everglades		356
XII. — Ce qu'entend Zermah		367
XIII. — Une vie double		380
XIV. — Zermah à l'œuvre		389
XV. — Les deux frères		399
XVI. — Conclusion		411

Paris. — Imp. Gauthier-Villars, 55, quai des Grands-Augustins.

www.ingramcontent.com/pod-product-compliance
Lightning Source LLC
Chambersburg PA
CBHW051831230426
43671CB00008B/921